네트워크 사회의
빛과 그늘

김용학 하재경

博 英 社

머 리 말

사회는 다양한 원인에 의해서 변한다. 빙하기의 도래나 지구 온난화와 같은 자연환경의 변화에 적응하기 위한 인간의 노력의 결과로 사회가 변하기도 하고, 종교적 지도자와 같은 카리스마의 출현에 의해서 새로운 사상이나 이념이 인간의 가치체계에 들어옴으로써 사회가 변하기도 한다. 또한 인접 사회로부터 문화나 가치체계가 수입되면서 사회가 변하기도 하며, 전쟁 등의 폭력에 의해서 사회가 변하기도 한다. 사회가 변동하는 데에는 이처럼 다양한 원인이 복합적으로 작용하지만, 21세기를 맞은 현재의 한국 사회변동의 가장 중요한 원동력은 정보기술 발전에 따른 네트워크 사회의 진전이다. 사회의 각 영역이 네트워크에 의해서 엮이고, 이질적인 분야들이 네트워크에 의해 통합되고, 심지어는 국제적인 네트워크에 의해서 지역과 세계가 통합되어 가는 힘이야말로 미래 사회를 만들어 가는 가장 핵심적인 추동력이다. 따라서 과거 19세기의 사회과학자들이 근대 사회의 출현을 설명하고자 했고, 20세기 초미의 관심사는 자본주의의 발달과 변천이었다면, 21세기의 사회과학의 핵심적인 관심은 네트워크 혁명이 가져올 사회변동이다.

우리가 이 책에서 이야기하고자 하는 네트워크 사회란 정보통신 기술의 인프라를 바탕으로 사회가 구성되고 조직되며 사람들이 사고하는 총체적인 패러다임이 변화되는 사회이다. 이제 언론이나 일상생활에서는 하루에도 수 번씩 '네트워크'라는 단어가 등장하고 있고, 덕분에 '네트워크'라는 단어의 의미 역시 큰 폭으로 확장되어 어떤 하나의 단일한 개념이라고는 보기 힘들게 되었다.

㈎ "네트워크 설비 보수공사로 인해 불편을 드려서 죄송합니다"(공사 표지판)

㈏ "역시 직장에서 출세하려면 네트워크가 좋아야 해"(일상 대화)

㈐ 현대 사회에서 효율적인 조직구조는 '위계조직'에서 '네트워크 조직'으로 전환하고 있다.

이러한 예에서 볼 수 있듯이, 네트워크라는 단어의 의미는 다중적이다. ㈎에서 네트워크는 물리적인 통신설비를 지칭하지만, ㈏와 ㈐에서는 하나의 점과 다른 점 사이의 추상적인 친밀성을 의미한다. 그런데 ㈏에서는 사람과 사람의 상호작용에서 비롯되는 어떤 끈끈한 관계를 지칭하는 반면, ㈐에서는 인격이 아닌 조직이 서로를 통제하고 작동하는 원리를 말한다.

한 걸음 더 나아가, 네트워크는 세상을 바라보는 인지적 관점이 되기도 한다. 한 예로서, 이 책 전체의 내용을 '인지 틀의 네트워크'를 통해

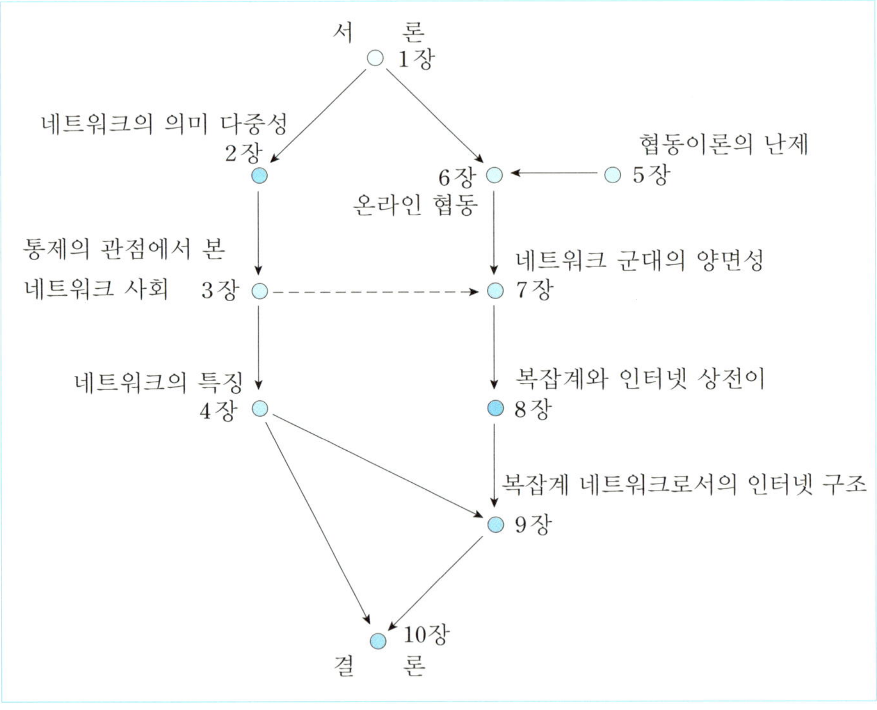

소개해 보고자 한다. 앞의 그림은 각 장(章)의 내용이 갖는 유기적 연결관계를 바탕으로 전체 책의 내용을 네트워크의 형식으로 표현해 본 것이다.

앞의 그림에서 볼 수 있듯이, 이 책은 크게 두 줄기의 흐름으로 구성되어 있다. 왼쪽 줄기에서는 '네트워크 사회'의 의미와 발달을 이론적으로 정리하면서 그 특징을 파악하고, 오른쪽 줄기에서는 경험적 사례를 분석하는 틀을 제공하거나 실제로 분석한다. 크게 보면 '이론적 논의'와 '실제 현상'을, 그리고 긍정적인 현상으로서 '가치의 생산'과 부정적인 현상으로서 '사회적 위험'을 이야기하고 있지만, 위 그림에서 보듯이, 각 장은 다른 장들과 밀접하게 연결되어 있으며, 따라서 상호 보완적인 연결 속에서 총체적인 하나의 이야기를 구성한다. 독자들이 이 책을 읽으며 각 장의 논의가 결국 어떠한 맥락에서 이루어지고 있는지를 파악하는 데 앞 그림이 도움이 될 수 있다.

이 책은 대학교 학부생 이상의 독자를 염두에 두고 쓰여졌다. 일부 내용은 사회학 일반 및 집합행동 이론, 경제학, 물리학 등 학문 분과의 사전 지식이 있으면 보다 쉽게 이해할 수 있을 것이나, 그렇지 않은 경우에도 읽는 데 큰 무리가 없으리라고 생각한다. 우리는 이 책에서 폭넓게 사용되고 있는 개념어 중 하나인 'Network Army'를 어떻게 번역해야 할지를 두고 꽤 많은 고민이 있었다. 원어를 그대로 옮겼을 때, '군대'라는 단어가 우리 사회에서 위계적이고 강제적인 뉘앙스를 내포하기 때문에 자칫 용어 자체가 가치를 함축하고 있는 것으로 비칠 수 있기 때문이다. 그러나 이를 대체할 만한 좋은 용어가 마땅치 않았고, 또 원어의 내포적 의미를 최대한 가감 없이 전달한다는 의미에서 '네트워크 군대'로 그대로 사용하기로 하였다.

이 책을 쓰는 데 도움을 준 사람들이 없었으면, 이 책은 세상 구경을 못했을지도 모른다. 최영일은 복잡계와 인터넷의 상전이를 소개하는 8장의 초안을 마련해 주었고, 구본승은 7장 2절에서 네트워크에 의해서 가치가 생산되는 사례를 찾아내 초안를 마련해 주었다. 또한 박세웅 · 전소영과 함께 쓴 논문인 '온라인 사회연결망의 구조분석: 싸이월드 일촌 연결망을 중심으로'는 9장에 포함되어 있다. 이외에도 여러 동료 및 학생들과의 일상적인 대화는 우리의 생각을 다듬고 확장시켜가는 데 큰 도움이 되었다.

우리가 이 책에서 다루는 주제의 대상이 워낙 빨리 변하고 있기 때문에 본문에서 제시하고 있는 예시는 원고를 마무리하고 있는 지금 이 순간에도 '지난 이야기'가 되어버릴 것만 같은 속도가 느껴질 정도이다. 새로운 현상이 떠오르는 속도도 사라지는 속도만큼 빠른데, 초고를 마친 직후에는 미국산 쇠고기 수입 반대를 외치는 대규모 촛불집회가 있었고, 마지막 마무리 작업을 하는 동안에 인터넷을 통한 악성 루머의 유포가 유명 연예인의 자살을 부르는 심각한 사회적 문제로 대두되기도 하였다. 뿐만 아니라 미국발 금융위기는 지금 이 머리말을 쓰고 있는 순간에 전 세계의 경제를 파국으로 몰아갈 듯한 기세로 네트워크를 타고 확산되고 있다. 외환 보유고 세계 6위라면서 자신감을 보였던 정책 당국자들도 네트워크의 공명 현상과 상전이 현상이 야기하는 '위험'을 이해하지 못하고 안절부절하는 모습을 보여주고 있다. 이러한 사건들은 네트워크 사회의 현상을 복잡계 현상으로 분석하고 이해하는 것이 얼마나 시급하고 중요한 일인지를 잘 보여주는 사회의 단면이라 생각한다.

2008년 11월

김용학 · 하재경

차 례

제 1 부 네트워크 사회란

그림차례

표 차 례

제1부 네트워크 사회란

제 1 장 서　　론
제 2 장 네트워크의 의미 다중성
제 3 장 통제의 관점에서 본 네트워크 사회
제 4 장 네트워크의 특징

압축적인 성장을 거치는 동안 우리나라는 무척이나 빠르게 변화해 왔지만, 특히 정보화가 진행된 이후에는 사회변동의 폭과 속도가 보다 가속되고 있다. 그 원인은 네트워크 사회라는 개념으로 요약되는데, 1부에서는 이 사회의 특징을 이론적으로 조망해 본다.

네트워크란 인터넷이나 휴대전화 망과 같은 통신 망이나 항공노선과 같은 수송 네트워크만을 의미하는 것은 아니다. 인간관계의 망이 학연-지연-혈연이라는 전통적인 연줄의 경계를 넘어서 급속히 확장되고 있으며, 조직 간에도 전략적 제휴나 정보교류의 망이 확산되고 있다. 더 나아가 국가 간에 교역이나 사람의 이동이 빈번해진 것도 네트워크 사회가 심화되는 중요한 측면이다. 뿐만 아니라, 사람들이 세상을 네트워크의 관점에서 인지적으로 재구성하게 된 것도 모두 네트워크 사회가 진행되고 있는 덕분이다. 예를 들어, 아마존이라는 서점이 "이 책을 산 사람은 이 책도 샀습니다"라고 추천해 주는 것은 책 사이의 네트워크를 인지적으로 재구성해 낸 것이다.

이처럼 여러 측면의 네트워크가 동시에 확산되는 현상은 정보통신기술의 비약적인 발전과 그에 따른 세계화에 힘입은 것이다. 그렇다면 정보화와 세계화에 의한 사회변동이 미래사회의 변화를 야기하는 요인이라 말하지 않고 네트워크에 의한 사회변동이라고 말하는 이유는 무엇인가? 그 이유는 세계화와 정보화가 현재의 사회변동을 이끌어 낸 중요한 원인(原因) 변수임에는 틀림없지만, 네트워크보다는 상대적으로 먼, 원인(遠因) 변수이기 때문이다. 따라서 정보화나 세계화에 의해서 확산되는 네트워크로 미래사회를 예측하는 것이 사회변동 또는 문화변동을 설명하는 데 보다 적합하다.

우리는 사회의 변동을 이해하기 위해서는 네트워크가 핵심어가 되어야 한다고 보며, 이어지는 1부에서는 네트워크란 무엇이며, 네트워크 사회란 무엇인지를 이론적으로 살펴본다.

제1장
서 론

10여 년 전에 비해 요즘 화장실에는 야한 낙서가 많이 사라졌다. 그 이유를 곰곰이 생각해 보면, 낙서의 퇴조가 인터넷의 발달과 연관되어 있음을 알게 된다. 성적인 욕망을 표현하고 만족시키는 데 존재했던 시간과 공간의 벽을 인터넷이 허물었기 때문이다. 주로 밤 시간대에 으슥한 곳에서 성적 자극에 접하던 과거와는 달리 이제는 네트워크에 연결되어 있으면 언제, 어디서나 인터넷을 통하여 성적 자극에 노출될 수 있다. 굳이 시간적 · 공간적으로 격리된 화장실에 앉아서까지 성욕을 낙서로 표출할 동기가 줄어든 것이다.

이 뿐만이 아니다. 인터넷의 영향은 우리가 모르는 사이에 생활 곳곳에 스며들어 있다. 구글 어스(Google Earth)를 통하여 지표면을 내려다보는 사람이 많아지자, 대형 건물의 옥상을 광고판으로 활용하는 기업들도 생겨났다.[1] 동영상 사이트인 유튜브(YouTube)에는 살인 용의자에 대한 정보를 얻기 위하여 경찰이 올린 자료가 수많은 사람들에 의해 열람되고, 그것을 우연히 보게 된 넷 서퍼(net surfer)들에 의해 사건의 단서가 제공된다. RSS(Really Simple Syndication)라는 기술을 사용하는 개인 홈페이지에는 그가 미리 지정한 사이트에 실리는 정보가 실시간으로 업데이트되어 한 구석에는 연예가 정보, 다른 한 구석에는 CNN의 정치 뉴스가 올라온다.

우리가 인지하든 그렇지 않든 우리 삶의 구석구석을 파고들면서 영향을 미치고 있는 정보통신기술의 발달이 야기한 많은 변화 중, 이 책에서 주목하는 것 하나는 네트워크 위에서 벌어지는 "대규모 집단협동(mass collaboration)"과 집단지성(collective intelligence)의 출현이다. 협

1) http://www.naturalsearchblog.com/tag/rooftop-ads/

표 1-1 시간/공간에 따른 협동의 분류

	같은 시간	다른 시간
같은 공간	짐 함께 나르기 A	행인들의 돌탑 쌓기 B
다른 공간	혁명시 파출소 공격 C	네트워크를 통한 대규모 집단협동 D

업 또는 협동[2)]은 인류가 집단으로 생활하면서부터 늘 존재해 왔다. 그러나 인터넷은 수백 만년 동안 이루어진 협동과는 전혀 새로운 형태의 대규모 집단협동을 만들어 내고 있다. 전 세계에 흩어져 있는 서로 얼굴도 모르는 사람들이 인터넷 네트워크에 의해 연결되고 동원되어 네트워크 군대(net-work army)를 결성하여 가치를 창출하기 시작한 것이다. 이 군대의 협동은 생산적인 활동뿐만 아니라 남의 인격을 해치는 파괴적인 행위도 포함한다.

우리는 이 책에서 네트워크 위에서 이루어지는 협동을 다룬다. 비교적 최근에 등장한 온라인 협동이 어떠한 점에서 새로운 것인가를 살펴보기 위하여 협동을 〈표 1-1〉에서처럼 시간과 공간의 축으로 나누어 보자.

전통적인 의미에서의 협동은 같은 공간과 시간대(A)에서 일어난다. 간단한 예로, 혼자서는 나를 수 없는 무거운 물건을 두 사람이 함께 드는 협동이 같은 시간과 같은 장소에서 일어나는 협동이다. 회의를 하거나 사무실 공간에서 업무협조를 하는 것과 같이 기업조직 안에서 이루어지는 협동은 대부분 이러한 형태를 띠고 있다. 같은 공간이지만 다른 시간대

2) 엄밀하게 말하면 collaboration은 cooperation과 구분되는 개념이다. 5장에서 더 자세하게 논의하겠지만, cooperation은 목적을 지향하는 의도적인 행위를 지칭한다. 반면에 collaboration은 이러한 협동을 포함하지만 협동보다는 더 넓은 개념이다. 즉, 행위자들은 자신들이 협동을 한다는 인식을 하지 못하더라도, 이들의 작업의 결과가 집단이나 사회적인 차원에서 가치를 만들어 내는 등의 효과를 낼 때, 이는 collaboration에 포함된다.

(B)에서 협동이 발생하는 것으로는 지나가는 행인이 돌 하나씩을 탑 위에 올려 놓아 커다란 돌탑을 쌓는 경우가 그 예가 될 것이다. 돌을 쌓아 올리는 한 사람의 행인은 자신 이전에 누가 지나갔으며 앞으로는 누가 돌을 쌓아 올릴지를 알 지 못하지만, 이들 다수의 행위는 돌탑이라는 구조물을 만들어 내는 협업을 이룬다. 사회 혁명을 주도하는 세력이 다른 지역의 파출소를 동시에 공격하도록 명령하는 경우나 원격화상 회의를 통해 업무를 논의하는 (C)와 같은 경우는 다른 공간과 같은 시간에 발생하는 협동에 해당할 것이다. 이 때에는 흩어져 있는 다수 지역의 행동을 일거에 결집해 낼 수 있는 동원력과 조직력을 필요로 하게 된다. 우리가 관심을 갖는 네트워크상에서의 협동은 주로 다른 공간과 다른 시간대(D)에 발생한다. 위키피디아라는 온라인 백과사전에 지식을 쌓아가는 행위가 바로 여기에 해당한다. 이러한 종류의 협동은, 시간적으로나 공간적으로 산발적인 다수 개인의 행위들을 통해 일련의 결과물을 생산해 내는 것이 된다.

다른 시간과 다른 공간에서 이루어지는 협동은 네트워크에 기반한 정보통신기술이 발전함에 따라 빠르게 발전할 수 있었다. 구체적으로, 1) 인터넷과 같은 통신수단의 발전과 더불어 영어가 인터넷 공용어로 부상함에 따라서 전 세계적 차원에서 정보전달이 가능해졌으며 전달 속도 또한 무척 빨라졌고, 2) 한 사람이 증가하면 네트워크에서의 관계의 수는 N^2에서 $(N+1)^2$로 증가하는 네트워크 지수 법칙의 힘이 위력을 발휘하게 되었으며 3)어떤 사건이라도 사회적인 혹은 국제적인 주목의 대상이 될 수 있는 가능성이 증가한 것 등이 네트워크 위에서 협동이 성장하게 된 배경이다(McNurlin and Sprague, 2005: 12장). 뿐만 아니라, 온라인 협동을 훨씬 더 용이하게 하는 네트워크 경제의 구조적 변화도 시간과 공간적 제약을 뛰어넘는 협동을 확대시켰다(6장 참조).

누구나 저자로 참여할 수 있는 온라인 백과사전 '위키피디아'는 대규모 집단협동의 대표작이다. 2001년 처음 개설된 이 백과사전 편집 사이트에는 2007년 말 현재 6,387,732명의 스스로 등록한 저자가 활동하고 있다. 등록하지 않은 저자들도 집필과 편집에 참여하여 2008년 1월 현재 이미 221만 개 이상의 항목에 대한 자세한 설명을 담고 있으며, 2억 번에

그림 1-1 연도별 위키피디아에 실린 글 수의 증가 추이

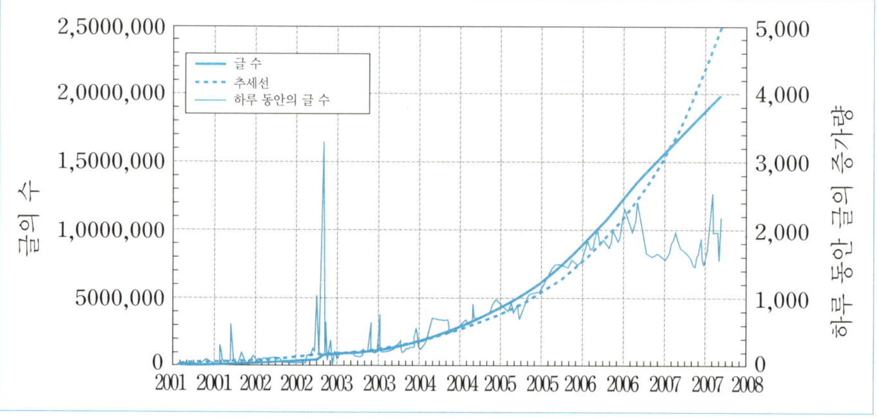

출처: 위키피디아.

달하는 편집을 거치면서 지금도 진화와 성장을 계속하고 있다. 지하철에서 자기 애완견의 변을 치우지 않고 내린 어느 한국 여성에 대한 네티즌 공격 사건인 '개똥녀(Dog Poop Girl)'에 대한 설명까지 담고 있으니, 사전 내용의 방대함은 놀랄 정도이다. 누구도 부인할 수 없이, 위키피디아는 현존하는 백과사전 중에서 단연 최대이자 실시간으로 새로운 내용이 추가되고 편집되는 신속한 백과사전이다(위키라는 단어는 하와이 말로 빠르다는 뜻임). 이 사전의 과학지식과 관련된 글을 브리태니카 백과사전과 비교하면 오류 비율이 거의 비슷할 정도로 정확할 뿐 아니라, 브리태니카와 달리 위키피디아의 오류는 익명의 독자들에 의해 실시간으로 편집되어 수정될 수 있다는 강점이 있다(Giles and Brumfiel, 2005). 네트워크에 연결된 수많은 사람들이 아무런 금전적 보상도 바라지 않은 채 자신의 시간과 노력을 들인 대규모 집단협동의 결과로 매우 빠른 속도로 집단지성이 탄생한 것이다. 〈그림 1-1〉은 위키피디아에 실린 글의 수가 얼마나 빨리 증가하는지를 보여준다.

대규모 집단협동에 의한 가치 창출의 사례는 네트워크 사회가 진전되면서 점차로 늘어나고 있다. 공개 소프트웨어를 지향하는 오픈 소스 운동(Open Source Movement)에 참여한 75만 명의 전 세계 프로그래머들은 자신들이 개발한 프로그램을 누구나 자유롭게 사용하고 개조할 수 있도

록 프로그램 소스 코드를 무상으로 공급한다. 한 명의 천재 프로그래머에 의해서 기본 구조가 만들어져 공개된 리눅스는 수많은 익명의 프로그래머들이 집단적으로 노력을 기울인 결과, 누구나 무료로 사용할 수 있는 훌륭한 컴퓨터 운영체제(OS)로 자리 잡았다. 현재 리눅스는 1억 줄이 넘는 소스 코드로 이루어져 있는데, 소스 코드 한 줄을 개발하는 데 드는 미국 업계의 비용이 통상 100불이라는 기준에 비추어보면 대규모 집단협동에 의해서 100억 불이라는 가치가 무상으로 만들어진 것이다. 위키피디아에 따르면 리눅스를 사용자들이 쉽게 사용할 수 있게 배급하고 AS하는 레드 해트(Red Hat)라는 회사가 2,200명의 종업원을 거느리고 2006년에는 3억 불의 수익을 올렸다니, 공짜 프로그램으로 먹고 사는 기업치고는 대단한 규모라고 할 수 있다.

세계적인 기업 IBM도 리눅스 등의 오픈 소스 프로그램을 개발하는 데 10억 불 이상을 투자하기로 했다고 하니(Benkler, 2006) 언뜻 이해가 가지 않는다. 1980년대 OS2 라는 당시로서는 최첨단인 32비트 처리용 컴

그림 1-2 IBM 수익구조의 변화

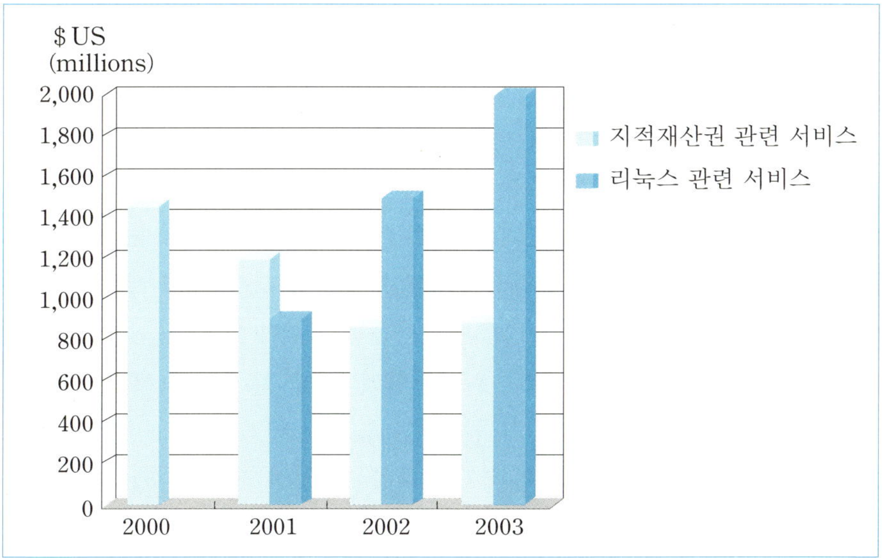

출처: Benkler, 2006: 47.

퓨터 운영체제 프로그램을 개발하여 시장에서 MS의 윈도우와 경쟁하려 했던 역사에서 볼 수 있듯이(결과는 참패였지만) 소프트웨어를 개발하여 수익을 올리려던 회사가 어떤 이유에서 무료 프로그램을 개발하는 데에 투자를 한다는 말인가? 그러나 오픈 소스 프로그램이 가진 저력을 고려한다면 그 이유를 이해하는 것은 어렵지 않다. 이미 아마존, CNN, 구글 같은 굴지의 회사들이 리눅스를 사용하는 데서 알 수 있듯이 리눅스의 안정성은 이미 정평이 나 있다. 따라서 IBM은 자신이 판매하는 서버에 더욱 확장된 리눅스를 탑재함으로써 서버의 안정성을 확보하는 전략을 택한 것이다. 놀라운 일은 리눅스 관련 서비스에서 발생하는 IBM의 수입이 자신이 갖고 있는 수많은 지적재산권에서 오는 수입보다 많도록 수익구조가 바뀌었다는 점이다. 2003년에 IBM이 리눅스와 관련하여 벌어들인 수익 규모가 20억 불에 달하고 있다. 굴지의 기업 IBM이 대규모 집단협동에 의해서 생긴 공개 프로그램을 기반으로 사업을 벌이고 있는 것이다.

이처럼 집단 지능 또는 집단의 창조성이 혁신과 가치를 창출하는 사례가 점차로 많아지자, 네트워크상에서의 "대규모 집단협동"이 인류 역사상 또 하나의 "새로운 생산 방식"이 등장한 것이라고 주장하는 학자까지 생겨났다(Tapscott and Williams, 2007). 군중심리가 지배하던 멍청한 집단이 네트워크로 연결되면서 집단적으로 협동하는 똑똑한 집단으로 바뀌었다는 것이다.

기업들도 대규모 집단협동을 활용하여 돈을 벌기 시작했다. 회사의 R&D 혹은 기술적인 문제를 자신들이 고용한 연구원들을 통해 직접 풀기보다는 외부 전문가의 문제 풀이에 의지하는 방식이다. 한 가지 유명한 사례로서, 캐나다의 골드코프(Goldcorp)라는 금 채굴 회사는 최고 수준의 실력을 갖춘 지질학자를 고용하여 금광을 찾아 달라고 부탁하지만 실패한다. 부도 직전의 위기상황에서 이 회사는 자신의 금광 후보지에 대한 모든 지질학적인 기업 내부 정보를 인터넷에 공개하는 모험적인 선택을 한다. 그리고는 거액의 상금을 걸고 전 세계에 산재한 전문가들에게 공개된 지질학적 정보를 바탕으로 금광을 찾아달라고 도움을 청한다. 그 결과는 기대 이상의 대박이었다. 전문 지질학자들로부터 수학자, 군 장교에

그림 1-3 블로거/CNN, 위키피디아/브리태니카 방문자 수 비교(단위 100만)

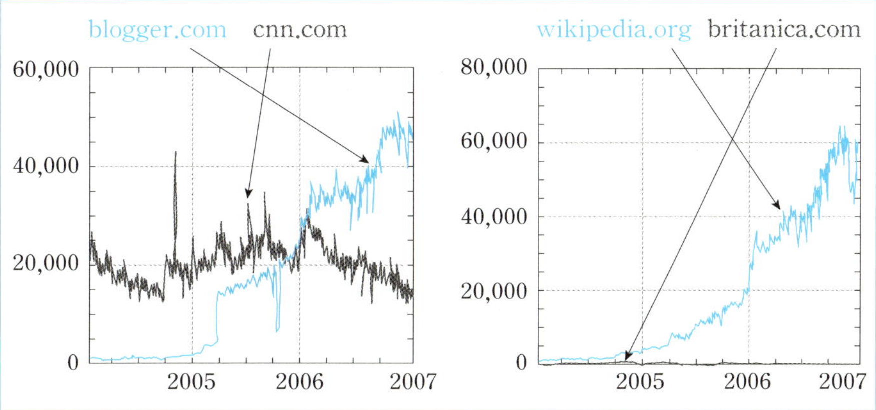

이르기까지 다양한 사람들이 생각지도 못한 방법으로 새로운 금광의 위치를 제안하였고 그 중에서 상당한 양의 금을 새로이 찾을 수 있었던 것이다(Tapscott and Williams, 2007).

〈그림 1-3〉은 대규모 집단협동에 의해서 만들어진 웹사이트인 블로거(blogger.com)와 위키피디아가 전통적 위계조직에 의해 운영되는 사이트인 CNN(cnn.com)과 브리태니카(britanica.com)의 방문자 수를 빠른 속도로 앞지르는 모습을 보여주고 있다. 이처럼 생산자이자 소비자인 수많은 프로슈머(prosumer)의 대규모 집단협동에 의해서 만들어진 가치는 바로 그들에 의해서 대규모로 소비되고 있는 것이다.

대규모 집단협동을 활용한 쓰레드리스(www.threadless.com)라는 티셔츠 생산 회사는 옷 디자인과 디자인에 대한 평가를 소비자에게 맡긴 후 좋은 평가를 받은 옷만 생산하여 성공한 기업이 되었다. 연인들은 자신들이 원하는 특별한 이미지를 담아 디자인한 옷을 회사에 출품한다. 이 회사가 그 디자인을 선택하면 미화 $12,500를 소비자 디자이너에게 지급하고, 보통 셔츠 150만 개를 생산하여 20불씩에 판다. 2007년 최고의 디자인으로 선정된 사람에게는 10만 불을 지급한단다.[3] 디자인의 개발에 드는 비용을 소비자 디자이너의 감각에 맡겨, 기업도 소비자도 이로울 수

3) www.threadless.com

그림 1-4 로봇을 움직이는 프로그램을 소비자끼리 공유하도록 만든 Lego

있었던 것이다.

마찬가지로, 레고 블록을 만들어 파는 회사는 장난감 레고 로봇을 만들어 팔면서, 이 로봇을 통제하는 프로그램을 소비자들끼리 공유하도록 한다.[4] 사실 이러한 레고의 기업 전략은 전혀 의도된 것이 아니었다. 마인드스톰(Mindstorm)이라는 제품과 이를 움직일 수 있는 프로그램을 시장에 내 놓자, 소비자들은 회사가 제공한 프로그램을 개량하고 심지어는 운영프로그램(operating system)에까지 손을 대기 시작했다. 레고는 처음에는 이를 못마땅해 하여 소송을 걸겠다고 위협하기도 했지만 입장을 바꿔 소비자들이 내놓은 혁신을 받아 들이기로 전략을 수정한다. 그 후 기발한 창작 프로그램들이 공유되고 그 프로그램을 따라 움직이는 로봇의 동영상을 소비자 스스로 찍어 유튜브(YouTube)에 올리기도 하면서 마인드스톰은 더 좋은 상품으로 발전했다. 이러한 레고의 전략은 이후 '개방혁신(open innovation)'이라는 개념의 초석이 된다. 즉, 혁신을 기업 내부의 힘으로 이루는 것이 아니라, 외부의 대학이나 연구소 심지어는 일반 소비자들까지 참여시켜서 만들어 낸다는 것이다.

그뿐만이 아니라, 소비자에 대한 애프터서비스(AS)까지 소비자에게

4) http://mindstorms.lego.com/

그림 1-5 소비자들 사이의 대규모 집단협동

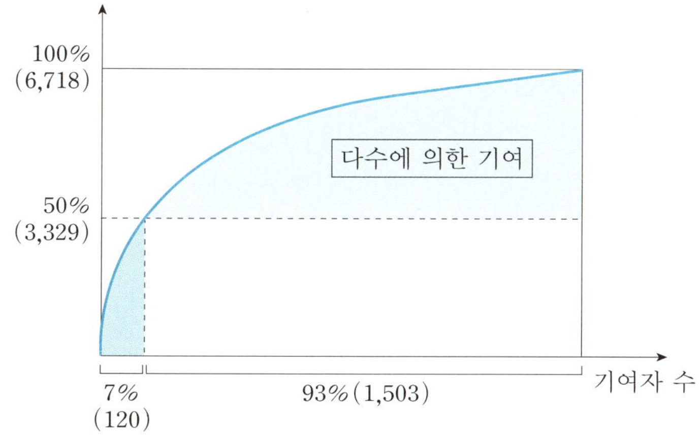

출처: Ramakrishnan, 2001.

맡기는 대규모 집단협동의 방식도 등장했다. 컴팩(Compaq)이라는 컴퓨터 회사는 소수의 전문가들이 소비자의 문제를 풀어주는 AS 방법에 한계가 있다고 선언하고, 위스콘신 대학과 함께 소비자들이 스스로 문제를 서로 풀어줄 수 있도록 하는 QUIQ라는 조직을 창설하였다. 현재는 위스콘신 대학 컴퓨터 전공 학생들이 참여하여 Sun이나 National Instruments 회사의 제품에 대한 소비자의 문제를 소비자끼리 서로 도움을 받아 해결하도록 하고 있다. 마치 네이버의 지식인이 네티즌 스스로 문제를 해결하는 창구이듯이, 기업의 AS를 소비자 스스로 상호협동에 의해 풀도록 시스템을 개발한 것이다.

〈그림 1-5〉는 QUIQ에서 이루어진 소비자들 사이에 주고 받은 도움을 분석한 것이다(Ramakrishnan, 2001). 웹에 올려진 질문이나 문제의 77%가 24시간 안에 다른 소비자들로부터 해결 방안을 제공받았다. 소비자 가운데 2번 정도 답을 올린 사람이 기여한 응답수는 전체 응답수의 절반을 차지한다. 전체 기여자 중에서 가장 활발한 상위 7%가 전체 응답의 50%에 해당하는 해결 방안을 올리고, 93%의 사람들이 나머지 절반을 해결하는 데 기여한다. 이러한 분포를 다음 장에서 논의할 멱함수(power law) 혹은 긴 꼬리(long tail) 법칙이라고 부르는데(Anderson, 2006), 수많은 다수가 십시일반 식으로 아주 조금씩 가치 생산에 기여하는 현상을 일컫는 데 주로 사용된다.

이처럼 '아웃소싱'에 의존하던 기업이 기업 밖의 익명의 다수의 도움으로 가치를 생산하기 시작하자 "집단소싱"(crowd-sourcing)이라는 개념이 경영학의 신조어가 되었다(Brabham, 2008). NASA는 로버(Rover)라는 화성탐사 로봇이 매일 전송하는 화성의 지형 자료에 이름 붙이는 작업을 집단소싱하였고,[5] 그 결과 화성의 분화구와 평야들은 전 세계에 흩어진 네티즌의 자발적인 참여로 돈 한푼 들이지 않고 이름을 갖게 되었다. 한편 맹인에게 책을 읽어주는 인터넷 사이트는 짬 생길 때마다 한 페이지 또는 반 페이지씩을 읽어 주는 수많은 봉사자에 의해서 매일 같이 오디오북을 생산해 내고 있다.[6] 마을 사람 누구나 주변에 일어나는 공연이나 여러 행사에 대한 안내를 올릴 수 있도록 하여, 마을 주민이 누구나 기자가 되게 하기도 한다.[7]

시장에서의 네트워크의 확대는 '직접 경제(direct economy)'라는 개념을 성립시키고 있다. 마치 '직접 민주주의'가 국민이 직접 정치적인 의사결정에 참여하는 정치체제이듯이, 소비자들이 직접 생산에 참여하거나 기업의 정책결정에 참여하는 것이 직접 경제이다. 자비에(Xavier, 2007)는 이미 생산자가 중심이 되는 경제에서 소비자가 중심이 되는 경제체제로 옮겨가는 직접 경제가 다가오고 있다고 분석한다. 그가 강조하는 바는 직접 경제에서 기업에게 이전되는 것은 소비자의 "노하우(know how)"라는 지식이다.

대규모 집단협동을 이용하는 방식은 이제는 웹 탐색기에까지 깊이 파고 들었다. 아직은 인공지능이 발달하지 못하여 웹 페이지에 있는 내용의 의미를 분석하여 필요한 정보를 찾아주는 의미탐색(semantic search) 엔진은 초보적인 수준에 지나지 않기 때문에, 탐색기는 꼭 필요한 정보만을 선별적으로 골라서 제공하지는 못한다. 이 상태에서 활용할 수 있는

5) http://clickworkers.arc.nasa.gov/top
6) http://www.librivox.org/
7) www.upcomming.org

것이 대규모 집단협동이다. 즉, 수많은 웹 탐색자들이 자신이 찾아 본 웹 페이지 중에서 적절한 내용이 있으면 키워드를 부여하여 다른 사람들이 정보를 찾기 쉽게 만들어 주는 것이다.[8] 사회적 북마킹(social bookmarking: 대표적인 사이트로는 del.icio.us가 있다.), 혹은 대중에 의한 분류체계(folksonomy)가 사람들의 정보탐색을 서로 도와주고 있는 것이다.

뿐만 아니라 많은 사람들이 자신의 웹 사이트를 구축하면서 걸어 놓은 링크를 활용하여 보다 적절한 정보를 검색하는데 활용하기도 한다. 하이퍼링크란 사람들이 자신의 사이트와 관련이 있다고 생각하는 사이트를 연결시켜 놓은 것이다. 즉, 수많은 사람들이 노력해 만들어 놓은 링크를 활용하면 자연히 키워드와 밀접하게 관련되어 있는 사이트만 선별해 낼 수 있는 것이다. 물론 이러한 링크의 네트워크(networks of hyperlinks)에서 중심적인 위치를 차지하는 사이트는 가장 중요한 사이트일 가능성이 높기 때문에 탐색결과를 제시할 때 상위를 차지하게 된다.

인터넷이 전에 볼 수 없었던 대규모의 집단협동을 가능하게 한 것은 분명하다. 그렇다면 왜 사람들은 자신에게 돌아오는 직접적인 이득이 없는 데도 불구하고 협동에 스스로 참여하는 것일까? 리눅스 개발자가 말했듯이 "일 그 자체가 재미있기 때문"이라는 대답에 동조하는 사람들, 도움을 받았으면 자신도 남을 도울 줄 알아야 한다고 믿는 사람들 등, 남들을 위해 헌신하는 그들의 동기도 꽤나 다양하다. 다른 한편으로는 자신이 무언가 중요한 일을 하고 있다는 자존감, 그리고 자신의 이름을 널리 퍼뜨리기 위한 동기도 무시할 수 없다. 이와 같이 다양한 동기에 의해서 이루어지는 대규모 집단협동이라는 새로운 생산방식이 거대한 문명 사조로서 발아할 수 있는지는 더 두고 보아야 할 일이지만, 집단협동이 전 세계적 차원의 네트워크 없이는 만들어 낼 수 없었던 가치를 생산해 내고 있으며, 집단 지능을 활용하는 기업이 점차로 늘어날 전망인 것만은 분명하다.

그러나 빛이 있으면 그림자가 있듯이, 네트워크에서 이루어지는 협동이나 협업도 야누스의 얼굴처럼 파괴의 발톱을 갖기도 한다. 대규모 집

---

8) 현재 이러한 아이디어를 실험 중인 야후 사이트를 참조할 것. http://myweb.yahoo.com/

단협동에 의해서 인류에게 커다란 지식의 보고를 생산한 위키피디아에 실린 '개똥녀(dog poop girl)' 사건은 바로 이러한 파괴의 흔적을 고스란히 담고 있다. 한국 내 언론은 물론이고 미국의 〈워싱턴 포스트〉 신문(Krim, 2005)에까지 보도된 한국의 '개똥녀' 사건의 전말은 비교적 간단하다. 한 여성 승객이 지하철에 데리고 탄 애완견이 변을 보았는데, 이를 치우지 않고 내린 것이 다른 승객의 휴대 전화 사진기에 찍혀서 인터넷에 공개된 것이다. 이후 웹 서핑을 하던 사람 중에서 이 여성의 얼굴을 알아 본 사람이 있었고, 그에 의해 이 여성의 신분이 밝혀지게 되었다. 어떤 사람은 그녀의 부모와 친척의 신상까지 인터넷에 올려놓았다. 뒤이어 인터넷상에서 네티즌들이 이 여성의 염치 없는 행동을 빗대어 '개똥녀'라고 이름 붙였다. 많은 네티즌들의 지속적인 공격으로 말미암아 이 여성은 전 국민에게 회자되는 지경에 이르렀고 급기야 사회생활에서 종적을 감추게 된 것이 이 사건의 개요이다.

살다가 한 번쯤 저지를 수 있을 법한 실수가 자신도 모르는 새에 인터넷상에 알려지고, 전 국민의 지탄을 받는 것도 모자라, 실명이 밝혀지지는 않았지만 백과사전에까지 실리게 된다는 것은 어떻게 보면 마녀사냥에 가깝기까지 하다. 매체와 입소문의 결합이 언제 누구 앞에서 터질지 모르는 폭탄이 되어버린 것이다. 대규모 집단협동이 하나의 사건이 공유되고 확산되도록 하면서 놀라운 파괴력을 만들어 내는 것이다. 지금도 인터넷은 연예인들의 사생활에 대한 제2, 제3의 X파일이 터져나올 수 있는 시한폭탄일 수 있다.

네트워크 역시 '양날의 칼'임은 분명하다. 결국 그 칼을 쥐는 사람에 따라 그 쓰임이 결정된다. 인류를 위한 가치를 생산할 수도 있고, 특정한 사람이나 조직을 해치기 위하여 네트워크 위에서 협동하면서 집단적 광기를 발휘하기도 한다. 즉 네트워크는 유토피아도 디스토피아도 아닌 단지 가능성의 공간일 뿐이다.

이 책의 목적은 어떤 이유로 대규모 집단협동이 생겨날 수 있는지를 검토하고, 이러한 대규모 집단협동이 생산하는 가치 또는 사회적 위험이 무엇인지, 그리고 네트워크의 어떤 특징에 의해 '촛불시위'처럼 온 나라를 갑자기 들끓게 하는 상전이(phase transition) 현상이 일어나는지를 분석하는 것이다. 이를 위해서는, 먼저 거시적인 관점에서 네트워크 사회로의 변화가 진행된다는 것이 무엇을 의미하는지 명확히 할 필요가 있다. 따라서 2장에서는 네트워크 사회의 특징을 이해하기 위하여 급속하게 확산되고 있는 네트워크가 무엇을 의미하는지를 따져본다. 오늘날 "네트워크"라는 용어는 실로 다양한 의미로 사용되고 있다. 우리는 네트워크가 지칭하는 네 가지 의미, 즉 기술적인 통신망으로서, 사회 연결망으로서, 조직의 구성원리로서 그리고 인지의 틀로서의 네트워크를 검토할 것이다. 이들 네트워크가 각각 어떠한 의미를 지니며 이것에 기반한 네트워크 사회의 근본적인 특징이 무엇인지를 살펴본다.

3장에서 우리는 네트워크 사회의 출현을 통제의 관점에서 역사적으로 고찰하면서, 네트워크 사회에서는 농경사회나 산업사회보다 예측하거나 통제할 수 있는 영역이 점차로 축소되고 있다는 점을 주장한다. 특히 시간과 공간을 통제하려던 산업사회와는 달리 네트워크 사회에서는 시공간의 경계가 무너지거나 시공간이 압축됨에 따라 사회의 각 영역이 혁명적으로 변하고 있음을 보일 것이다. 가히 네트워크 혁명이라고 부를 만한 변화들이 일어나고 있으며, 그에 따라 권력이 각 영역에서 이동중이다(power shift). 다른 한편에서는 새로운 가치창출의 방식들이 범람하고 있다는 점을 여러 종류의 예를 들어가면서 조목조목 논증한다.

그 다음 장에서는 대부분의 네트워크가 갖는 공통적인 구조적 특성이 무엇인지를 살펴본다. 자연세계와 사회세계에서 관찰되는 대부분의 네트워크는 매우 좁은 세상이며, 또 그 안의 노드들은 연결선을 매우 불평등한 상태로 나누어 갖고 있으며, 또 끼리끼리 모이는 군집화의 정도가 크다는 공통점에 대해서 논의할 것이다. 바로 이 특징이 대규모 집단협동이 파괴적으로 사용되었을 때, 들불처럼 퍼져 나갈 수 있는 상전이의 조건이 된다. 네트워크는 초기의 수학자들이 모델화했듯이 무작위로 연결되는 것이 아니라 특정한 원리에 의해서 연결된다. 그 두 가지 중요한 원리가 비슷한 것들끼리 연결되는 유유상종(homophily)의 원리와 더 많은 연결선을 가진 것에 연결되는 선호적 연결(preferential attachment)의 원리이다. 이러한 두 가지 원리가 네트워크의 군집성향을 만들어 내면서, 동시에 허브가 존재하는 '척도 없는 네트워크'를 만들어 낸다.

이 책의 2부에서는 네트워크를 통해 협동이 일어나는 메커니즘을 조망한다. 대규모 집단협동의 참가자들이 공유하는 시간과 공간의 중첩성을 두 개의 축으로 하여 협동이 발생하는 지점을 위치시켜 보자. 어떠한 협동이 일어난다고 했을 때, X축을 협동에 참가하는 다수 참가자들에게 귀속된 시간상의 퍼짐 정도(분산)라고 정의하고, Y축을 같은 사람들의 속한 지리공간상의 퍼짐(분산)이라 해 보자. 협동이 발생하기 쉬운 지점은 당연히 참가자들이 같은 시간과 공간을 공유하는 원점(0, 0)이다. 두 사람이 한 자리에서 백지장을 맞들기로 의기투합할 때에는 '상대방이 나타나지 않으면 어쩌지?' 하고 걱정하거나, '실컷 들었는데 아무런 혜택도 되돌려받지 못하고 나 혼자 고생하는 것은 아닐까?' 하는 고민을 할 필요가 전혀 없기 때문이다. 그러나 그들 두 사람의 몸이 점점 멀어질수록 상대방이 나타나지 않을 가능성, 즉 배신의 가능성은 커지고, 두 사람의 시간이 점점 멀어질수록 내가 돌려받을 수 있는 혜택의 기대치는 점점 희미해져 가게 된다. 다시 말하면, x와 y의 좌표 값이 각각 커짐에 따라 상대와 나 사이에 존재하는 정당성(fairness)에 대한 믿음은 불확실해지고 미래의 효용(utility)은 현재 가치로 할인(discount)되어, 협동의 가능성은 낮아질 수밖에 없다. 아닌 게 아니라, 지배 계층의 압제는 동서고금을 통해 늘 존재해 온 것이지만, 민중들이 힘을 모아 항거를 일으키는 일은 가물에 콩 나듯 드문 일이다. 환경문제는 지금 이 순간에도 곳곳에서 일어나고 있지만 2007년 겨울 태안반도의 사건만큼 전국적인 호소와 의지를 이끌어낸 적은 거의 없었다. 이러한 협동의 예외성에 대답하기 위하여 5장에서는 협동의 개념에 대한 정의로부터 출발하여 협동에 어떠한 걸림돌이 존재하는지를 살펴보고, 또 이것을 해결하고자 한 다양한 이론과 논의를 소개한다.

협동을 자연발생적으로 생겨나기 어려운 것으로 상정하고, 그것이 발생할 수 있는 메카니즘을 분석하는 5장의 이론적 검토와 달리, 네트워크에 의해 시공간의 경계가 엄청나게 확장된 오늘날 우리는 놀랍게도, 그리고 역설적으로 광범위한 협동을 곳곳에서 목격한다. 즉 이제까지 황폐해질 수밖에 없다고 여겨진 '공동 목초지'의 비극(tragedy of commons)에 푸르른 잔디가 돋아 있는 것을 발견하게 된 것이다. 위키피디아 이외에도 수많은 대규모 집단협동의 사례가 생겨나고 있기 때문이다.

6장에서는 이러한 전환에 획기적인 역할을 한 것이 네트워크 사회의 구조적 변화라고 보고, 온라인 공간이 가져온 변화에 주목한다. 인터넷은 누구나 부담 없이 참가할 수 있는 새로운 판을 벌여주었을 뿐만 아니라, 그 속에는 사람들이 생산에 더욱 몰두하게끔 하는 요소가 있다. 인터넷은 거대한 규모의 일조차 그 단위를 협동이 가능한 형태로 잘게 나누었고, 협동에 필요한 조정의 비용을 낮추었다. 또한 온라인 커뮤니티가 생겨남으로써 도덕적 규범과 이타성과 같은 사회적 요소가 생산의 함수로 들어오게 했다. 우리는 이러한 온라인 환경에 의한 구조적 변화를 검토한 다음 개별 행위자 수준에서는 구체적으로 어떠한 동기가 집단협동을 만들어 내는지를 살펴본다. 참가자가 가지는 동기를 크게 금전적인 것, 사회심리적 요소 그리고 행위 자체의 재미라는 세 가지 요소로 나누어 보면, 세 요소는 마치 몇 가지 재료로 다양한 요리를 만들어 내듯 다양한 동기의 조합을 만들어 낸다. 마지막으로, 우리는 협동을 협동이 만들어 내는 결과물과 또 협동에 참여하는 동기에 따라 "온라인 공간에서 일어나는 협동"의 종류를 유형화한다.

7장은 네트워크 군대(network army)라는 개념을 활용하여 대규모 집단협동이 긍정적이고 가치를 창출하는 경우와 파괴와 갈등의 수단으로 사용되는 경우로 나누어 실태를 파악한다. 여기서 우리는 네트워크 군대는 가치를 생산하기도 하고 혹은 파괴하기도 하는 야누스의 얼굴을 가지고 있다는 점을 강조한다. 두 얼굴을 갖는 네트워크 군대는 한편으로는 조선왕조실록의 국역 사업에서 번역오류를 찾아주는 협동을 하기도 한다. 그러나 다른 한편에서는 특정한 사람을 공격하는 폭도로 발전하여 '사회적 위험'을 야기하기도 한다. 우리는 양쪽 사례들을 찾아내어 그 전개과정 혹은 증폭과정을 분석한다.

온라인 커뮤니케이션에서의 가장 큰 특징은 '열 받기(flaming)'이다

(Sproull and Kiesler, 1991: 49-50). 네트워크 군대가 폭력성을 발휘할 때 네트워크에서 상전이(phase transition)를 일으키면 쉽사리 사회적인 위험으로까지 이어질 수 있다. 상전이란, 뒤에서 자세히 논의하겠지만, 갑자기 창발하면서 상태를 급격하게 변화시키는 현상이다. 일정 정도 이상의 사람이 '열 받기'에 동원되면 그 폭력성은 걷잡을 수 없이 네트워크를 타고 퍼져 나가기 때문이다. 8장에서는 인터넷 상전이를 이해하기 위하여 복잡계로서의 네트워크에 대해서 논의한다.

9장은 우리나라에서 가장 활성화되어 있는 사회 연결망인 싸이월드의 일촌망을 분석한 경험적인 연구이다. 일촌망은 사람들 사이의 가장 친밀한 사회 연결망 중 하나라는 점은 주지의 사실이다. 이 안에서는 신뢰가 존재하고, 빈번한 의사소통이 발생한다. 싸이월드의 일촌 연결망은 단지 물리적인 하드웨어로서의 인터넷 망이 아니라, 사람들이 가장 빈번한 상호작용을 하는 사회적 공간이다. 9장에서는 이 세상이 서로가 서로에게 긴밀히 연결된 좁은 세상이고 허브가 존재하는 척도 없는 네트워크의 구조를 갖는지 살펴, 인터넷이 상전이를 발생시킬 수 있는 구조적인 조건을 갖추는 지를 알아볼 것이다. 마지막으로 10장에서는, '네트워크 사회'가 시대사적으로 어떤 의미를 지니며 이것이 현재 우리에게 제공하는 통찰은 무엇인지를 소고하는 것으로 결론을 마무리한다.

제 2 장

네트워크의 의미 다중성

네트워크라는 개념은 너무나 다양한 문맥에서 사용되기 때문에 그 의미를 분류하고 정리할 필요가 있다. '네트워크'라는 단어를 들었을 때, 보통 사람들은 제일 먼저 연줄을 떠올리거나 방송사를 연상한다. 조직이론에서는 네트워크를 위계 조직이나 시장에 대비되는 계약관계를 통제하는 방식(governance of contractual relations, (Williamson, 1975)) 중 하나로 다룬다. 한편 커뮤니케이션 이론에서는 네트워크란 의사소통의 망을 뜻한다. 또 일부에서는 통계학적인 의미로서 관찰되는 변수 사이의 상관관계의 크기, 혹은 공분산 행렬(covariance matrix)에 내포된 인과관계의 망을 의미하기도 한다.

우리는 론펠트와 아킬라의 분류를 따라(Ronfeldt and Arquilla, 2001), 네트워크 사회를 이해하는 데 도움을 주는 세 가지 의미의 네트워크를 먼저 분류한다. 통신매체의 기술적 측면(communication grid and circuit)으로서의 네트워크, 사회 연결망으로서의 네트워크(social net-work), 그리고 조직의 구성원리로서의 네트워크(organizational network)로 나누어 살펴보려는 것이다. 그리고 우리는 여기에 한 가지 의미를 덧붙여, 네트워크를 인지적 관계망으로서 개념화할 것이다. 이 추가적인 의미를 더하는 것은 네트워크 사회가 진행됨에 따라 사회과학의 패러다임뿐만 아니라 사람들의 인지 구조에 '관계적 사고(relational thinking)' 혹은 인지적 네트워크가 점차로 강화되면서 활용되고 있기 때문이다.

2.1 통신 매체로서의 네트워크

두말할 필요 없이, 정보통신 기술의 발달은 "네트워크 사회"를 논의할 때 가장 기본이 되는 것이자 일종의 전제가 되는 요소이다. 전통적 테크놀로지하에서는 전화와 같은 '일대일'의 통신이나 방송, 인쇄 매체에 의한 '소수 대 다수'의 소통만이 가능했다. 그러나 이동통신과 블로그 및 인터넷 사이트 등과 같이 책상 위에 놓일 수 있는 미디어(deskbound media)의 발전은 "다대다"의 소통(many to many communication)을 가능하게 함으로써 사회를 근본적으로 바꾸고 있다(Rheingold, 2003b). 정보통신 기술의 빠른 속도변화를 예측한 무어의 법칙(Moore's Law)[1]은 지난 30년간 적중해 왔지만, 근래에 와서는 기술발전 속도가 무어의 법칙을 능가하기 시작했다. 2002년 삼성전자의 황창규 사장에 의해서 반도체의 집적도는 18개월이 아닌 12개월에 2배씩 증가할 것이며, 이는 이동통신 기기 등 PC 이외의 영역에서 이루어질 것이라는 이른바 '황의 법칙'이 제안되었던 것이다. 실제로 1999년 256MB에 불과하던 반도체는 2007년에는 64GB에 이르기까지 급속히 성장하며 8년 연속 황의 법칙을 실현하여, 기술이 무어의 법칙보다도 빠르게 발전한다는 사실을 입증했다. 이처럼 반도체 기술의 발달이 의사소통망으로서 네트워크의 발전을 가속시키는 하드웨어적 기반이라면, 인터넷의 발달과 보급은 그 네트워크의 양과 질을 풍부하게 하는 소프트웨어적 기반이라고 볼 수 있다. 이미 이메일(E-mail)은 친교나 편의를 떠나 하나의 공식적인 의사소통 수단으로 자리 잡은 지 오래고, 2007년 6월 현재 우리나라의 12세 이상 인구 중 76%[2]가 인터넷을 정기적으로 사용할 정도로 인터넷은 생활의 한 부분이 되었다. 맥루한

1) 인텔 창업자인 고든 무어(Gordon Moore)가 제안한 것으로, 반도체의 집적도는 18개월마다 2배씩 증가한다는 법칙이다. 이 법칙의 핵심은 반도체의 집적도를 높이는 기술인데, 높은 집적도로 반도체 부품의 크기를 작게 하면 속도를 향상시킬 수 있고 반도체 칩의 크기도 작아져 단가를 낮출 수 있다.

2) http://isis.nida.or.kr/

(Mcluhan)이 인쇄물의 전파에 인해 창조된 세계를 구텐베르그 은하계(Gutenberg Galaxy)라고 이름 붙였듯이, 카스텔(Castells)은 인터넷에 의해 열리는 커뮤니케이션의 광대한 지평을 인터넷 은하계(the Internet Galaxy)라고 이름 붙인다(Castells 2001).

1950년대 말에 이미 이러한 기술적 네트워크의 위상구조와 그 안정성에 대한 고찰이 등장하기 시작했다(Barâbasi, 2002). 폴 배런(Paul Baran)은 중앙집중화된 네트워크나 탈집중화된 네트워크보다 분산화된 인터넷 네트워크가 외부의 무작위적 공격에 대해서 견고한 가장 안정적인 형태라고 제안했다. 분산화된 네트워크의 특징은 중앙이 없어서 주된 공격 대상이 없을 뿐 아니라 모든 노드들이 여러 개의 인접한 노드와 연결되어 있기 때문에 대안적인 경로를 찾기가 쉽다는 것이다.[3] 배런의 디자인은 당시 큰 주목을 받지 못하였지만, 이와 별개로 수많은 개발자들에 의해서 통신망은 탈집중화된 척도 없는 네트워크의 형태로 자생적으로 진화해 갔다. 척도 없는 네트워크는 무작위적 공격에 대해서는 견고한 반면에, 지난 2003년 KT의 혜화동 서버가 불타자 몇 시간 동안이나 전국의 망이 마비되었던 사례가 보여주듯이, 허브(hub)를 목표로 하는 조종된

그림 2-1 폴 배런이 제안한 통신 네트워크의 3가지 유형(Barâbasi, 2002: 145)

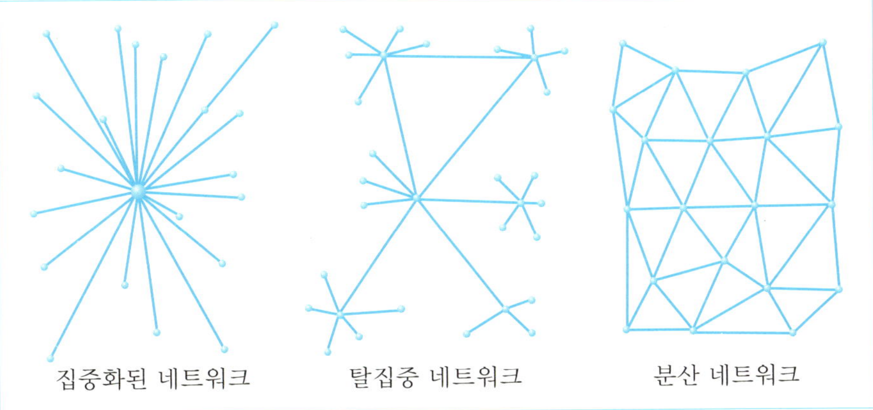

3) http://www.ibiblio.org/pioneers/baran.html

공격에 쉽사리 전체가 파괴되어 버리는 위협에 노출되어 있다는 약점이 있다.

자생적으로 성장한 인터넷 인프라 망은 전 세계 수준에서 매우 빠르게 성장하고 있다. 특히 미국의 경우 로컬 컴퓨터들에게 인터넷 접속을 제공하는 '허브 노드'인 호스트 수가 1999년부터 2005년의 6년 사이에 5배나 급성장하여 200만 대에 육박하는 경이로운 확산을 보여준다. 유럽과 아시아 역시 미국의 속도에는 미치지 못하지만 상승세를 이어가고 있다(〈그림 2-2〉 참조).

이와 같이 빠른 속도로 성장하고 있는 하드웨어 망 위에 생겨난 월드 와이드 웹(WWW)의 크기를 아는 사람은 적어도 1999년 이전에는 아무도 없었다. 당시 바라바시 팀의 웹 크롤러(web crawler)라는 사이버 로봇이 탐색한 결과, 월드 와이드 웹에는 약 10억 개 정도의 웹 페이지가 있고 그 지름은 19단계라고 추정했다(Barâbasi, 2002: 31). 최근의 한 연구에 의

그림 2-2 국가(대륙)별 호스트 수(단위: 개)

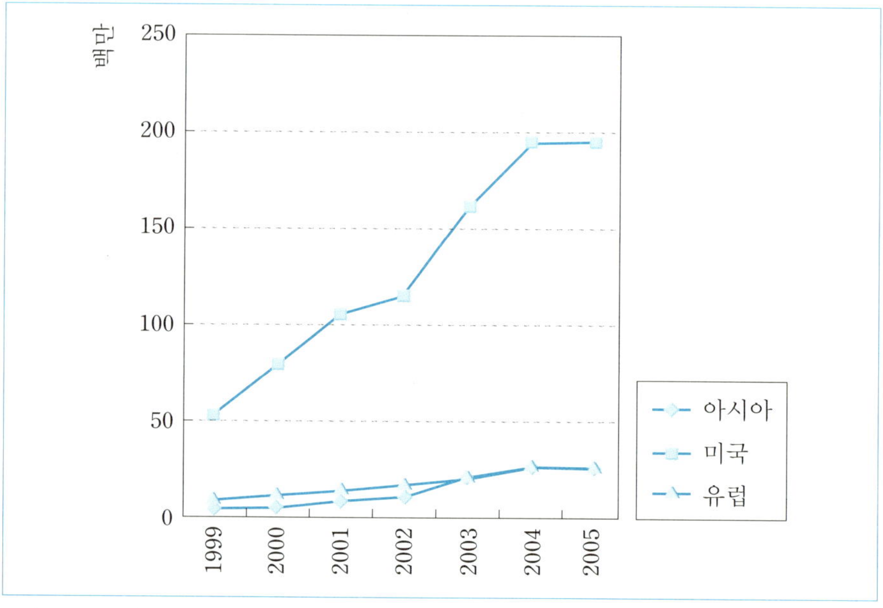

자료: 한국인터넷진흥원.

하면 웹 탐색기가 찾아낼 수 있는 웹 페이지의 수는 최소한 115억 개 이상일 것이라고 추정한다 (Gulli and Signorini, 2006). 인터넷의 규모가 이토록 방대하고 또 급속히 증가하고 있기 때문에, 인터넷이 하나의 은하계(galaxy)라 불리는 것(Castells, 2001)은 놀라운 일이 아니다.

정보 인프라가 구축되고 웹상에 다량의 정보가 축적되면서, 인터넷 이용률 역시 급속히 성장하였다. 〈그림 2-3〉에서 보듯이 1999년 이후 전 세계에서 인터넷 이용률은 급증하고 있다. 특히 한국의 경우 가파른 성장세와 높은 수준의 사용률이 국제적인 명성을 얻을 정도다. 2007년 말 현재는 76.3%의 사람들이 인터넷을 사용하고 있으나, 학력별로 보면 초등학생(99.3%)을 비롯하여 중·고등학생 및 대학생의 99% 이상이 인터넷을 이용하고 있어, 학생이라면 누구나 인터넷 사용자라고 해도 과언이 아니다. 사무직 및 전문/관리직도 각각 99.3%, 98.7%로 조사되었다(한국인터넷진흥원, 2008: 5).

더욱 놀라운 것은 우리나라 인터넷 이용자의 대부분(96.6%)이 주 1

그림 2-3 국가(대륙)별 인터넷 이용률(%)

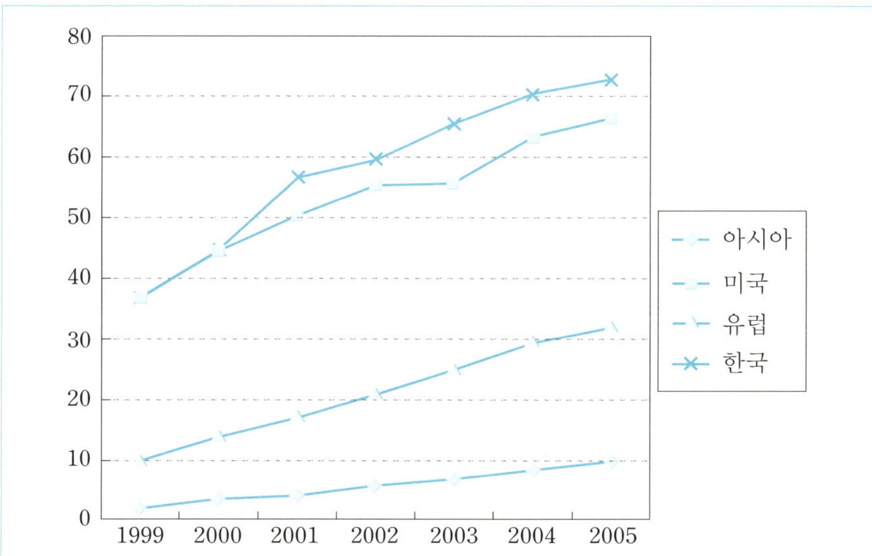

자료: 한국인터넷진흥원.

회 이상 인터넷을 사용하고, 또한 '하루에 1회 이상' 사용자도 74.1%에 달할 정도로 활성화되어 있다. 인터넷 이용자의 40.4%가 본인 블로그를 운영하고 있으며, 인스턴트 메신저의 이용률은 47.8%로 나타났다.

한편, 이와 같은 인터넷의 보급과 확산은 '인터넷에 연결된 자'와 그렇지 못한 자 간의 정보격차(digital devide)를 필연적으로 수반한다. 서구 지역에서도 모든 사람들이 정보격차 없이 인터넷에 연결되려면 아직도 요원하다. 더욱이 인터넷이 발전하지 않은 아프리카나 아시아의 여러 나라들은 더더욱 갈길이 멀다. 전 세계 사람들이 모두 하나의 통신 네트워크에 엮이게 되면, 진정한 의미의 네트워크 사회가 도래하게 될 것이다. 이와 같이, 통신망으로서의 네트워크 및 네트워크에 올라탄 사람(Net Riders)들이 얼마나 빠른 속도로 확대되고 있는지는 네트워크 사회의 진전을 측정하는 기술적인 측면의 척도가 된다.

2.2 사회 연결망으로서의 네트워크

네트워크가 지칭하는 두 번째 측면은 사회 연결망(social network)으로서의 네트워크이다. 사람들이 다른 사람과의 관계 속에서 살아온 것은 인류의 역사만큼이나 오래된 것이지만, 이러한 관계가 통신 네트워크에 그토록 깊숙하게 자리 잡게(embedded)된 것, 그리고 그것을 연구대상으로 다루기 시작한 것은 비교적 최근의 일이다.

사회과학 분야에서 사회 연결망 분석(Social Network Analysis)은 사람을 하나의 점으로, 그들 간의 관계를 선으로 이어, 현상을 하나의 추상화된 그림으로 표현한 모레노(Moreno)의 쏘시오그램(sociogram)에서 출발한다(Moreno, 1953). 그 후 연결망 분석은 행렬을 이용한 선형대수학과 그래프 이론을 통해 허브와 외톨이, 클릭과 컴포넌트와 같은 집단에 관한 개념을 정의하여 구조적 위치의 특성과 구조적 속성을 수치화하는 데에까지 이른다. 사람과 사람 간의 연결이라는 의미에서 네트워크의 역할은 정보(information)가 흐르는 통로이며, 통제(influence and control)가 이루어지는 동시에 사회적 유대(social solidarity)가 형성되는 장이기도 하다(Sandefur and Laumann, 1998).

이미 많은 학자들이 이러한 사회 연결망이 사회적 자본의 중요한 요소라는 점을 주장한 바 있다(Coleman, 1988; Fukuyama, 1995). 우리는 사회적 자본이 연줄 안에 머물렀던 과거와 달리 개방적인 네트워크에 축적되기 시작되었다고 본다. 이러한 사회적 자본의 의미를 보다 명확히 하기 위해서, 기존에 논의되어온 여타 자본의 개념과 비교해 보자. 사회적 자본의 개념을 잘 이해하고 있는 독자는 다음 절을 건너뛰어도 무방하다.

2.2.1 물적자본과 인적자본

물적 자본은 자본주의 사회에서 가장 중요한 생산요소로서, 공장을 짓고, 생산수단인 기계 등을 구입하는 데 쓰이는 화폐와 재화를 말한다. 마르크스는 자본론(Marx, 1977)에서 자본이란 '화폐와 상품의 형태로 번갈아 나타나며 스스로를 증식시키는 것'이라 표현한다. 물적자본에 대한 이론이 발전한 후 일군의 경제학자들은 인적자본(human capital)이라는 개념을 발전시켰다. 슐츠(Schultz)는 이를 근로자의 노동생산성에 영향을 미치는 지식 및 숙련의 형태로 존재하는 생산요소로서 정의한다(Schultz, 1961). 노벨 경제학상 수상자인 솔로우(Solow)가 국가간 경제발전을 설명하면서 한계에 부딪힌 지점은, "왜 자본의 한계생산성은 체감함에도 불구하고 왜 국가간 경제발전 정도는 수렴되기는커녕 오히려 점점 격차가 벌어지는가?" 하는 것이었다. 이러한 한계는 그가 경제발전의 핵심 요소인 기술진보를 설명의 틀 밖으로 끄집어 버린 데서 비롯된다. 이에 루카스(Lucas) 등은 이어서 내생적 성장 모델을 통해 인적자본을 분석의 틀에 들여옴으로써 국가간에 상이하게 나타나는 기술진보를 설명하고자 하였다.

한 명의 비행기 조종사를 키우기 위해서는 오랜 시간과 큰 비용이 투여된다. 6년의 대학교육에 이어 인턴 및 레지던트의 실습기간을 거쳐야 비로소 독자적인 직업인이 되는 의사도 마찬가지이다. 이때 소요되는 시간과 비용이 그들의 두뇌에 전문 지식의 형태로 축적되는 것이 바로 인적자본이다. 그런가 하면, 종종 TV 프로그램에서 사람들의 흥미를 자아내며 보여주는 사례들, 예컨대 몇십 년간 초밥을 만들어 온 요리사가 매번 같은 수의 밥알을 쥐어낸다던가, 눈을 감고도 정확하게 동일한 두께로 무채를 썰어내는 능력 등은 사람의 근육에 스며든 '숙련'이라는 인적자본이다. 직접 써 보기 전까지는 품질을 알 수 없는 전자제품을 구입할 때에, 소비자들은 일본산 제품(Made in Japan)이라는 말을 듣고는 선뜻 비싼 값을 지불하려 하는 반면, 중국산 제품(Made in China)이라고 하면 일단 의심부터 하고 보는 것도 한편으로는 각 국가별로 노동에 투입되는 인적자본의 양과 질이 다르다는 것을 인식하고 있기 때문이다.

한 사회 내에서 인적자본의 크기를 측정할 수 있는 하나의 지표는 임금이다. 고교 졸업자들과 대졸자들의 임금이 격차가 있다면, 이것은 시장이 대학 교육을 통해 습득되는 인적자본의 가치를 달리 평가했기 때문일 것이다. 〈그림 2-4〉의 그래프에서 볼 수 있듯이, 97년 당시 미국에서 이 차이는 약 1.8배에 달하며, 우리나라에서는 1.5배 정도에서 약간씩 증가

그림 2-4 미국의 대졸/고졸자 임금비율(67-97)과 한국의 대졸/고졸자 임금비율(98-04)

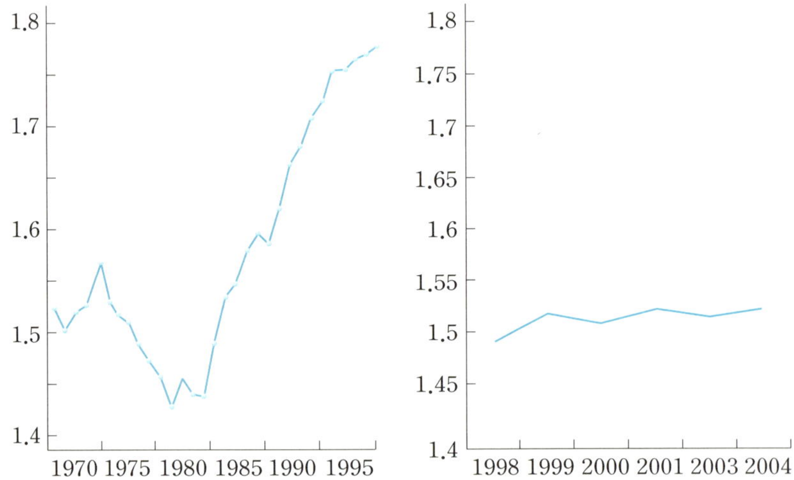

출처: Welch, 2001.

출처: 통계청.

표 2-1 **개인별 수능점수, 학과 평균 수능점수, 시간당 임금의 상관계수**

	개인별 수능점수 (12급간)	시간당 임금 (로그값)
학과 평균 수능점수(백분위)	0.4557(n=297)	0.1481(n=201)
학과 평균 수능점수(12급간)	0.4534(n=297)	0.1868(n=201)
시간당 임금(로그값)	0.3243(n=245)	1

주: 각 칸의 숫자는 해당 행과 열의 변수 간의 상관계수. n은 관측치수임.
자료: 개인별 수능점수와 시간당 임금은 KLIPS 5차년도 조사자료. 각 응답자가 최종 졸업한 학과의 입학시 평균 수능점수는 진학시 자료를 이용함.
출처: 김희삼 · 이삼호, 2007.

하는 추이를 보인다. 물론 대학교육은 단순한 지식의 증가만을 의미하는 것이 아니라, 그 자체로서 지위를 나타내는 일종의 사회적 신호(signal)의 기능을 하기도 하며, 그 내부에서 획득할 수 있는 유리한 인간관계를 포함하는 것이기도 하다. 그러나 그러한 부수적인 영향을 감안하고서도, 양국에서 고졸자와 대졸자 사이의 임금격차의 증가가 보여주는 것은 현대사회에서 인적자본, 즉 지식 생산성의 가치가 중요시되고 있다는 점이다.

대학입학시 필요한 수학능력 점수와 개인의 시간당 (로그) 임금 사이의 관련성에 대한 연구결과(〈표 2-1〉)는 둘 사이의 상관관계가 0.32라는 흥미로운 사실을 드러낸다(김희삼 · 이삼호, 2007). 또한, 높은 임금을 받게 하는 것이 개인이 졸업한 학과의 평균 수능점수인지, 아니면 그가 받았던 수능점수인지를 비교하여 보면, 후자가 전자보다 시간당 임금과의 상관성에서 약 2배 높다는 것을 보여준다(0.3243 대 0.1481). 이러한 결과는 단순상관계수의 비교에 불과하지만, 시간당 임금에 미치는 개인의 능력, 즉 인적자본이 학벌 이상의 중요성을 갖는다는 점을 암시한다.

2.2.2 사회적 자본

인적-물적 자본이 개인이 소유할 수 있거나 각 개인에게 귀속되는 것이라면, 사회적 자본은 개인의 외부에 존재하는 관계성 혹은 연결망에

축적된다. 콜만은 사회적 자본을 '한 개인이 그 속에 참여함으로써 특정 행동을 가능하게 만들어 주는 사회구조 혹은 사회적 관계의 한 측면'이라고 그 기능(function)을 통해 정의하면서, 사회적 자본은 그것 없는 상태에서는 달성할 수 없는 일련의 목표를 성취할 수 있게 해 주거나 혹은 낮은 비용으로 성취할 수 있게 한다는 점에서 생산적이라고 주장한다(Coleman, 1990). 포테스는 사회적 자본을 더욱 간결하게 '네트워크를 통해 자원을 동원하는 능력'이라고 본다(Portes, 1995). '어려울 때 친구가 진정한 친구'라는 익히 알려진 문구에서 '친구'가 의미하는 바가 포테스의 사회적 자본에 대한 정의에 포함되어 있다. 위기 상황에 처했을 때 사회적 관계망을 동원하여 확보할 수 있는 도움은 개인이 가진 사회적 자본의 잠재적인 형태인 것이다.

사회적 자본은 과연 그것을 자본의 일종으로 볼 수 있는가의 문제에 대한 논쟁이 있을 뿐만 아니라, 어떻게 정의할 것인가에 대해서도 수많은 논쟁과 다양한 의견이 존재해 왔다(김용학, 2004: 5장). 그러나 정의의 다양성에도 불구하고, 이들은 한 사회의 규범과 문화 등이 경제 효율성이나 경제성장에 영향을 미치는 생산적 요소를 지칭하는 공통점이 있다(김용학, 2004; 유석춘 외, 2003; Coleman, 1988; Fukuyama, 1995; Putnam, 1995).

개인 사이의 연결망에 형성되는 사회적 자본은 집단 차원에서도 축적될 수 있다. 한 가지 예를 살펴보자. 남해 근교의 대도 섬에는 약 160명의 주민이 굴과 바지락을 캐며 평화롭게 살아왔다. 그런데 이 근교에 발전소가 들어오면서 마을 어장은 황폐해졌고, 그 몫으로 마을 전체에 어업권 소멸보상금 150억 원이 돌아왔다. 놀라운 것은 이곳 주민들은 이 돈을 나누어 갖지 않고, 전체를 관광지 개발에 투자하기로 결정한 것이다(김상진, 2008). 불확실한 집단의 미래를 위해 선뜻 개인의 단기적 이익을 포기하는 것은 '경제학적 인간'으로서는 매우 어려운 결정이지만, 이곳에 사는 주민들은 사실상 모두 핏줄로 연결된 한 문중이었고 혈연 연결망을 바탕으로 이들이 오랜 세월 공유해 온 유대감과 신뢰 덕분에 목돈을 집단의 장기적 이익을 위해 투자할 수 있었던 것이다.

이와 같이 사회적 자본을 창출하는 사회 연결망은 네트워크 사회가 출현하기 훨씬 전부터 존재했다. 전통 사회에서도 개인은 인맥을 통해서 직업을 구하기도 하고(Granovetter, 1974), 유리한 시장 정보를 얻기도 하며(Baker, 1984; DiMaggio and Louch, 1998), 불확실한 시장에서 지위를 공고히 하거나 신뢰를 구축하기도 했다(Geertz, 1978; Padgett and Ansell, 1993; Podolny, Stuart and Hannan, 1996b). 그러나 전자통신 혁명과 더불어 사람들의 상호작용이 전자적 통로를 포함하기 시작하면서, 사회적 자본의 내용이 질적으로 변화하고 있다. 예를 들어, 사람들은 오프라인에서는 한 번도 만난 적이 없는 다른 사람을 신뢰하고, 온라인에서 서로 도움을 주고받게 되었다. 또한, 통신 매체로서의 네트워크가 발달함에 따라, 특정한 사람에 대한 명망이나 평판이 빠른 속도로 퍼지기 때문에, 어떤 사람은 사회적 자본을 쌓기가 더 쉬워지기도 했지만, 어떤 사람은 거의 불가능해지기도 했다. 사회적 자본이 전자적 네트워크와 상호작용하기 시작하면서 사회적 연결망이 크게 변화한 것이다.

사실 인터넷이 과연 사람 사이의 관계망을 더욱 풍요롭게 하는지 혹은 더욱 척박하고 고립된 인간관계를 야기하는지는 사회과학의 지대한 관심사였다. 웰만(Wellman)이 이끄는 연구팀은 실험적으로 캐나다의 어느 중산층 마을을 골라 고속 인터넷을 설치해 주고, 인터넷이 사람들의 삶을 어떻게 바꾸어 놓는지를 연구한 적이 있다(Hampton and Wellman, 2003). 네트빌(Netville)이라고 이름 붙여진 마을에 대한 그들의 연구결과는 인터넷이 사람들의 사회 네트워크를 더욱 풍성하게 만든다는 것을 보

표 2-2 네트빌(Netville)의 인터넷 사용자와 비사용자의 사회적 관계 비교

	인터넷 사용자(A)	인터넷 비사용자(B)	A/B	p값
평균 이웃 수	37	20	1.85	0.00
이름을 알고 지내는 사람	25.5	8.4	3.04	0.00
주기적으로 대화	6.3	3.1	2.03	0.06
집으로 초대한 횟수	3.9	2.7	1.44	0.14
초대받은 횟수	3.9	2.5	1.56	0.14

여준다. 〈표 2-2〉에서 보듯이 이 마을에서 인터넷을 사용하는 사람들은 사용하지 않는 사람들보다 훨씬 더 많은 수의 이웃을 알고 지내며(1.85배), 특히 '이름을 알고 지내는 사람의 수'는 전자의 경우가 후자의 세 배를 넘는다. 인터넷 사용자가 주기적으로 대화하는 사람의 수도 비사용자의 그것보다 두 배에 달한다. 통계적 유의미성이 그다지 강하지는 않았지만(p=0.14), 인터넷을 사용하는 집단에서 서로를 집으로 초대하고 초대받는 등의 접촉이 더욱 빈번하다는 사실 또한 확인할 수 있었다. 전자적 네트워크가 사회적 네트워크를 확장한 것이다.

미국에서의 최근 연구도 사회적 관계망이 온라인에서 빠른 속도로 확장되고 있음을 보여준다. 지난 3년간 온라인 커뮤니티에 가입하고 활동하는 사람의 수는 세 배로 증가했고, 이들 중 절반 이상(54%)이 매일 커뮤니티에 로그인하여 활동하며, 커뮤니티 가입자들의 43%가 오프라인 커뮤니티만큼 강한 애착을 느낀다고 대답하고 있다(Cole, 2008).

2.3 조직 구성원리로서 네트워크

네트워크가 가진 세 번째 중요한 의미는 '집단이나 조직의 구성원리'로서의 네트워크이다. 기존의 조직과 기업이 위계로부터 구성된 수직적이고 비탄력적인 관계로 꾸려진 육중하고 폐쇄적인 구조를 의미하는 것이라면, "조직 구성원리"로서 네트워크는 수평적이고 유연한 관계를 의미한다(Perrow, 1992). 불확실한 환경에서는 네트워크형 조직이 가장 최적의 자원을 활용할 수 있는데 유리한 기반을 제공한다.

그 근거를 간단히 보이기 위하여, 기업의 생산 성과는 각 행위자(i)가 가진 재능 $a(i)$과 자원 $r(i)$의 함수라고 가정하자(Benkler, 2002). $a1$을 고용하고 있는 기업 P는 자원 $r1$을 가지고, $a2$가 일하는 기업 Q에서는 자원 $r2$를 보유하고 있다고 할 때, 이들이 만들어 낼 수 있는 결과의 조합은 각각 ($a1$, $r1$), ($a2$, $r2$)에 지나지 않을 것이다. 따라서 이때에는 $a1$

그림 2-5 두 명의 행위자가 두 종류의 자원과 결합되는 가지 수

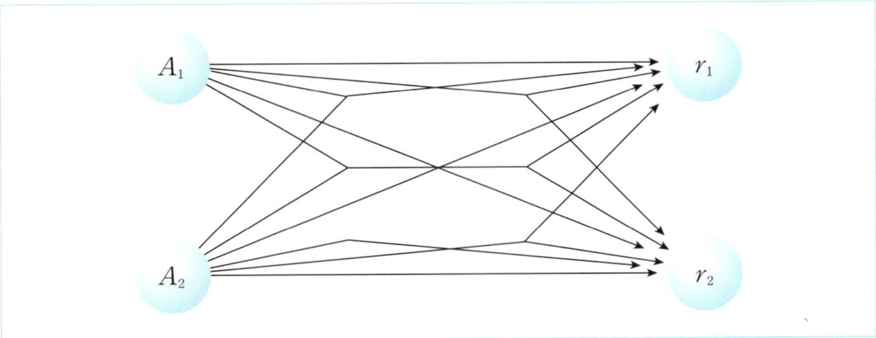

출처: Benkler, 2002.

이 *r*1을 사용하여 만든 결과물과 *a*2가 *r*2를 사용하여 만든 결과물의 두 가지 경우밖에 상상해 볼 수 없다. 이는 누가 어떤 자원을 가장 효율적으로 쓸 수 있는지(Parato Optimum)를 파악하는 데 실패했을 뿐만 아니라, 어떠한 재능의 조합, 혹은 독자적인 사용이 가장 유용한 결과를 낳을 수 있는지에 대해서도 간과하고 있다.

이제 *P*와 *Q* 두 기업 간에 네트워크가 형성되어 인력과 자원의 교류가 활발히 이루어질 수 있게 된 상황을 가정해 보자. 이제 가능해진 것은 두 사람이 협업을 하거나, 양쪽 자원의 조합을 활용해 보거나, 혹은 두 가지 모두를 동시에 시도하는 것이 가능하다. 이와 같이 인력과 자원의 풀이 통합되면 이제 최적의 결과를 낳을 수 있는 인적 재능(*a*)과 자원(*r*)의 조합을 탐색할 수 있는 가능성은 무려 아홉 가지로 증가한다:[4] (*a*1, *r*1), (*a*1, *r*1, *r*2), (*a*1, *a*2, *r*1), (*a*1, *r*2), (*a*2, *r*1), (*a*2, *r*1, *r*2), (*a*1, *a*2, *r*2), (*a*2, *r*2), (*a*1, *a*2, *r*1, *r*2). 이것이 네트워크로 인한 정의 외부효과(positive externality)인 것이다(Benkler, 2002).

네트워크형 조직의 효과를 실제로 보여주는 연구로는 색소니안(Saxenian)의 연구가 대표적이다. 그녀는 미국 동부 보스턴의 '루트 128'

4) 이러한 아홉 가지 가능성은 인력이나 자원을 많이 투입하는 것이 더 나은 결과를 가져오지 않을 수 있음을 전제로 한다. 즉, *a*1 혼자서 *r*1을 사용하는 것이 *a*1, *a*2 두 사람이 *r*1, *r*2 모두를 사용하는 것보다 더 효율적일 수 있다는 전제가 있다.

지역의 IT 기업들이 왜 앞선 출발에도 불구하고 서부 '실리콘 밸리'에 위치한 기업들에 기술 혁신의 수준이 추월당하게 되었는지를 연구한다. 실리콘 밸리에 기업들이 모여들기 시작할 당시 미국 내의 최대의 정보산업 단지는 보스턴에 있었다. 미국 정부의 막대한 국방예산이 투입되면서 보스턴은 컴퓨터, 레이더 연구 등 최첨단 정보산업의 선두주자였다. 그러나 이 지역은 점차 쇠퇴해 가는 한편, 정보산업의 중심부는 점차 정부의 지원도 없이 뒤늦게 생겨난 실리콘 밸리로 옮겨 갔다. 그 원인에 대해 색소니안의 연구에서 내린 결론은, 보스턴 지역은 위계적인 대기업을 중심으로 이루어졌기 때문에 쇠퇴하기 시작했다는 것이다(Saxenian, 1994). 즉 조직형태의 차이가 두 지역의 흥망성쇠를 갈라놓은 것이다. 대기업은 거대한 고래에, 소기업 네트워크는 고래 모양을 한 멸치떼에 비유될 수 있다면, 실리콘밸리의 소기업 연결망 조직은 급변하는 환경에 유연하게 적응하는 멸치떼였던 것이다.

네트워크형 조직에 속한 실리콘 밸리의 연구자들은 조직의 경계를 넘어서 폭넓은 지적 교류와 격의 없는 대화를 나누었고, 점심을 먹으면서 또는 맥주를 마시면서 나눈 일상적인 대화를 통해 수많은 기술적 난제를 해결할 수 있었다(Saxenian, 1994). 다시 말해서, 자연스럽게 이루어진 '조직 간의 학습'이 실리콘 밸리의 성공 요인인 것이다. 이들이 자신의 기업의 기술정보를 다른 기업과 나눌 수 있었던 이유는 자신들이 보유한 기술이 2년 만 지나면 쓸모없게 된다고 고백할 정도로 기술환경이 급변하기 때문이다. 따라서 수많은 작은 기업들은 자신들만의 기술을 숨겨두지 않고 네트워크를 구축하여 각기 개발한 특허 기술을 서로 공유하고, 전략적인 동맹을 맺어 공동으로 기술개발에 매진한 것이다. 정보화 사회가 되면 위계적인 거대 기업이 사라지고, 네트워크 조직이 사회를 지배하게 된다는 미래학자들의 예견을 실리콘 밸리가 먼저 실현한 것이다.

조직 구성의 원리로서 네트워크는 실리콘 밸리뿐만 아니라 다른 지역에서도 계속 확산되고 있다. 조직은 조직간 네트워크를 통해서 기술과 시장의 불확실성을 관리하고, 기업활동에 필요한 정보, 지식 및 자본을 얻으며(Powell, Koput and SmithDoerr, 1996; Uzzi, 1997) 거래비용이나 조정비용을 절감하고, 기술혁신의 위험을 분산시키며(Podolny, Stuart and Hannan, 1996a; Podolny and Baron, 1997), 시장 기회를 증진시킨다(Gulati, 1998)는 사실은 이미 여러 연구에서 밝혀졌다. 기업활동에 필요한 각종 자원을 개별적으로 확보하기 어려운 소기업들은 협력 네트워크에 의존하여 자원을 동원하기도 한다(Perrow, 1992; Powell, 1998; Powell, Koput and SmithDoerr, 1996; Uzzi, 1997).

이러한 조직원리로서의 네트워크도 기술발전에 힘입어 빠르게 확산되고 있다. 소기업간 전략적 동맹이나 기술제휴 등이 지리적인 제약을 넘어 전 세계적인 차원에서 확산되고 있는 것이다. 대덕 단지의 조그만 기술개발 회사가 실리콘 밸리의 벤처 기업과 네트워크를 형성하여 전자적으로 끊임없이 정보교환을 하게 된 것이다. 이것이 커다란 위계조직 안에서 만들어 내는 기술개발보다 더 효율적이고 시장에 빠르게 적응할 수 있는 방안이 되고 있다. 1장에서 잠깐 언급한 개방혁신(open innovation)과 크라우드소싱(crowd sourcing)이라는 개념도 기업들이 외부 네트워크에 의존하는 모습을 보여준다. 기업의 밖에서 활동하는 대학, 민간 및 정부 연구소, 소비자 등이 내놓을 수 있는 혁신적인 아이디어를 기업이 받아들이려면 끊임없이 조직으로서의 네트워크를 관리해야 하는 것이다.

2.4 인지 틀로서의 네트워크

이상에서 정리한 네트워크의 세 가지 의미에 덧붙여, 우리는 네트워크를 논할 때 네트워크가 인지 구조(cognitive structure)를 지칭하는 경우가 증가하고 있음에 주목한다. 네트워크 사회가 도래한다는 말에는 사회 구성원들이 점차로 관계적 사고(relational thinking)를 하게 된다는 의미가 포함되어야 한다고 주장하려는 것이다.

관계적 사고란 사실 인간의 본질적인 사고 유형이다. 예를 들어 남자는 여자와의 관계성 속에서, 기차가 떠났다는 말은 떠나지 않은 상태와의 관계 속에서 그 의미를 드러낸다. 그렇지만 이러한 내포적 관계성 이외에 외연적 관계성을 띠는 사고가 증가하고 있다. 예를 들어 박경리의 대하소설 "토지"는 시간순으로 서술되어 있으며 등장인물 각각에 대한 개별적이고 세밀한 담화를 바탕으로 이루어져 있다. 그런데 이것을 외연적 관계성에서 재구성해 보면 작가가 최 참판 댁을 중심으로 만들어 낸 하나의 연결망 구조가 된다(김상락, 2006). 관계론의 시각에서 보면 구한말에서 광복에 이르기까지 4대에 걸친 긴 호흡의 대하소설에서 누가 중심적인 위치를 차지하며, 누가 그들 간의 관계를 매개하는 핵심적인 역할을 하게 되는지를 파악할 수 있게 해 준다. 이처럼 사회 현상을 분석하면서 관계론을 적용하는 것이 사회과학의 패러다임의 전환(paradigm shift)을 불러오고 있다.

그동안 사회과학에서 경험적 연구의 방법론은 개인의 나이, 재산, 소득과 같이 개별적 속성(attribute)에 근거한 것이었다. 예를 들면 한 사람이 교육을 1년 더 받으면 그의 소득은 얼마가 증가한다는 식으로, 개별적 속성과 개별적 속성 사이의 인과관계를 밝히려는 것이었다. 이러한 방법론을 사용한 연구들은 거의 포화상태에 이르렀지만, 개인의 관계적 속성(relational property)에 근거한 지식은 아직도 모르는 것이 너무나 많다. 가령 우리는 한 사람의 투표 성향에 영향을 미치는 개인의 속성 변수가 무엇인지에 대해서는 제법 많이 알고 있다. 가령 교육을 많이 받을수록 진보적인 투표 성향이 드러난다는 것을 안다. 그러나 교육을 많이 받은 여성이 교육을 적게 받은 사람과 결혼하면, 그 여성의 투표성향이 어떻게 드러나는지에 대해서는 거의 모른다. 뿐만 아니라 관계적 속성은 기존의 개별적 속성을 대체하는 보다 직접적이고 강력한 변수의 역할을 할 수 있다(Burt, 2002). 사회적 관계망에서 한 개인의 위치를 통해 그가 획득하는 성과를 직접 설명할 수 있고, 기존에 성별, 인종, 나이와 같은 개별적 속성을 매개하여 설명할 때보다 더욱 효과적인 설명이 가능하다. 이러한 관계성에 의해 발현하는 성격에 대해서는 이제부터 연구가 시작되었다고 해도 과언이 아니다. 바로 이러한 이유로 사회과학 패러다임의 전환이 진행되고 있는 것이다.

인지 틀로서의 네트워크는 기업에 의해서도 활용되기 시작했다. 대표적인 예가 아마존의 책 추천 네트워크이다. 3장 3절에서 더 자세하게 다루겠지만, 소비자에게 "이 책을 구매한 사람은 이러한 책도 구매했다"고 보여주는 "책과 책 사이의 네트워크"는 인지적으로 구성된 네트워크이다. 즉, 무생물인 책은 상호작용을 할 수 없기에 그들 사이의 네트워크는 오직 인지적으로만 구성될 수 있다. 이와 같은 인지적 네트워크는 흔히 2원 자료(two mode data)로부터 구성된다. 가령 i라는 사람이 k라는 책을 구입하면 $B_{ik}=1$로, 구입하지 않았으면 $B_{ik}=0$으로 표현한 행렬 B는 (사람 * 책)의 2원 자료가 된다. 이원(two mode)이라는 단어가 의미하는 바는 행과 열이 표시하는 대상이 다르다는 말이다. 이 경우 행은 사람, 열은 책을 나타낸다. 이 이원 행렬로부터 책 사이의 관계를 도출하려면 B의 열과 행을 바꾼 전치행렬과 B를 곱하면 되는데, 곱한 행렬 $(B' * B)$의 (p, q)가 나타내는 값은 p라는 책과 q라는 책을 동시에 구매한 사람의 수를 뜻한다. 결국 책과 책 사이의 네트워크는 특정한 책들을 함께 구매한 사람의 숫자로부터 인지적으로 가공된 것일 뿐이다.

이렇게 수학적으로 간단하지만은 않은 이야기를 자세히 한 이유는 네트워크 사회가 진행됨에 따라 직접 존재하지 않는 네트워크를 인지적으로 구성하여 마케팅이나 웹 탐색에 활용하는 방법들이 급속히 발전하고 있기 때문이다. 다음 장에서 논의하게 될 협업 필터링(collaborative filtering)이라는 개념도 인지적 네트워크를 구성하여 패턴을 찾아내는 것이라고 바꾸어 말할 수 있다. 간단히 말하자면, 하이퍼링크를 따라 돌아다니는 수많은 사람들에 의해서 누적된 트래픽 자료로부터 인터넷의 동선의 구조를 추출해 내는 것(filtering)도 인지적 네트워크라고 볼 수 있다.

인지 틀로서의 네트워크가 점차로 강화되는 이유는 역시 정보통신기술의 발달과 관련이 있다. 오늘날과 같은 급속한 기술발전을 이루어내기 전까지는 앞에서 논의한 세 가지 의미의 네트워크가 갖는 효과의 힘을 파악하기 어려웠다. 설령 감지하게 된 경우에도 단지 묘사적인(descriptive) 단계에 머물 뿐, 실제로 그 영향력을 증명하기에는 자료의 한계가 존재했던 것이 사실이다. 그러나 이제는 상황이 달라졌다. 무서운 속도로 늘어나는 전자적 연결망과 더불어 지구는 점점 더 좁은 세상이 되어가고 있다. 게다가 좁은 세상이 갖는 구조적 특징으로 인해 개인이나 기업, 조직 및 국가 등 모든 차원에서 연결망이 갖는 위력은 더욱 거세지고 있을 뿐만 아니라 그 효과를 정확하게 수량화된 데이터로 표현하는 것이 가능해졌다. 한 개인이 인터넷상에서 글을 작성하고 관계를 설정하고 홈페이지를 방문한 기록(log)과 같이 미시적인 차원의 것에서부터, 국가간 무역량과 같은 거시 경제 지표에 이르기까지 수많은 네트워크 자료들이 축적되고 있다. 특허의 인용관계를 축적한 자료는 '기술혁신' 혹은 특허기술의 가치 등과 같이 기존에 계량 불가능한 것으로 여겨졌던 개념의 조작화를 가능하게 했다. 심지어 결혼 정보회사의 데이터베이스에는 등록된 수십만 명의 회원이 누구와 데이트를 했으며, 상대방에 대해서 어떠한 느낌을 가졌고, 최종적으로 누구와 결혼을 했는지에 대한 "관계적 자료"가 축적되어 가는 것이다.

이상에서 살펴본 네 가지의 네트워크는 '네트워크 사회'의 구조적 밑바탕이 된다. 네트워크 사회가 진행된다는 말은 이 네 가지 종류의 네트워크가 서로 밀접하게 연관되어 확산되면서 새로운 구조적 변화를 창발(emerge)한다는 뜻이다. 통신 네트워크라는 하드웨어 기반이 먼저 발전하면서 사회 연결망으로서의 네트워크라는 외연이 확장된다. 조직 구성원리로서의 네트워크는 기술적 · 사회적 네트워크와 상호 침투되어 있다. 다양한 종류의 네트워크들이 서로 네트워크화 됨에 따라(networking of networks) 세상 만사를 네트워크의 관점에서 인식하는 패러다임이 대세로 자리잡게 된 것이다.

제 3 장
통제의 관점에서 본 네트워크 사회

앞 장에서 살펴본 바와 같이 네트워크라는 용어는 그것을 가능하게 하는 기술적 측면, 사회 연결망, 집단의 조직원리 그리고 인지 틀에 이르기까지 여러 가지 관점에서 사용되고 있으며, 네트워크 사회가 진전됨에 따라 각각의 의미에 대응하는 사회현상도 점차로 증대하고 있다. 이에 따라 네트워크를 주제로 진행되고 있는 연구의 범위 역시 다양한 스펙트럼을 지닌다. 한편에서는 컴퓨터 과학자가 통신기술을 개발하는 동안 한편에서는 사회학자와 정치학자가 위계질서의 변화와 권력의 이동을 이야기하며, 또 다른 한편에서는 경영학자가 앞장서서 소비자의 네트워크와 기업의 마케팅 전략을 연구한다. 그러나 이 세 가지 갈래 모두 네트워크 사회의 근본적인 특징에 기반을 두고 있다.

네트워크 사회의 구조적 특징은 인류의 역사적 맥락에서 **통제방식**의 변화를 중심으로 살펴볼 때 확연히 드러난다. 네트워크 사회의 출현을 역사적 맥락에서 다룬 글이 많이 있지만(Castells, 2000), 통제방식의 변화에 초점을 맞추어 우리가 그 작업을 반복하려는 이유는 복잡계 네트워크는 통제 불가능성과 직결되어 있다는 점을 주장하기 위함이다. 8장에서 자세히 다루겠지만, 복잡계 네트워크에서는 어떤 특정한 임계치(혹은 문지방)를 넘어서면 영어로 티핑(tipping)이라고 표현할 수 있는, 갑자기 뜨는 현상이 생긴다. 그렇지만 이러한 임계 현상은 예측하기도, 통제하기도 거의 불가능하다. 이 장에서는 산업사회와의 비교를 통해서 예측과 통제가 어려워진 복잡계로서 네트워크 사회의 특징을 살펴보고자 한다.

3.1 산업혁명

사회과학자가 역사의 시기를 분류할 때 익숙한 방법 중 하나는 가장 다수의 노동력이 종사하는 산업이 바뀌는 데에 따른 시대구분이다(Toffler, 1980). 유럽에서 산업혁명이 일어나기 전까지 대부분의 사람들은 곡식의 생산(cultivation)에 의존했다. 역사상 최초로 첫 씨앗을 뿌린 농부는 추수할 가을, 즉 인류가 미래에 대한 기대를 품게 되는 시대의 막을 열었다. 이때 사람들을 통제하는 것은 자연이다. 때가 되면 씨를 뿌리고 곡식이 여물면 추수를 했다. 비를 달라고 기도하는 것이 공동체의 의례가 되었으며, 지나치게 불어난 물을 조절하는 관개가 곧 치정의 핵심이었다. 자연현상을 제한된 범위에서나마 통제하려는 사회였던 것이다.

이후 18세기 말, 영국에서 시작된 산업혁명은 통제 방식에 큰 변화를 가져오는 계기가 되었다. 만여 년에 걸친 농경사회를 벗어나 산업사회에 접어들면서 인간은 시간을 세밀하게 관리하고 통제하기 시작했다. 자기가 원하는 시간에 밭을 갈던 농부들은 출근 시간이 명확히 정해진 공장에서 일하도록 배치되었다. 대부분의 사람이 기계의 동력을 이용하여 무엇인가를 만들어 내는 일(fabrication)에 종사하기 시작했다. 생산수단이 변하고 그 내용과 효율이 바뀌었을 뿐만 아니라 사람이 **노동을 통제**하는 체제가 형성되었다는 점에서 사회 조직방식에 근본적인 차이를 가져온 것이다. 우리는 네트워크 사회의 특징을 잘 드러내기 위해서는 산업사회의 통제 개념에 대한 이해가 전제되어야 한다고 생각하기에, 이에 대해 다소 자세히 살펴보려 한다.

찰리 채플린의 〈모던 타임즈〉는 산업사회의 시간과 공간을 통제하는 노동 통제를 잘 보여주고 있다. 영화에서 채플린은 컨베이어 벨트 앞에서 하루 종일 나사를 조이는 반복적인 단순노동을 한다. 컨베이어 벨트는 시간의 빈틈을 없애고, 작업 속도를 통제하는 시간통제의 수단이었다. 영화는 1930년 경의 대공황을 시대배경으로 하는데, 당시 미국의 공장에서는 테일러리즘(Taylorism)과 포드주의(Fordism)라는 노동과정이 결합되어 제도화되고 있었다. 테일러리즘이란 인간과 도구 혹은 기계를 어떻게 하면 과학적으로 결합시켜 노동으로부터 최대의 효율을 얻어내는가를 연구하는 과학적 관리기법을 의미한다. 테일러리즘의 대표적인 연구대상은 다음과 같은 질문에 관련된 것이다(Taylor, 1911).

작업대 앞에 공구를 왼쪽부터 오른쪽까지 어떤 순서로 배치할 것인가? 차 밑의 부품을 조일 때 머리로부터 몇 센티미터를 떼어놓아야 근육의 피곤이 가장 덜한가? 한 명의 관리인이 몇 명의 노동자를 통제하는 것이 가장 효율적인가[**공간통제**]? 몇 분 일하고 몇 분 휴식하면 근육이 지속적으로 작동하여 최고의 생산성을 낼 것인가[**시간통제**]?

채플린이 풍자하는 산업혁명의 핵심은 노동자가 화장실을 갈 때조차 타임카드에 구멍을 뚫고 다녀야 할 정도로 숨 막히는 통제의 혁명이었다. 기계 앞에서 노동하는 노동자의 근육의 움직임을 분석하기 위하여 초시계(Stop Watch)가 종종 사용되곤 하였다. 과학적 관리 기법으로서의 테일러리즘은 노동자를 기계의 한 부분으로 파악한다. 테일러리즘은 노동자와 기계가 한데 어우러진 '인간-기계 복합체(man-machine complex)'의 효율을 최대로 높이기 위한 방법을 연구했던 것이다.

테일러의 연구 결과는 작업공정을 잘게 나눌수록 노동이 효율적이라고 밝힌다. 자본주의가 막 발전하기 시작할 당시 영국의 찰스 베비지(Babage)라는 학자는 작업 공정을 세분할수록 자원의 효율적 배분이 일어나, 사회적으로 효율성이 증가한다고 분석한 바 있다(Braverman, 1975). 가령 도예 작업의 경우, 풀무질하는 일과 진흙 개는 일, 불 지피는 일, 유약을 바르는 일 등을 세분하여 나누면 단순한 일은 어린아이나 노약자 등 비숙련 노동자가 담당할 수 있게 되고, 도예공이라는 숙련 노동자는 이러한 단순 반복 노동으로부터 자유로워져 숙련이 필요한 노동에만 전념할 수 있게 되기 때문에 전체적인 효율이 증가한다는 논리이다.

베비지 원리에 의해 파편화된 채플린의 노동은 멀리 떨어져 있는 두뇌(distant brain)에 의해 통제되고, 교정되고 감시받는다. 이 영화에서 자본가는 스크린을 통해 노동자를 감시하고 작업속도를 조정하는 역할을 한다. 사장은 퍼즐을 갖고 놀다가 심심해지면 모니터를 쳐다보고 "5번 벨트 속도 증가!"를 명령한다. 채플린의 노동강도는 이 명령 한마디에 따라 급속히 증가된다. 사장에게는 일과 놀이가 시간적 · 공간적으로 분리되지 않았으나, 채플린의 노동시간에 발생하는 "시간의 빈 틈"은 감독에 의해 여지없이, 그리고 예외 없이 메워지고 만다.

산업혁명이 표방한 표준화의 혁명은 공간통제에까지 미친다. 〈그림 3-1〉이 보여주는 것은 1917년 미국에서 특허로 등록된 슈퍼마켓 설계도 (Beniger, 1986)이다. 오늘의 관점에서 보면 이 설계도면은 전혀 신기할 것이 없지만, 당시로써는 특허를 받을 정도로 혁신적인 아이디어를 담고 있다. 그 핵심은 소비자들이 일단 슈퍼마켓에 들어오면 그들의 동선을 최대화되도록 설계하여, 모든 선반 사이를 다 돌아다녀야만 계산대로 빠져나갈 수 있도록 공간을 통제하는 것이다. 이처럼 산업사회는 견고한

그림 3-1 1917년 미국 특허로 등록된 슈퍼마켓 설계도

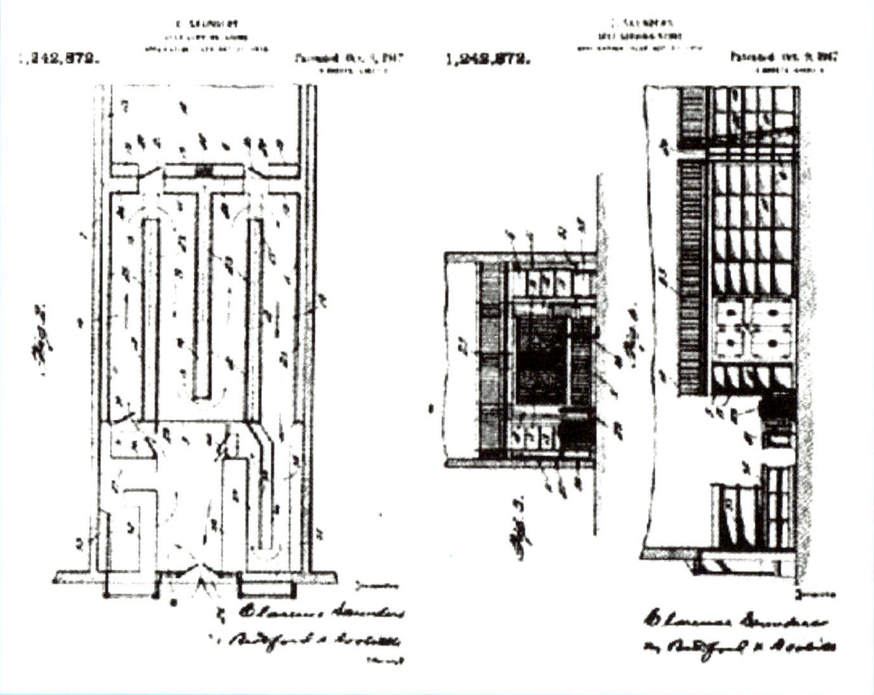

출처: Beniger, 1986.

위계질서를 통해 인간의 시간과 공간을 세밀하게 통제하는 메커니즘을 발전시켰던 것이다.

3.2 네트워크 혁명

네트워크 사회는 산업사회와 근본적으로 다른 원리로 구성된 사회이며, 이는 통제의 관점에서도 마찬가지이다. 주지하다시피 이 사회에서 핵심적 생산물은 지식과 정보재이다. 지식/정보를 다루는 사람들의 생산성은 더 이상 위계적 질서에 의해 통제할 수 있거나, 예측 가능한 것이 아니다. 생산에서 필요한 능력은 창조성과 순발력이기 때문에 평등하고 자유로운 소통의 구조 및 유연한 상황대처 능력을 필요로 한다.[1] 세계 굴지의 IT 기업인 마이크로소프트(MS) 최고 경영자 중 한 사람은 저자와의 대화 중에 그들 회사 내에서 같은 일을 하는 직원들 간에 약 3,000배의 생산성 차이가 나는 경우도 있다고 털어놓았다. 이러한 상황에서 재화의 생산방식은 위계조직 안에서 이루어지는 통제보다는 유연한 네트워크 조직과 '선택적 친화력'을 갖는다.

느슨한 네트워크 조직은 분권화된 자율성을 핵심으로 하기에 가장 이상적인 네트워크 조직에서는 "통제"할 대상이 사라진다. 다음 장에서 자세히 언급하겠지만, 무상으로 프로그램을 만들어 보급하려는 오픈 소스 운동(Open Source Movement)에 참여한 75만 명의 프로그래머들은 매우 느슨한 네트워크로 엮여 있었다. 이 운동을 이끄는 사람의 수를 어림잡아 보면, 중요한 영향력을 행사하는 사람이 4명, 배급자가 약 6명, 그리고 200여 명의 프로젝트 리더들이 있었다고 한다(Hunter, 2002). 이들은 대략의 목적과 추진 방향은 공유하고 있었지만 누구도 자발적으로 참

1) 실제로 국내의 한 게임 소프트웨어 개발 회사에서는 직원들에게 머리 염색 보조금을 지급하기도 한다. 이는 스스로가 가진 잠재적인 창의성을 최대한 끌어올려 보라는 의미로 이해할 수 있을 것이다.

여하는 프로젝트 리더들과 프로그래머들을 통제하지 않았고(더 정확하게는, 통제할 수 없었고), 어느 누구에게도 그럴 수 있는 권한이 없었다.

이러한 통제 불가능성은 이 운동의 주적(敵)이었던 마이크로소프트의 대응 과정을 보면 잘 드러난다. 마이크로소프트사는 이 운동에 참여한 집단의 리더가 누구인지도, 또 참여하는 프로그래머들의 규모가 어느 정도인지도 정확히 알 수 없었으며, 따라서 전통적으로 '경쟁 상대 죽이기' 또는 '경쟁 상대 흡수하기' 전략에 능한 MS도 어떻게 대응해야 할지 속수무책이었다. 소송을 제기할 대상도, 협상할 상대도 불명확했기 때문이다. 각종 루머와 소문을 퍼 나르는 극히 느슨하게 엮여 있는 집단에 대해서 어떻게 대응할 방법이 없어 피해를 입기로는 연예인도 마찬가지 상황에 놓여있다. 빈 라딘(Osama Bin Laden)이 명목상 이끈다고 믿어지는 알케이다(Al Qaeda)의 테러 네트워크 때문에 고민하는 미국 정부도 인기 연예인이나 MS와 비슷한 상황에 직면해 있다. 테러리스트들은 같은 이데올로기로 무장하였지만, 지역적으로 모여 있지 않으며, 집단의 형태를 찾을 수 없는 네트워크의 형태로 존재하기 때문이다.

3.2.1 생산활동의 시·공간 경계 약화

앞 절에서 살펴보았듯이 산업사회에서는 일정한 시간에 회사나 공장의 문을 들어오고 나가는 것이 곧 일의 시간적 · 공간적 경계를 넘나드는 것이었다. 노동이란 그 경계 안에서 일하는 것을 뜻했다. 그러나 지식정보재를 특징으로 하는 네트워크 사회에서는 이러한 경계가 흐려진다. 긱스쿼드(Geek Squad, 괴짜군단)의 예(Tapscott and Williams, 2007)는 신선한 충격이다. 현재 미국 대규모 전자제품 체인인 베스트바이(BestBuy) 자회사인 이 기업은 소비자들이 전자제품을 사용하면서 문제를 겪을 때 직접 달려가 해결해 주는 것을 비즈니스 모델로 삼는다. 이들이 짧은 시간에 사업의 성공을 거둘 수 있었던 비결은 그들 직원들이 '일과 놀이'를 통해 만들어 내는 창조적인 협동이었다.

작은 딱정벌레 차를 타고서 SF 영화에서 막 튀어나온 것 같은 요원

복을 입고 일하는 재치 있는 기업문화와 더불어 직원들은 스스로 끊임없는 혁신을 만들어 낸다. 이들은 온라인 멀티 플레이어 게임을 즐기면서 자연스럽게 예산수준을 체크한다던가, 라우터 암호를 재설정하는 방법을 묻고 답하는 등의 방법으로 유연하고 즉각적인 업무(협조)를 이루어 나간다 (Tapscott and Williams, 2007). 즉 일과 놀이의 시간적 · 공간적 경계를 자유롭게 넘나들면서 일을 하고 있는 것이다.

이와 비슷한 현상은 우리의 주변에서도 쉽게 확인할 수 있다. MSN은 여가시간에 친구와 수다를 떠는 매체이면서 동시에 거래처 직원과 계약 조항을 확인하는 수단이다. 스카이프(SKYPE)는 외국에 유학 간 애인과 공짜로 전화를 할 수 있는 통신 프로그램인 동시에, 전 세계 각지에 흩어져 있는 지점(branch)의 직원들이 매일 아침 원격회의(conference call)를 하는 창이다. 하나의 매체에서 놀이와 일이 번갈아 일어나고, 때에 따라서는 동시에도 벌어지는 이러한 시대에 일의 시공간적 경계를 긋기도 어려울 뿐만 아니라 시공간적으로 노동을 통제하는 것이 무의미해졌다.

특히 지식이나 정보를 생산하는 일은 일반 재화의 생산과 매우 다른 특징이 있다. 상품은 소비하면 없어지지만, 지식은 소비해도 남아 있다. 더욱이 지식을 공개하는 순간, 다른 사람이 자신의 영감을 덧붙여 더 가치 있는 지식으로 바꾸어 줄 수도 있다(knowledge working on knowledge!). 한 상품에 다른 상품을 결합하여 새로운 상품을 만들기는 어려워도, 지식에 새 지식을 더해 새로운 지식을 만들기는 무척 쉽기 때문이다. 바로 이런 특성 때문에 지식은 서로 상호작용하면서 거대하고 복잡한 지식체계로 재편되고 있다. 인위적으로 설정한 전통적 학문의 경계를 넘어 물리학과 사회학이 만나고, 생물학과 공학이 상호작용하면서 새로운 지식이 창출되는 것이다. 이렇게 지식혁명은 학문의 경계를 넘어 진행되면서 가속화하는 성격이 있다.

지식이 가진 가치가 반으로 줄어들 때까지 걸리는 시간을 "지식 반감기"라고 한다면, 이 반감기는 지식의 빠른 변화로 인해 점점 단축된다. 실제로, 한 논문에서 인용하는 참고문헌들이 그로부터 몇 년 전에 쓰여진 것인지를 살펴보면 지식의 변화속도를 금세 감지할 수 있다. '참고문헌'

은 저자가 본문에서 사용한 주된 개념이나 방법론, 그리고 자신의 연구와 비교하는 논문들의 기본 서지사항들을 밝혀, 독자들이 지식의 원천이나 관련 지식을 쉽게 찾아갈 수 있도록 도와주는 장치이다. 〈그림 3-2〉는 응용과학과 기초과학, 의학, 그리고 사회과학인 언론학 분야의 참고문헌 나이의 분포를 보여주고 있다. 참고문헌의 중앙값(median)으로 정의된 인용 반감기(half-citing life)는 4-7년으로서, 오래된 문헌의 가치가 급속하게 줄어들고 있음을 알 수 있다. 이는 과거 종이에 인쇄된 학술지를 우편으로 받아보던 때와 달리, 인터넷에 접속하여 전 세계에서 발간된 저널 중에서 자신이 원하는 논문을 검색하고 전자 문서로 된 논문을 받아볼 수 있게 된 지금은 지식 공유가 쉬워졌고 확산의 속도도 빨라졌기 때문일 것이다.

공간적 경계가 무너진 예도 쉽게 찾아볼 수 있다. 정보통신기술의 발달에 힘입어 전 세계적 차원의 사이버 의사소통망이 구축되었고, 민주화 투쟁을 하는 인도네시아나 미얀마의 대학생들이 인터넷 등을 통해 한국

그림 3-2 학문 분야별 참고문헌의 나이 분포

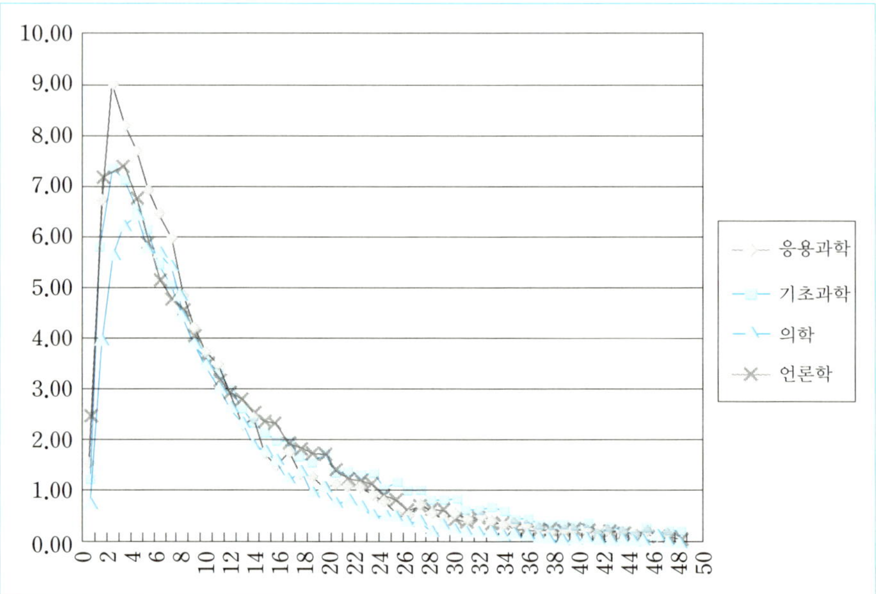

의 운동권 학생들에게 운동 전략에 대한 조언과 후원을 요청할 정도로 확장되었다. 독도는 누구의 영토인가 하는 문제에 대한 한·일 청소년들 간의 열띤 인터넷 토론, 스타 크래프트와 같은 네트워크 게임 공간에서 전 세계 청소년들의 만남 등은 공간적 경계를 넘어서 세계 시민들 사이의 상호작용이 급속히 증가하고 있음을 보여주는 예다.

이러한 변화에서 볼 수 있듯이 각 개인들은 정보통신 인프라를 통해 자기만의 공간을 확보할 수 있게 되었다. 종교 개혁에 의해 개인이 신을 직접 대면할 수 있게 되었듯이, 네트워크를 통하여 개인이 세계와 마주할 수 있는 자기만의 독자적 공간을 확보하게 된 것이다. 이것은 물론 '시공간적 구속'이라는 제도적 조건이 붕괴하였다는 것을 뜻한다. 더 이상 개인은 자신이 동의하지 않는 문화적 경계들 안에 안주할 이유가 없게 된 것이다. 따라서 기존의 정치적 · 규범적 굴레들을 벗어난 세계화 시대의 개인들이 과연 기존의 경계를 벗어나 새롭게 결성된 공동체를 유지시키는 규범적 기반들을 스스로 창출해 내게 될 것인가, 그리고 그러한 규범의 동학(dynamics)은 어떤 모습을 띠게 될 것인가 하는 점이 초미의 관심사로 등장하였다.

3.2.2 시간과 공간의 압축

한밤 중에 비행기를 예약하기 위해 항공사에 전화를 걸어 보면, 놀랍게도 그 시간에도 우리는 안내원의 친절한 상담을 받을 수 있다. 게다가 안내원의 목소리에는 한 조각의 졸음도 섞여 있지 않다. 그녀(혹은 그)는 미주 지점의 직원이고, 이들에게 지금은 '낮'이기 때문이다. 나의 예약전화는 순식간에 태평양 건너로 연결된 것이다. 이처럼 네트워크 사회는 시간과 공간이 압축되는 사회이다. 정보 통신기술 혁명은 국제적 통신의 양(traffic)을 증가시키고 수단을 다양화하였으며, 그 결과 세계는 점점 더 밀접하게 연결되고 있다(Barnett 1999; Barnett et al., 1999; Lee et al., 2007; Monge and Matei, 2004).

약간의 상상력을 동원하여, 〈그림 3-3〉에서와 같이 2차원의 지도 위

그림 3-3 시공간 입방체(Space-Time Cube)

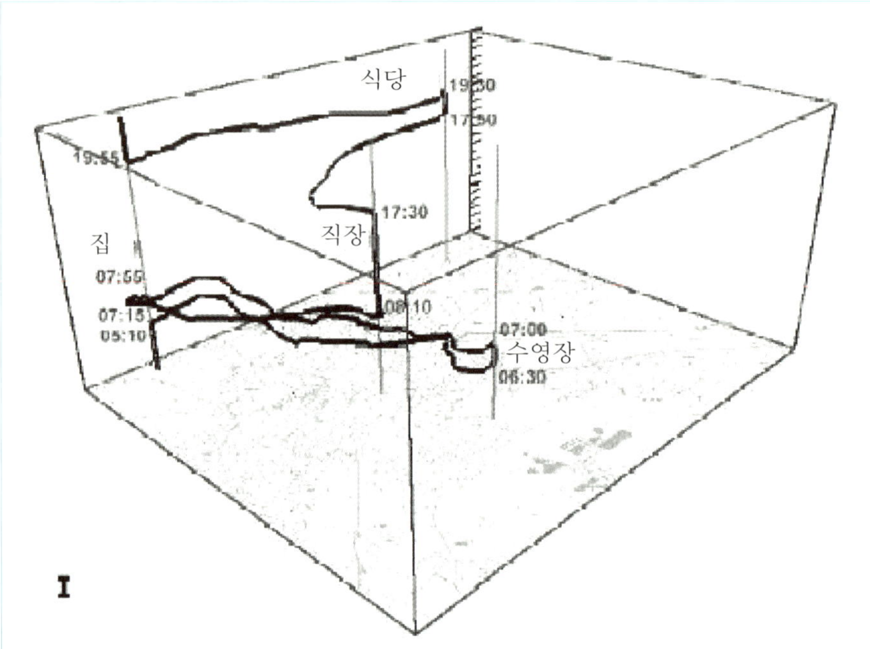

출처: (Kraak, 2003.)

에 시간이라는 축을 세워 3차원 입방체 공간을 만들어 보자. 수직축이 지난 하루 동안의 나의 시간이라고 가정한다면, 한 달 동안 반복되는 나의 움직임이 만드는 선은 어느 정도로 규칙적인 곡선을 그릴까? 이 동선의 자유분방함은 그 사람의 직업이나 사회적 지위와도 관련이 있지만, 대부분의 사람의 삶은 구조화되어 있기 때문에 매일 다람쥐 쳇바퀴 돌 듯이 규칙적인 동선을 그릴 것이다. 그러나 전자적으로 움직이는 공간을 포함하여 그려본다면 아무리 사회적 지위가 낮은 사람이라 할지라도 하루에도 전 세계 각지의 사람들과 의사소통을 하며 돌아다니는 것을 볼 수 있다.

같은 3차원 평면에, 이번에는 인터넷 네트워크의 지도를 그려 놓았다고 생각해 보자. 이때 어느 사람이 인터넷을 타고 돌아다니는 행동의 동선은 더욱 자유롭게 활개를 칠 것이다. 한 지점에서 다른 한 지점으로 이동하는 데에 드는 노력은 단순히 하이퍼링크 클릭하는 정도에 지나지 않으며, 언제든지 구글이나 네이버 같은 포털 사이트로 되돌아와 다시 출발할 수 있다. 게다가 동시에 여러 곳의 장소에 방문하여 탐색하는 것도 얼마든지 가능하기 때문에 이제 지도상의 선은 하나가 아니라 여러 개가 '모였다 흩어졌다'를 반복하는 모양일 것이다. 한 개인이 갖는 움직임의 자유도가 이만큼 늘어나는 것이라면, 나와 연결된 사람들의 활동반경을 한데 합쳐본다면 이는 실로 엄청난 외연의 확대를 이루게 된다. 이것이 네트워크 사회에서 개인과 기업이 소유하는 잠재력이자 그들의 경쟁이 이루어지는 환경이 된다. 수송과 정보통신을 포괄하는 네트워크 기술이 시간적 · 공간적 제약을 줄였고, 이로써 인간들의 동선이 자유로워졌음은 의심의 여지가 없다.

3.2.3 동 조 화

이처럼 시간과 공간의 제약이 사라지는 네트워크의 시대에, 통제 대신 부각되는 것은 동조화(synchronization)다. 이는 말 그대로 전체를 구성하는 각 부분이 마치 물결이 퍼지듯 같이 따라 움직이는 현상을 뜻한다. 동조화의 사례는 일상 생활에서 발견할 수 있는데, 지휘자가 없는 가운데 객석을 가득 메운 관객들이 자유로이 박수를 치기 시작하지만, 잠시만 지나면 이들의 박수소리가 일정한 간격으로 수렴되어 가는 모습이 한 예다. 이는 우리가 살아 숨쉬고 있는 원리이기도 하다. 우리 몸의 그 어느 기관도 심장이 특정한 리듬을 가지고 뛰도록 명령하지 않는다. 그러나 심장의 박동을 조절하는 페이스메이커(pacemaker)를 구성하는 수많은 세포들이 동시에 전기를 발사(fire)하는 동조화의 원리에 의해 심장의 펌프질은 일정한 간격으로 유지되고 있는 것이다(Strogatz, 2003).

우리 몸의 가장 중요한 부위인 심장이 위계가 아닌 네트워크의 조직 원리를 띠는 이유는 네트워크 모델이 가지는 견고함(robustness)을 통해 진화론적으로 설명된다. 만약 어느 한 부분이 심장의 명령체계를 담당한다면 그 곳이 다치게 되었을 때 복구가 불가능한 타격이 될 것이다. 그러나 긴밀히 연결된 수많은 심장 박동조절 세포 사이의 네트워크를 통해 심장 박동이 자율적으로 조절된다면 위험 부담을 덜 수 있다. 통계 물리학자인 도일(Doyle)에 의하면 진화는 한 걸음 더 나아가서 이들 네트워크가 척도 없는 네트워크(scale-free network)의 구조를 갖도록 하여 외부의 공격에 대해서 더 견고해지도록 했다고 한다.[2] 척도 없는 연결망이라는 개념은 연결선 분포의 평균이 분포의 척도(속성)에 대해서 아무것도 알려 줄 수 없다는 뜻을 담고 있다. 가령 정규분포 함수의 경우 평균을 알면 대략적인 전체 분포의 스케일을 알 수 있지만, 멱함수 분포의 경우는 그렇지 못하다는 뜻에서 "척도 없는 연결망"이라는 개념이 생겨난 것이다.

네트워크 사회에서는 시간의 동조화가 한 나라의 경제발전을 좌우하기도 한다(Toffler and Toffler, 2006b; Williamson, 1996). 자연스럽게 동조화가 이루어지는 생명체와는 달리, 사회의 부문별 기능 분화는 더욱 고도로 진행되었지만 각 부문간 시간의 동조화에는 실패했다. IT분야에서의 분쟁에 법원판결이 내려질 때는 이미 기술발달이 한창 진행된 후이어서, 판결의 의미가 상실되는 지경에 이른 것이다. 기업은 급변하는 환경에 대응하여 끊임없이 변화하고 있으나 정부나 학교, 법제도 등은 절름거리며 한참 뒤처져서 따라간다. 사회는 정보사회로 바뀌었는데 우리나라의 교육은 아직도 대량생산 산업사회에서나 알맞은 주입식 교육에 머물고 있다. 토플러(Toffler)는 비단 한국만이 아니라 대부분의 나라가 수백 명의 학생을 한 곳에 모아 놓고 똑같은 기능을 가르치고 있다고 지적한다(Toffler and Toffler, 2006a). 이러한 시간의 비동조화는 비효율을 낳고 자원을 낭비하기 때문에, 네트워크 사회에서는 동조화를 향한 압력이 그 어느 때보다 증가한다.

군사학에서 사용되는 '현저한 뒤처짐(Reverse Salience)'이란 개념도 동조화의 중요성을 잘 알려준다. 전쟁터에서 적의 강력한 저항에 부딪힌 지역은 전선이 전진하지 못하고 뒤처지게 된다. 단 한 군데라도 전선이 뚫리면 이는 곧 전투의 승패를 좌우하기 때문에, 뒤처진 전선에는 엄청난 화력과 병력이 동원되어 집중 포화를 퍼붓는다. 기술발전의 경우도 마찬가지이다. 관련 기술들이 일정한 속도로 발전하는 것이 아니라 특정 분야

2) eclectic.ss.uci.edu/~drwhite/agents/SOCvsHOT.htm

의 기술은 다른 분야보다 현저하게 뒤처지게 마련이다. 그런데 한 제품의 내구성을 결정하는 것은 그 제품에서 제일 싼 부품의 질일 경우가 많다. 따라서 완제품으로서 상품의 가치를 결정하는 것은 그것의 성능이 얼마나 균형 있게 개발되었느냐는 것이다.[3] 수소 자동차의 예를 들면 연료전지 기술이 다른 연관 기술보다 현저히 뒤처진다. 이런 분야에는 많은 연구비와 우수 인력이 집중적으로 투하되어 기술발전에 균형을 맞추기 위한 노력이 기울여지는 것은 기술의 동조화가 투자와 이윤 창출의 핵심이기 때문이다.

3.2.4 가상공간의 등장

1999년 10월 29일 새벽 4시, 저자가 알기로는 전 세계에서 처음으로 가상공간에서 데모가 발생했다. 리니지라는 게임 공간에서 수많은 게임 캐릭터로 구성된 시위대가 참가한 이 사건을 두고, 한 신문은 대략 다음과 같이 보도했다.

> 시위의 발단은 〈NC소프트〉사가 새로운 캐릭터인 마법사를 등장시키면서 시작되었다. 직접적인 공격력은 강하지 않지만 마법을 사용하는 이 캐릭터 때문에 많은 게이머들은 자신의 아이템과 에너지를 빼앗겨야 했는데, 이에 진작부터 게임 운영에 화나 있던 게이머들은 몬스터를 무찌르는 데 필요한 무기를 파는 판도라 가게 앞에서 줄을 서서 시위를 벌이기 시작했다. 게임 운영을 방해받게 되자 〈NC소프트〉는 몬스터를 풀어 시위대를 해산하려 했지만, 캐릭터들은 힘을 합쳐 이 몬스터를 죽여버렸다. 이 과정에서 〈NC소프트〉는 서버가 다운되는 등 게임 운영에 적지 않은 피해를 보아야 했다(한겨레, 99년 10월 30일).

네트워크 혁명에서 빼놓을 수 없는 것이 가상공간의 확대이다. 사람들은 사이버 공간에 생겨난 어느 마을에서 살기 위해 신용카드로 사이버 머니를 산다. 3차원 가상공간에만 존재하는 땅이나 건물을 분양받은 후

---

3) 2008년 전경련 신춘포럼 "2020년 무엇을 먹고 살 것인가," 삼성경제연구소, 김재윤 실장(2008년 1월 24-25일).

자신이 원하는 얼굴과 옷 등의 아이템을 구입하여 마을에 정착한다. 사이버 주민들끼리 온라인에서 사이버섹스를 즐기거나 결혼서약을 하고 가상 신혼여행을 떠난다.

대표적인 예로, 사람들이 마음속에 품고 있던 '제2의 인생'을 사는 인터넷 가상세계인 세컨드라이프(www.secondlife.com)를 꼽을 수 있다. 이곳에서는 누구나 한 번쯤 꿈꿔오던 삶이 가능하다. 가상의 공간에서라면 누구라도 태평양이 내려다보이는 그럴싸한 집을 구입한 후, 오픈카를 타고 출근하는 패션 디자이너의 삶을 누려볼 수 있다. 이러한 가상공간이 가져다 주는 체험의 매력은 많은 사람들을 끌어들여서, 2007년 9월에 추산된 세컨드라이프의 주민 수는 950만 명에 이르고, 매일 20만 명이 평균 네 시간씩 접속한다.[4] 이들은 이 세계에서 먹고살기 위해 가상 화폐인 '린든' 달러를 벌어 쓰는데, 여기서 창출되는 국민총생산(GDP)은 5~6억 달러에 달해 어지간한 아프리카 국가의 1년 GDP를 넘는 수준에 이르고 있다.[5] 현실 세계의 돈과 린든이라는 사이버머니를 교환하는 환율이 고시되고 매일 등락을 거듭한다. 사이버 커뮤니티에서 물건을 사고 팔 수 있는 시장이 생겨났으니, 확장된 공간이 부를 창출할 수 있는 새로운 기회를 제공했다는 사실에 의문의 여지가 없다.

이 가상공간에서 제2의 삶을 영위하는 사람들은 자신들이 여러 가지 재화를 만들어 유통한다. 어떤 사람은 아이콘을 만들고, 어떤 사람은 새 집을 설계한다. 이미 세컨드라이프는 도요타가 신차를 공개하고, IBM 직원들이 고객들과 대화하는 한편, 힐러리 클린턴이 선거 유세를 펼치는 또 하나의 삶의 공간이 되어 있는 것이다. 이는 결코 남의 나라 얘기에 지나는 것이 아니다. 우리나라 십대 청소년에게 대뜸 '도토리를 드립니다'라고 말했을 때, 도토리묵을 만드는 '진짜' 도토리 열매를 떠올리는 아이가 몇이나 있을까? 국내에서만 이미 대한민국 인구의 40%를 넘는 2천만 명이 가입한 싸이월드는 20세에서 29세 사이의 청년층 중 96%가 정기적

---

4) [특별대담] 김문조 고려대 교수-필립 로즈데일 린든랩 CEO(전자신문, 2007년 9월 17일) http://www.etnews.co.kr/news/detail.html?id=200709140050

5) 세컨드 라이프 그림자… 현실세계 골치 아픈일 다 있네(한국경제, 2007년 8월 24일) http://www.hankyung.com/news/app/newsview.php?aid=2007082464131

으로 방문하는 대표적인 사회 네트워킹 사이트다(Ewers, 2006). 도토리는 이곳에서 통용되는 화폐의 단위로, 자신의 미니홈피를 꾸미기 위한 아이템을 사고파는 것은 이미 너무나 대중적인 일이 되어 버렸다. 싸이월드 미니홈피에 등록하는 음악은 1999년 서비스를 시작한 이래 2006년까지 총 1억 6천만 곡이 판매되어 애플의 아이튠스에 버금가는 온라인 시장을 이루고 있다.[6)]

그런데 사람들의 새로운 삶의 터전으로 자리 잡아가는 가상공간에서 불행하게도 몇 가지 우려되는 현상들이 관찰되고 있다. 사람들은 자기가 현실세계에서 실현해 보지 못한 욕망을 실현하기 위하여 새로운 모습을 만들어 내는 것이다. 가령 현실에서는 평범한 남편이자 아버지로 살고 있는 남성이 오늘은 남자가 되고 싶은 여자로, 내일은 동성과 결혼하고 싶은 레즈비언으로 사이버 세계의 상호작용망에 등장하며 성 정체성에 혼란을 겪는다든가, 청소년이 현실의 삶은 팽개쳐두고 높은 지위를 가진 자신의 온라인 게임 아바타에 빠져들어 며칠째 컴퓨터 앞을 떠나지 않다든가 하는 모습을 예로 들 수 있다. 지극히 정상적인 사람들이 정신분열증적 자아를 만들어 내어, 오늘은 '지킬 박사'로, 다음날은 '하이드'의 모습으로 나타나 전 세계 사람들과 만나기도 한다. 이들이 사이버 공간에서 겪는 경험은 매우 자극적이기 때문에 이러한 세계에 빠져서 살다 보면 어떤 자기가 진정한 자신의 모습인지 혼란에 빠질 위험이 있고, 어려서부터 이런 생활을 하는 아이들은 이른바 다중인격체(multiple self)로 성장하게 될 우려가 크다(Turkle, 1995). "내 속에 내가 너무도 많아"라는 노래 가사처럼 통합된 인격을 잃어버리는 자아 정체성의 위기가 곧 개인의 위기를 넘어 문화의 위기로 이어지게 될 위험마저 있다.

---

6) Cyworld: Bigger Than YouTube(U.S.News, 2006년 11월 9일)?
http://www.usnews.com/usnews/biztech/articles/061109/9webstars.cyworld.htm

3.3 네트워크 혁명의 결과

네트워크에 의해서 시간과 공간이 압축되고, 생산활동에서의 시간과 공간의 경계가 무너지고, 생산에서는 노동 통제보다 창의성의 중요성이 증가하면서 사회는 대규모 변동을 겪기 시작했다. 그 중에서도 수직적으로 배열된 기존의 권력관계를 약화시키거나 때로는 역전시키기도 하는 권력이동(power shift) 현상이 거대한 추세를 이루고 있다. 한편 또 다른 거시적 변화는 네트워크 자체가 가치나 부를 창출하는 기반이 되고 있다는 점이다. 각각에 대해 보다 자세히 살펴보자.

3.3.1 권력이동

권력이동 현상을 정보사회의 가장 핵심적인 변화의 추세라고 제일 먼저 주장한 토플러는 권력의 근원인 폭력(violence), 부(wealth), 그리고 지식(knowledge or mind)의 삼자 관계가 변화됨에 따라 그 중심축이 지식으로 옮겨가고 있다고 지적한다(Toffler, 1991). 카스텔은 비슷한 맥락에서 뚜렌느(Touraine)의 말을 인용하며 권력의 편재화를 이야기했다.

> "권력은 왕과 귀족과 지배계급의 손에 있었다. 권력은 자신의 의지를 다른 사람에게 부과하여 그들의 행동을 바꿀 수 있게 하는 능력"이라고 정의되었었다. 이러한 권력 개념은 더 이상 우리의 현실에 맞지 않는다. 권력은 어디에도 존재하지 않고 동시에 어디에도 편재한다. 그것은 대량 생산체제 안에, 금융의 흐름 안에, 병원과 학교에, 텔레비전 안에, 이미지 안에, 테크놀로지 안에 있다(Castells, 2004).

토플러는 권력의 근원이 변함에 따라 권력이동이 일어난다고 주장하며, 카스텔은 권력의 공간적 분포가 변하고 있다고 주장한다. 우리는 이들의 주장에 동의하면서 한 가지 주장을 덧붙이려 한다. 권력이동은 권력의 근원이 변화하기 때문에 생길 뿐만 아니라, 지식정보사회 혹은 네트워크 사회의 근본적인 구조 변동에 의해서 권력의 본질이 바뀌며, 또 더욱 중요하게는 기존에 권력관계를 유지해 왔던 모든 축에서 권력이동이 일어나고 있다는 것이다. 1장과 3장에서 살펴보았듯이, 우리가 당면한 현실은 권력이 공급자에서 소비자로, 기업에서 고객으로, 교수에서 학생으로, 정치가에서 유권자에게, 또 매스미디어에서 인터넷 포탈로 점진적으로 이동하는 거시적인 추세에 있다. 우리는 권력이동이 일어나는 근본 원인을 네트워크의 형태 자체가 변화했기 때문이라고 본다. 즉, 산업사회의 네트워크가 중앙으로부터 변방으로 연결선이 뻗어나간 방사위계형 네트워크라면, 네트워크 사회에서는 변방끼리 연결이 조밀해진 수평형 네트워크이며, 이러한 형태의 변화가 권력을 이동시킨다고 주장하는 것이다. 몇 가지 예를 살펴보자.

> "휴강된 줄을 모르고 제가 택시를 타고 왔습니다. 예고 없이 휴강을 하셨으니 교수님이 택시비를 물어 주십시오." Y 대학교 학생

불과 10여 년 전만 해도 감히 엄두도 내지 못할 발언이지만, 실제로 요즘 대학생들은 이러한 당돌한 주장을 곧잘 펼친다. 한 학생의 튀는 돌발행동이라고 치부할 수도 있지만, 저자가 보기에 이 사건은 네트워크로 인한 권력이동(power shift) 현상을 드러내 주는 하나의 예다. 학생 앞에서 교수가 누렸던 권력이 약화되고 있는 것이다.

TV의 한 시사 프로그램에서 고등학교 교실 풍경을 촬영하여 방송한 것이 사회적인 충격을 불러일으킨 적이 있다. '교실 붕괴 현장'이라는 선정적인 자막이 붙여진 화면에서는 교사의 지시에 아랑곳하지 않고, 이전 세대가 상상도 할 수 없는 불손한 행동을 자연스럽게 하는 요즘 청소년들을 목격할 수 있었다. 그러나 TV 화면에 나타난 교실 붕괴의 혼란스러움에 놀랐다기보다는 오히려 그 평화로움에 아슬아슬함을 느낀 사람들도 제법 많았다. 왜냐하면, TV 속의 교실은 하루에 몇 시간씩 '스타크래프트'와 무선 닌텐도 게임을 하면서 자신들만의 네트워크를 만들어 나가는 아이들과 일제시대 이후 크게 바뀌지 않은 교육제도를 한 공간 안에 묶어

둔 것이기 때문이다. 개인 통신장비와 광섬유를 통하여 자신이 속한 전통적 공간을 얼마든지 벗어날 수 있는 아이들을 낡은 교육제도 안에 가두어 두고, 그 선생님이 권력과 권위에 복종시키려는 기성세대의 꿈이란 얼마나 허황된 것인가!

선생·학생 간에 일어나는 권력이동 현상도 네트워크의 산물이다. 예전의 학생들은 지식을 얻기 위하여 선생님에게 의존했다. 그러나 요즘 학생들은 학원에서 학교수업 내용을 미리 배우고 정작 학교에서는 배울 것이 없어서 조는 경우도 많이 있다. 또 학생들은 인터넷을 통하여 웬만한 지식과 정보를 직접 접할 수 있게 되었다. 결국, 학생과 선생 사이의 정보 비대칭성의 폭이 점차로 좁아지고, 학생의 선생님에 대한 의존성도 따라서 줄어들고 있다. 이것이 권력이동 현상의 뿌리다. 이는 사회의 거의 모든 영역에 진행되고 있다. 또 하나의 예를 언론 영역에서 찾아보자.

몇몇 지상파 방송이 텔레비전의 모든 정보를 독점적으로 공급하던 시대에, "TV에서 …라고 하더라" 하는 한마디 말은 일상에서 일어나는 사소한 논쟁을 종식시키는 직격탄이었다. 거시적인 차원에서 보면 중앙에 의한 정보 독점은 중앙이 누리는 권력의 근원이었다. 이러한 권력의 결과로 광고 수입 역시 TV가 독점하고 있었다. 그러나 오늘날에는 수많은 케이블 채널이 공존하며, 인터넷 포탈에서는 뉴스마저 시민과 아마추어에 의해 실시간으로 공급된다. 덕분에 중앙 방송국이나 중앙 신문이 누렸던 지위와 권력은 상대적으로 점차 약화되고, 그에 따라 지상파 방송이 가지는 광고 수입의 몫도 줄고 있다. 중앙 언론의 역할은 정보를 생산하여 일방적으로 공급하던 것에서 변방의 대중으로부터 생산된 리소스를 공급받아 그것을 매개하는 것으로 바뀌고 있다. 네트워크가 발달함에 따라 변방끼리도 연결되어 정보가 흐름에 따라 중앙과 변방 사이에 존재하던 정보의 비대칭성(information asymmetry)이 급속히 해소되어 가는 것이다. 이는 학교에도 마찬가지로 적용된다. 기존의 대학생 리포트는 교수의 누적된 지식의 범위를 결코 넘지 못했지만 정보의 소스(source)와 개인, 또 개인과 개인이 긴밀히 연결된 네트워크의 시대에는 학생이 선생이 미처 알지 못하는 새로운 정보나 지식에 접근할 수 있게 되었다. 이것이 네트워크가 야기하는 권력이동의 핵심이다.

3.3.2 가치 창출

2장에서 논의한 다양한 의미의 네트워크가 사회 전반에 확산되면서 네트워크 사회의 구조 변화는 새로운 가능성을 열어 놓았다. 네트워크를 통해 "뜨는 현상"이 점차 빈번하게 일어나고, 이를 활용하여 부를 창출하거나 새로운 사회 운동을 퍼뜨리려는 여러 가지 노력이 등장한 것이다. 뜨는 현상이란, 글래드웰(Gladwell)이 자신의 저서 「티핑 포인트」(*Tipping Point*)에서 저물어 가던 '허쉬 파피'라는 브랜드의 신발이 어떻게 어느 날 갑자기 없어서 못 파는 미국의 패션 아이콘이 되었는지 흥미롭게 보여주는 바처럼(Gladwell, 2002), 무언가가 전파되는 과정에서 임계점을 넘으면서 급속히 확산되는 현상을 일컫는 말이다. 즉, 네트워크를 통한 확산은 곧 새로운 시장 기회와 직결된다. 소비자와 상호작용하려는 기업들의 입장에서 온라인 사회 연결망은 가장 중요한 화두가 되었고, 네트워크가 부를 창출하는 새로운 기회를 만들고 있다. 먼저 사회 연결망을 활용한 가치 창출부터 살펴보자.

한국인터넷진흥원의 자료에 따르면(한국인터넷진흥원, 2008) 2007년 말 현재 우리나라의 만 12세 이상 인터넷 이용자의 인터넷 쇼핑 이용률은 52.7%이고, 월평균 구매 횟수는 두 번으로 월 4만여 원을 사용한다. 이들이 구매결정을 하기 위해 의존하는 정보는 제품을 만든 회사의 광고가 아니라 주위 사람의 평가나 사용자 동호회에 올라온 사용 후기이다. 평가가 나쁘게 찍힌 상품은 판매량을 늘리기가 무척 어려우나, 소비자로부터 한번 좋은 평가를 받고, 그 호평이 '펌'(인터넷에서 글을 복사해 가져가 유포하는 것)의 대상이 되면 매출은 놀라운 속도로 증가한다. 기업들은 사회 연결망을 통해서 입소문이 퍼지는 것을 목표로하는 새로운 홍보 전략을 세우게 되었다. 그뿐 아니라 기업에서는 종종 댓글 아르바이트를 고용하면서까지 입소문을 가장한 광고를 유포하려 하기도 한다. 척도 없는 네트워크라는 냉엄한 현실에서 살아남기 위한 전략인 것이다.

영화 관람도 마찬가지다. 지난 2006년 개봉하여 1,300만 관객을 모은 영화 "괴물"을 떠올려보자. 독재정권이 국민들에게 강요한 것도 아니고, 대학수학능력 시험에 출제되는 것도 아닌데 어떻게 전 국민의 무려 4분의 1이(영화 관람 가능 인구의 1/3) 한 영화를 보는 일이 가능한 것일까? 여기에 대한 답을 줄 수 있는 것이 앞서 말한 척도 없는(scale-free) 네트워크의 힘이다. 서로 다른 두 사람이 단지 몇 단계면 연결되는 좁은 세상에 흐르기 시작한 영화평은, 특정한 임계점을 넘어 허브를 거치면서 걷잡을 수 없는 속도로 퍼져나간다.

와츠는 이렇듯 정보가 사방에서 순식간에 흘러내리게 되는 모습을 정보의 폭포(information cascade)라고 표현한다.[7] 여기서 핵심이 되는 현상은, 어떻게 행동하고 무엇을 살지를 결정하는 과정에서 개인은 그들의 과거 행적, 생각, 편견 등에만 영향을 받는 것이 아니라 다른 개인으로부터도 강력한 영향을 받는다는 것이다(Watts, 2003a). 개인들은 기업 광고는 믿지 않아도 광고 제품에 대한 친구의 평가는 신뢰한다. 그렇기에 어떤 제품을 구입할 때 먼저 물건을 써 본 주변 사람들의 의견이 구매결정에 막대한 영향을 미친다. 이런 영향은 네트워크에 퍼져나가면서 정보의 폭포가 되어 입소문으로 위력을 발휘한다.

정보폭포의 잠재력은 우리나라의 대표적인 사회 연결망 사이트인 '싸이월드'의 구조 변화에서도 읽을 수 있다. 2004년 봄부터 2006년 여름 사이에 회원들이 설정하는 일촌의 평균 숫자는 23에서 39로 1.7배 증가하였다. 이와 같이 연결선의 수가 크게 증가했다면 임의로 특정한 두 사람을 뽑았을 때, 그들을 연결하는 최단거리 역시 변화가 있을 것으로 예상된다. 네트워크 분석에서 최단경로(path)란 한 지점에서 다른 지점으로 도달하는 가장 단거리 길을 의미하는 반면, 워크(walk)는 노드의 중복 방문을 허용하면서 두 점을 잇는 서로 다른 길들을 뜻한다(Iacobucci, 1994).

7) 정보폭포는 원래 군중으로 모인 사람들이 합리적인 행동을 하기보다는 집단에 휩싸인 행동을 한다는 이론에서 나온 개념이다. 즉, 왼쪽으로 가는 것이 옳다고 판단한 어떤 사람이 다른 모든 사람들이 오른쪽을 선택하면, 그 선택의 영향을 받아 자신도 왼쪽을 택하게 된다는 것이다. Bikhchandani, Sushil, David Hirshleifer and Ivo Welch, 1992, "A Theory of Fads, Fashion, Custom, and Cultural Change as informational Cascades," *Journal of Political Economy*, 100:992-1026.

그러나 싸이월드의 일촌의 평균 숫자가 1.7배 증가하는 동안, 한 지점에서 다른 지점으로 도달하는 경로의 최단거리(shortest path, geodesic)의 길이는 단지 0.1단계 좁아졌을 뿐이다. 그 대신에 워크(walk)는 크게 증가했다. 이러한 워크의 증가는 하나의 사건 혹은 평판이 퍼져나갈 수 있는 갈래의 수가 급증했음을 의미한다.

워크의 수가 급증하는 것은 정보의 홍수를 만들어 낸다. 이때는 정보 자체가 필요한 것이 아니라 사람들의 주목이다. 관심이 희소한 자원이 되는 '관심 경제(attention economy)'가 등장하게 된다. 정보사회라는 단어가 널리 쓰이기 훨씬 전인 70년대 초반에 이미 허버트 사이먼이 표현한 대로,

> 정보가 풍요로워진 사회(information-rich society)에서 희소해진 것은 바로 정보가 소비하는 그 무엇이다. 정보가 무언가를 소비하는 것은 명백한데, 그것은 바로 정보를 받아들이는 사람들의 관심이다. 정보의 풍요는 관심의 빈곤을 가져오기 때문에 관심을 효율적으로 배분할 필요가 있다 (Simon, 1971; 위키피디아, "attention economy"에서 재인용).

그러면 정보의 바다라는 인터넷에서 짧은 시간 안에 내가 원하는 상품을 어떻게 다 검색해 낼 것인가? 이미 놀라운 일도 아니게 되어버렸지만, 아마존 같은 온라인 서점에서는 개인의 취향까지 네트워크로 파악해 준다. 내가 어떤 책에 관심을 보여 클릭하면, 동시에 화면 가장자리에서는 친절하게도 "이 책을 구매하신 고객님께서는 이런 책들도 구매하셨습니다"라고 알려준다. 상품 사이의 네트워크가 판매전략에 동원되는 이른바 관계적 마케팅(Relational marketing)이 등장한 것이다.

다시 강조하지만 책이 서로 상호작용을 할 수는 없으므로 책 사이의 네트워크는 실제로 존재하는 것이 아니라, 구매자들의 구매행위에 의해서 생겨난 인지적 네트워크일 뿐이다. 아마존에서 제공하는 네트워크는 협력여과(collaborative filtering)라는 개념에 의해서 도출된 것으로, 수많은 사람들이 만들어 낸(collaboration) 데이터를 누적시킨 후, 이 자료를 걸러서(filtering) 특정한 패턴을 찾아내거나 예측하는 것이라고 이해할

수 있다. 이는 인지적 네트워크를 활용한 가치 창출의 전형적인 예이다.

구글이 그 이전의 검색 엔진을 누르고 갑자기 부상하여 큰 돈을 번 것도 네트워크 분석(network analysis) 방법과 협력 여과라는 혁신적인 기법을 활용했기 때문이다. 이전의 검색 엔진들은 단순히 사용자가 입력한 키워드를 담고 있는 페이지를 찾아 주었다. 반면 구글은 웹상의 페이지들에 담긴 키워드가 가리키는 링크를 활용한다. 사람들은 웹 페이지를 만들 때 그 문서와 가장 관련이 있고 중요하다고 생각하는 사이트를 링크로 걸어놓기 때문에, 자연히 키워드와 밀접한 관련이 있는 사이트만 선별해 낼 수 있다. 선별된 사이트들 중에서 또 한 차례의 선별(filtering)이 일어나는데, 구글은 페이지순위(Pagerank)[8]에 근거해서 맨 위쪽에 보여줄 탐색 결과를 결정한다. 이는 네트워크 이론의 중앙성(centrality) 분석의 일종으로서, 사이트가 다른 중요 사이트로부터 인용을 많이 받을수록(authority), 그리고 다른 중요한 사이트를 많이 인용할수록(hub) 페이지순위라는 중앙성은 높아진다. 결국 수많은 사람들의 노력이 의도하지 않은 결과인 하이퍼링크 네트워크로부터 가장 적절한 내용과 중요한 내용을 찾아준 것이 구글의 성공 원인인 것이다.

협력여과에 의해 생산된 네트워크가 가치를 창출하는 또 다른 예는 알렉사 인터넷(Alexa Internet)이다. 인터넷 사용자들이 별도의 소프트웨어를 설치하고서 인터넷에서 자유롭게 돌아다니면, 이 소프트웨어는 그들의 클릭 자료를 자동적으로 데이터베이스에 추가한다(Rheingold, 2003d). 누적된 네트워크 자료를 이용하여, 어느 개인이 한 웹사이트를 방문하면, 이 사이트를 방문한 다른 사람들은 어느 사이트로 옮겨갔는지에 대한 정보를 제공하는 것이다. 자료를 모두 취합하면, 인터넷이라는 넓은 영역에서의 사람들의 움직임이 어떤 식으로 구조화되어 있는지를 볼 수 있게 된다. 나와 유사한 취향을 가진 사람들이 만들어 내는 인터넷

---

8) 페이지순위(PageRank)는 문서의 하이퍼링크를 통해 서로 연결된 월드 와이드 웹의 네트워크에서 각 문서가 지니는 중요도에 따라 가중치를 적용하여 중심성 순위를 계산하는 지표이다. 스탠포드 대학의 래리 페이지와 세르게이 브린에 의해 개발되었으며 98년 이후 구글 서비스의 검색 기술로 발전하게 되었다. '페이지순위'는 발명자 '페이지'의 성을 딴 것이다.

지도상의 동선이야말로 내가 만족할 만한 또 다른 것을 찾아낼 수 있는 훌륭한 신호(signal)인 것이다.

네트워크에서 가치를 만들어 내는 또 하나의 예로 지적재산권 사이의 인용 네트워크로부터 특정한 특허의 가치를 계산하는 것을 들 수 있다. 시장에서 특허의 가치를 판단하여 가격을 매기기 이전에 가치를 예측할 수 있다는 이야기다. 그 논리는 비교적 간단하다. 특허 출원이 등록되려면 기본적으로 특허를 출원한 기술이 일정 정도 이상의 혁신성을 지녀야 하며, 법률적으로 그 기술이 참고하고 있는 모든 선행 특허를 인용하게 되어 있다.

〈그림 3-4〉에서, 각 숫자는 개별 특허를 의미하며, 가로축은 시간의 흐름을 나타낸다. 예를 들면, 12번 특허는 8번과 10번, 3번 특허를 직접 인용한다. 그런데 12번 특허가 직접 인용한 8번과 10번 특허는 각각 2번과 4번 특허, 6번과 4번 특허를, 그리고 6번은 또 다시 3번 특허를 인용하고 있으므로, 결과적으로 2, 3, 4, 6, 8, 10번 6개 특허를 직간접적으로 인용하고 있는 것이다. 이 네트워크를 분석하여, 만약 비슷한 시기에 등록된 두 개의 특허 중 하나가 후대 기술로부터 더 많은 인용을 받았다면,

그림 3-4 특허 인용 네트워크의 예시

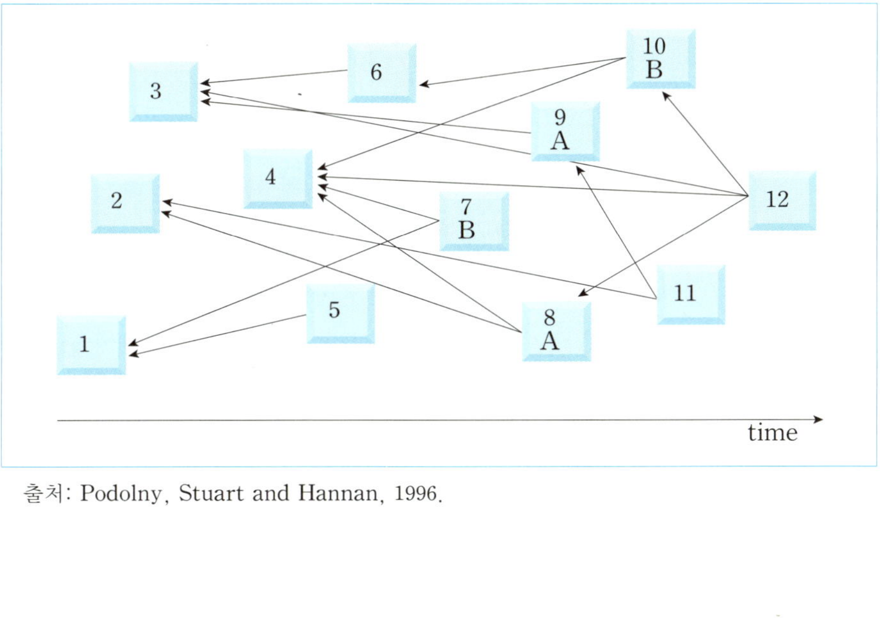

출처: Podolny, Stuart and Hannan, 1996.

이것이 더욱 인정받는 기술이라고 생각할 수 있다. 한편, 두 개의 특허가 비슷한 선행 기술들을 인용하고 있다면, 이 두 특허는 같은 분야의 연구로서 경쟁관계에 있는 것으로 볼 수 있다. 그렇기에 특허 내부 연결망에서 나타나는 각종 지표들은 그 기술을 보유한 조직의 삶의 기회(life chance)와 관련을 맺는다(Podolny, Stuart and Hannan, 1996b). 특허 네트워크 자체가 특허의 가치를 계산하는 장이 되는 것이다.

네트워크를 활용한 또 다른 중요한 가치 창출의 방법은 대규모 집단협동(mass collaboration)을 활용하는 것이다. 기업의 몸집을 부풀려 모든 것을 내부에서 해결하는 위계적 기업을 1세대라 이름 붙인다면, 아웃소싱을 통해 유연성을 획득하는 기업을 2세대라고 할 수 있다. 아웃소싱이 특정한 기업이나 조직을 대상으로 일을 맡기는 것인 반면, 제3세대 기업은 인터넷에 연결된 불특정 다수에게 가치 생산을 맡기는 방식을 택한다. 즉, 1세대가 취한 것이 만들기(make) 전략을, 2세대 기업은 닫힌 네트워크에서 구매하기(buy) 전략을 취했다면, 제3세대 기업은 열린 연결망의 익명의 다수에게 의존하는 '집단소싱(crowd sourcing)' 또는 '열린 혁신(open innovation)'의 전략을 택하는 것이다(Anthony, Johnson and Sinfield, 2008). P&G와 같은 기업이 이러한 움직임의 선두에 선다. 이미 몇 해 전 P&G의 CEO 라플리(Lafley)는 "2010년경까지는, 회사가 이루어내는 혁신의 50%는 어떤 형태로든 외부와의 연계가 있어야 할 것"이라고 말한 바 있다(Anthony, Johnson and Sinfield, 2008).

3.3.3 주목할 만한 다른 변화들

가. 직접경제(Direct Economy)

미국산 쇠고기에 대한 광우병의 위험이 제기되자 2008년 봄은 수입 쇠고기 반대 촛불시위로 타올랐다. 이때 시위에 참여한 사람들은 직접 민주주의의 가능성을 보았다고 흥분하기도 했다. 인터넷을 통하여 광우병에 대한 정보를 공유하고, 시위 현장을 중계하고, 수 십만 명이 자발적으로 거리로 뛰어나와 정부 정책에 직접적인 압력을 넣게 되었으니, 이것이

대의민주주의를 대체할 직접민주주의의 가능성과 연결되는 것도 무리는 아니다. 게다가 대의제를 대표하고 있는 우리나라 정치인들의 현주소를 생각하면 직접민주주의에 희망을 걸만도 하다. 사실 맥루한(Mcluhan and Fiore 1967)은 이미 1960년대에 이미 정보의 속도가 빨라지면 정치는 대표를 선출하여 결정권을 위탁하는 경향에서 벗어날 것이며, 전 사회 구성원이 의사결정에 직접적으로 관여하게 될 것이라고 예언한 바 있다. 맥루한이 예언했던 바로 그 현상이 현재 전 세계의 어느 나라보다 앞서 한국에서 시작되고 있다고 볼 수 있다. 직접 민주주의를 향한 요구는 앞으로도 계속되겠지만 그러나 현 시점에서 직접민주주의는 가능하지도 바람직하지도 않다는 것이 저자의 생각이다. 만일 조그만 지방자치의 정책결정부터 그 가능성을 시험해 보자는 의견에는 찬성할 수 있다. 그러나 아프가니스탄에 재파병을 해야 하는가, 혹은 미국과 FTA 협정을 맺어야 하는가를 국민의 의견을 물어 결정한다는 것은 전문성이 떨어진 비최적화 결정이 될 것이기 때문에 시기상조일 뿐만 아니라 바람직하지도 않다.

직접민주주의에 대응되는 경제적인 측면의 개념은 직접경제(direct economy)이다. 이 개념을 맨 처음 사용한 학자는 자비에로서 그는 중간상인(intermediary)이 사라지고 소비자가 직접 생산자와 네트워크로 연결되어 생산에 참여하는 시대가 시작되었다는 것이다. 그는 소비자가 생산에 참여하는 방식을 몇 가지 단계로 구분한다. 가장 낮은 단계가 셀프서비스 단계로서, 자신이 원하는 상품을 선택하는 단계이다. 도요다 자동차를 구매할 때 색상이나 옵션 등을 선택하거나, 델 컴퓨터를 구매할 때 소비자가 사양을 일일이 선택하면, 생산자가 소비자의 기호에 맞게 제품을 생산해 내는 경우이다. 두 번째 단계가 "스스로 하기(Do it yourself) 단계로서 제품을 조립하는 등 소비자가 가치 체인(value chain)에 직접 가담하는 것이다. 부품을 구입해서 가구를 조립한다거나 심지어는 주택을 조립하는 경우가 이 단계이다. 세 번째가 함께 디자인하는 (co-design) 단계로서 공급자가 공급하는 물건을 사는 것이 아니라 소비자가 자신의 필요에 맞게 제품을 함께 디자인함으로써 가치를 창출하는 경우가 여기에 속한다. 주택을 설계할 때 설계사에게 집주인이 아이디어를 얻는 경우도 이와 비슷하지만, 네트워크가 발달하면, 집주인이 웹에서 찾은 설계도를 직접 제안할 수도 있게 된다. 소노피아[9]는 소비자들이 스스로 디자인한 휴대전화 가격 플랜을 수용하면서 전화서비스를 제공한다. 이 가격 플랜은 제안자만 가입하는 것이 아니라, 다른 사람들도 가입할 수 있고, 가입자 수에 따라 제안자는 이익금의 일부를 나누어 갖도록 설계되어 있다. 마지막 단계가 공동 창작(co-creation)의 단계이다. 앞에서 언급했듯이 네고의 마인드 스톰의 움직임을 통제하는 프로그램을 직접 소비자가 만들어 생산자와 공유하는 방식이나 위키피디아, 세컨드라이프 커뮤니티 등이 여기에 속할 것이다.

직접경제에서는 소비자가 가지고 있는 노하우가 이양된다는 점 이외에도 소비자들 간에 이루어지는 상호작용의 폭이 넓어졌다는 점에 주목해야 한다. 소비자는 자기 혼자서 지식을 이양하기도 하지만, 서로 상호작용하여 새로운 가치를 함께 창조하기도 한다. 앞으로 네트워크가 더욱 발전하면 발전할수록 소비자 네트워크를 통한 공동참여가 확대되어 직접경제가 확산할 것으로 전망된다.

나. 창조적 개인과 집단의 부상

2008년 7월 25일 사망한 랜디 포쉬라는 카네기 멜론 대학 교수가 암을 선고받고 사망하기 10개월 전에 한 마지막 경연은 유튜브라는 동영상 전용 사이트에 올라 왔다.[10] 이 강의는 그 어느 누구도 예상치 못하게 천만 번 이상의 클릭을 받았고, 그 내용이 책으로 나오자 금새 베스트 셀러로 떠올랐다. 입소문과 퍼가기, 트랙백 등의 방법을 통하여 포쉬 교수가 죽음을 앞두고 젊은이에게 자신의 창의적인 삶을 정리하면서 들려준 조그만 이야기가 네트워크를 타고 조용히 전 세계에 퍼져나가며 감동을 선사한 것이다.

이처럼 네트워크는 특출한 개인을 선택하여 그의 창의성을 확산시키는 사례가 점차로 많아지고 있다. 다른 예로 맥도날드라는 젊은이는 책상

9) www.sonopia.com
10) Randy Pausch, Last Lecture: Achieving Your Childhood Dreams http://www.youtube.com/watch?v=ji5×MqicxSo

위에 놓인 빨간색 클립을 보고 이것으로 무엇을 할 수 있을지를 고민한다. 그는 이 클립을 다른 물건과 바꾸고 바꾼 물건을 또 다른 물건으로 바꾸어 나가기를 결심한다. 그는 "더 크고, 더 나은 것"으로 바꾼다는 교환조건의 원리를 세운다. 인터넷에 교환광고를 내자 캐나다 밴쿠버에 사는 여학생이 자신이 쓰지 않는 물고기 모양의 펜과 교환할 것을 제안한다. 이 청년은 비행기를 타고 가서 펜으로 바꾸어 오고 또 교환광고를 낸다. 그 다음 번은 문의 손잡이로 교환, 그 다음 번은 캠핑용 버너… 이렇게 14번의 교환단계를 거쳐 2층짜리 집을 구하면서 자기집 마련의 꿈을 실현한다. 이 사건은 미국의 ABC 방송에도 소개될 정도로 독특하고 창의적인 뉴스거리였다. 물론 이와 같은 일이 또 다시 반복될 수 있는 가능성은 매우 적다고 할지라도 한 창의적인 개인이 네트워크를 활용해 자신의 목적을 멋지게 이루어 낸 좋은 사례임은 틀림없다.

이와 같이 개인이 1인 기업으로, 창조적인 영웅으로 등장하는 경우가 많아지자 2006에 타임지가 매년 선정하는 "올해의 인물"에는 당신(you)이 선정된다. 자본 없이도 창의적인 아이디어만 있으면 뜰 수 있는 가능성이 점차로 증가하기 때문이다. 사실 구글이나 스카이프(Skype)의 성공 신화 자체도 바로 이러한 추세의 시발점이었다.

정리하면, 네트워크 사회가 진전됨에 따라 개인과 개인을 잇는 여러 종류의 네트워크 그 자체가 가치를 만들어 내는 하나의 플랫폼이 되며, 그것을 통해 상품의 부가가치가 생성되며 또 확산되고 있다. 이와 같은 새로운 기회를 발 빠르게 활용하는 조직이나 기업은 빠르게 성장하고 있으며 앞으로도 이러한 추세는 피할 수 없을 것이다.

제 4 장

네트워크의 특징

"이 지구상에 있는 모든 사람들은 여섯 다리만 건너면 누구와도 연결되어 있어. 미국 대통령처럼 이름만 들어도 누구나 아는 그런 거물만이 그런 것이 아니라 베니스에서 곤돌라를 모는 사공과 같은 우리 모두가 마찬가지야. 열대 우림에 사는 원주민도, 티에라 델 푸에고에 사는 사람이나 에스키모들도. 내가 여섯 사람의 고리로 모든 사람과 연결되어 있다니, 이건 대단히 심원한 생각이지."

존 구아레(John Guare)의 희곡 "여섯 단계의 분리"(Guare, 1990)에서 등장인물 오우사(Ousa)가 자신의 딸에게 하는 말

우리는 네트워크 사회의 특징이 네트워크의 구조적인 특징에서 발생한다고 본다. 비교적 최근에 연결망 과학(science of network)이라는 연구 분야가 새롭게 태동하면서, 통계 물리학자들은 네트워크 구조의 공통적인 특징을 발견하고 그 원리를 규명하기 시작했다. 그리고 그 결과 엄청난 규모의 연결망이 몇 다리만 거치면 모두 연결되는 '좁은 세상'의 형태로 생겨나는 이유가 무엇인지를 알아냈다(Albert, 1999; Watts and Strogatz, 1998a; Watts, 1999). 사람과 사람 간의 연결망만이 아니라 이메일 교환 연결망이나 성 접촉 연결망(Laumann, 1994; Morris, 1997), 자연세계에 존재하는 전혀 다른 종류의 연결망(예를 들면, 먹이사슬 연결망이나 발전소에서 가정으로 전기를 공급하는 송전 네트워크, 유전자발현 네트워크, 단백질 연결망이나 뇌의 신경 연결망, 과학 지식 생산체계로서 '과학자 공동연구 연결망' 등)(Grossman, 2002; Moody, 2004; Newman, 2001a; Newman, 2003) 및 온라인 커뮤니티의 연결망(김용학, 2006)에 이르는 다양한 연결망이 모두 '좁은 세상'의 구조를 갖는다는 사실과 그 과학적 원리를 발견한 것이다.

이 장에서는 사회과학과 자연과학 분야의 연구자들이 주목하는 네트워크 현상의 특징을 네트워크의 분포적 특징에 대한 연구, 네트워크 생성에 대한 연구, 그리고 네트워크의 효과에 대한 연구로 분류하여 검토한다.

4.1 분포적 특징

4.1.1 좁은 세상

약 50명이 수강하는 대학 강의실에서 축구선수 박지성을 알고 있는 학생이 있으면 손을 들어 보라고 하자 반응이 없다. 직접 모른다면, 박지성을 알 만한 사람을 아는 사람은 손을 들어보라고 하자 여기저기서 손이 올라온다. 어떤 사람을 알고 있냐고 물어보니, 친구 형이 국가 대표급 축구선수라는 학생, 자신의 친척 중에서 박 선수가 다닌 학교의 선생님이 있다고 하는 등 다양한 직업과 연령대의 사람이 등장한다. 작은 강의실에서도 박지성 선수와 한두 다리 건너 연결된 사람이 서너 명 존재하는 것이다. 모든 지구인이 여섯 단계 만에 연결된다는 네트워크 과학의 발견은 "세상 참 좁다"고 터져 나오는 일상의 감탄사가 전 지구적 차원에서도 적용된다는 점을 보여준다.

좁은 세상이란 말 그대로 수많은 노드(node)들이 불과 서너 다리만 건너면 서로 연결되는 세상을 일컫는다. 좁은 세상은 인간 세상의 네트워크에서뿐만 아니라 대부분의 네트워크에서 발견되는 가장 큰 공통점이다. 하버드대학교의 심리학자 스탠리 밀그램(Stanley Milgram)의 좁은 세상 실험은 이미 잘 알려진 예다. 그의 실험은 미국에서 전혀 모르는 두 사람이 단 5.5단계 만에 서로에게 도달할 수 있음을 보여 주었고, 이 발견은 이후 희곡작가 구아레(Guare)의 "여섯 단계의 분리"라는 상징적 문구로 일반인에게 널리 알려지게 되었다. 미국보다 사회적 밀도가 높은 한국의 경우는 어떠할까? 실험해 본 결과 한국사회의 연결망은 단 4.6단계 만에 연결되는 좁은 세상인 것으로 드러났다(김용학, 2004). 물론 이 두 실험 간에 세월의 차이가 존재하고, 통신기술의 환경이 다르며, 실험 설계상의 불가피한 차이가 있었기 때문에 직접적인 비교는 힘들다. 그렇지만 네트워크 연결 고리의 한 단계의 차이는 지인의 연결망 크기에 있어서 지수(exponential)의 차원으로 차이를 발휘한다는 점을 고려하면 한국사회가 보다 좁은 세상임을 암시해 주는 결과라고 할 수 있겠다. 온라인의 세상도 이와 다르지 않다. 우리나라의 대표적인 사회 네트워킹 사이트인 싸이월드의 자료를 통해 일촌[1]으로 연결되는 네트워크의 구조를 분석해 본 결과, 한 개인이 가지는 일촌 수는 평균 23명에 불과하지만, 전체 네트워크는 단 4.2단계면 연결되고 있었다(김용학 · 박세웅 · 전소영, 2006).

우리가 좁은 세상에 경탄하는 이유는 다음과 같은 어려운 조건에도 불구하고 좁은 세상이 존재하기 때문이다(Watts, 1999: 495-96). 첫째, 네트워크를 이루는 노드의 숫자가 무척 크고(수십만 혹은 수백만 개의 노드로 이루어진 네트워크도 존재함), 둘째, 네트워크의 밀도(density)가 매우 낮고, 셋째, 수퍼 스타와 같은 네트워크 중심이 존재하지 않으며, 끝으로 끼리끼리 모이는 군집 정도가 매우 높다는 네 가지 조건을 모두 가짐에도 불구하고, 수많은 노드(node)들이 짧은 단계 만에 서로 연결된다는 점이 좁은 세상의 신기한 점이다. 비슷한 사람들끼리 모이는 강한 유유상종의 성향을 보이는 데도 왜 이런 현상이 생겨나는가?

크게 보면 두 가지 원인이 있다. 끼리끼리 모여서 네트워크를 분절시키는 힘인 군집 성향은 매우 크지만, 지수 법칙에 의해서 연결은 급속히 팽창한다. 예를 들어, 무작위 연결망을 가정한 경우 한 사람이 300명을 알고 있고 그 친구도 새로운 300명을 알고 있다면 2단계를 지나면 9만, 3단계를 지나면 2,700만 명이 연결된다(Erdös and Rényi, 1959). 물론 군집 성향이 강한 사회 네트워크에서는 이처럼 연결이 빠르게 확장되지는 않는다. 내가 아는 300명과 내 친구가 아는 300명은 상당부분 겹치기 때문이다. 그렇지만 먼 전달자(평균보다 훨씬 많은 수의 친구를 가져, 네트워크의

1) 싸이월드에서 개별 사용자들의 상호적인 합의하에 이자적(dyadic)으로 설정되는 친분 관계를 의미한다.

표 4-1 과학 공저자 사이의 좁은 세상

	MEDLINE	Complete	condmat	astroph	hepth	SPIRES	NCSTRL
논문 수	2,163,923	98,502	22,029	22,016	19,085	66,652	13,169
저자 수	1,520,251	52,909	16,706	16,726	8.36	56,627	11,994
저자당 공저자 수	18.1	9.7	15.1	5.86	3.87	173	3.59
평균경로거리	4.6	5.9	4.66	6.4	6.91	4.0	9.7
군집 계수	0.066	0.43	0.414	0.348	0.327	0.726	0.496

MEDLINE은 생물학/의학, COMPLETE는 물리, CONDMAT는 통계물리, ASTROPH는 천체 물리, SPIRES 고에너지 물리, NCSTRL은 컴퓨터 공학 분야를 일컬음.
자료: (Newman, 2001b: 405).

변방으로까지 전달이 가능한 사람) 혹은 이질적인 두 집단을 연결하는 뚜쟁이가 더해지면서 좁은 세상이 생겨난다. 좁은 세상에서는 정보 확산의 속도가 빠르고 입소문이 빠르게 퍼져나가며, 갑자기 뜨는 현상이 많이 생겨난다. 요즘 영화나 드라마, 인터넷 댓글 등이 순식간에 '뜨는 일'이 점차 많아지는 것은 인터넷과 같은 네트워크가 발달하고 있기 때문이다(Kochen, 1989).

〈표 4-1〉은 전 세계의 저자가 참여하고 있는 7개 분야의 과학 논문 데이터베이스를 분석한 결과다. 의학 분야의 경우 216만 개의 논문과 150만 명의 저자가 참여했는데, 이 많은 과학자들이 끼리끼리 모이는 강한 군집 성향도 불구하고 단 4.6단계 만에 연결되고 있다. 이것은 컴퓨터(NCSTRL) 분야가 9.7단계로 약간 높을 뿐, 물리학이나 천문학 분야 등 거의 모든 분야를 망라하여 나타나는 현상임을 알 수 있다.

4.1.2 멱 함 수

멱함수 분포는 원래 자연상태에 존재하는 "자기조직화 임계성(self-organized criticality"(Bak, 1996)을 갖는 현상에서 발견되는 분포이다. 예를 들어서, 정전이 발생했을 때 정전에 영향을 받은 사람의 숫자에 로그를 씌워 X축에, 그리고 그러한 정전이 발생한 빈도 수에 로그를 취해 Y축에 놓은 분포는 선형을 그리는데(log–log linear), 이 분포가 멱함수 분포다. 이는 규모가 큰 정전 피해일수록 빈도가 극히 적으며, 사소한 정전

그림 4-1 정전의 규모와 발생 빈도 사이의 멱함수 분포

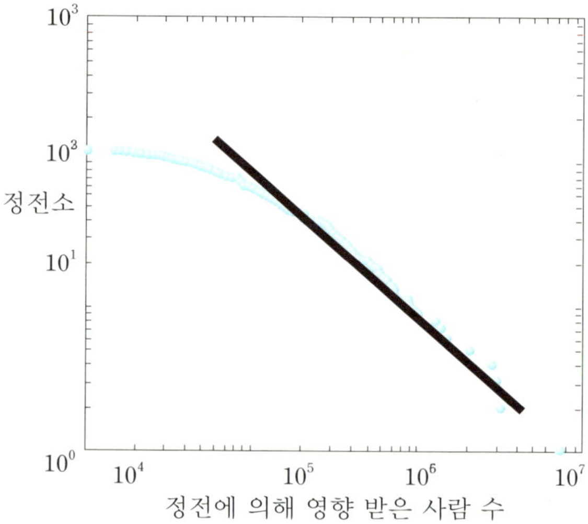

그림 4-2 모래쌓기 모델

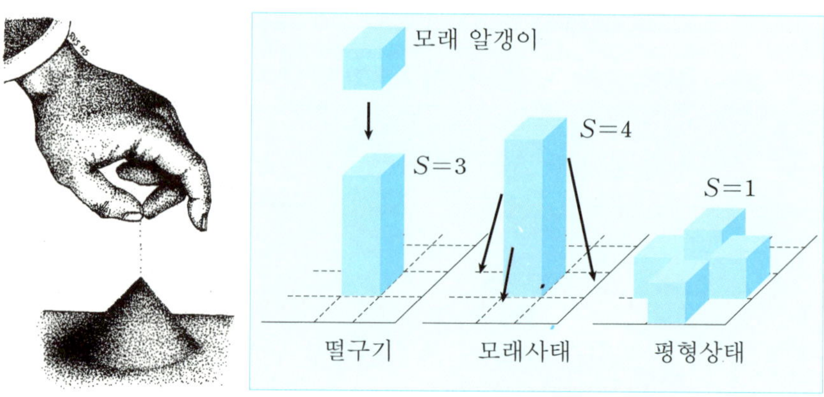

이 전체 발생빈도의 대다수를 차지한다는 의미이다. 진도의 크기에 따른 지진의 발생빈도도 같은 분포를 보인다(〈그림 4-1〉).

모래쌓기 모델에서도 비슷한 현상을 볼 수 있다. 〈그림 4-2〉의 오른쪽 그림과 같이, 한 격자 위에 4개의 모래가 쌓이면 이에 인접한 네 개의 격자로 떨어지는 것으로 모래쌓기를 모델화하고 컴퓨터 시뮬레이션을 하면, 모래사태의 크기와 빈도의 분포도 멱함수 형태를 갖는다. 이 모델은 눈사태의 크기 분포를 설명하는 데 사용된다.

〈그림 4-3〉은 컴퓨터 시뮬레이션을 이용하여 49,152개의 모래 알갱이를 중앙에 놓인 하나의 격자점 위에 뿌린 후 관찰한 모래 사태 규모의 분포와 격자판 위에 수북이 쌓인 모래의 패턴이다. 신기하게도 왼쪽 그림에서는 멱함수 분포를, 오른쪽 그림에서는 다음의 복잡계 장에서 논의할 자기조직화 현상(self-organization)과 프랙탈(fractal)을 관찰할 수 있다.

멱함수는 대체로 두 개의 모순되는 과정이 팽팽하게 대립하는 상황이 전제되는 경우에 관찰된다. 모래 사태의 경우 중력의 힘과 모래 알갱이 사이의 인력이 대립하며, 숲에 불이 난 경우 불이 번지려는 힘과, 수분을 머금은 나무가 타지 않으려는 힘이 대립한다. 모순되는 과정 중에서 어느 과정이 승자인지 판단할 수 없는 평형상태가 지속되다가 갑작스럽

그림 4-3 모래쌓기 시뮬레이션의 결과

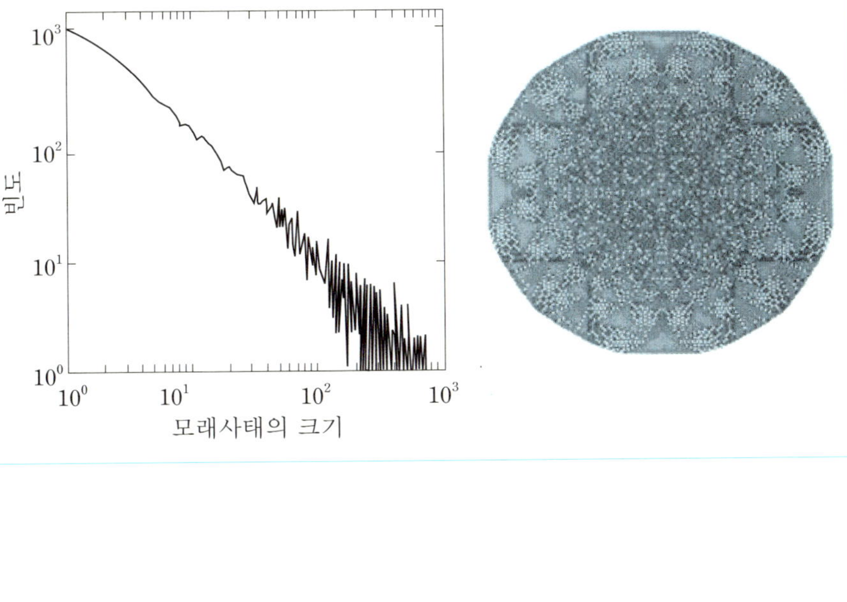

게 한 쪽 과정이 승리하고(임계현상) 또 다른 평형상태로 접어든다. 이 과정이 최종 평형상태에 도달할 때까지 지속된다.

그런데 멱함수 분포는 임계 현상에서만 관찰되는 것이 아니라 대부분의 네트워크에서도 관찰된다. 발전소와 가정을 잇는 송전 네트워크, 항공 노선 네트워크, 성 네트워크, 친구망, WWW/Email 네트워크, 공동출연 영화배우 네트워크 등 거의 모든 네트워크에서 연결선 수의 빈도는 멱함수(power law)를 보인다는 점은 이미 널리 알려졌다(Newman, 2003; Watts and Strogatz, 1998b). 멱함수란 $Y=aX^{-b}$의 형태의 분포를 보이는 함수로서,[2] 정규분포와는 달리 평균이 의미가 없고, 연결선 수가 매우 불평등하게 분포되어 있을 때 성립한다. 지프(Zipf)라는 언어학자는 인간이 사용하는 단어의 20% 정도가 단어사용 빈도의 80%를 차지한다는 법칙을 발견했다. 로그를 취한 위의 함수에서($b \doteq 1.2$)의 경우 80/20의 규칙이 성립하며, b를 지프 계수라고 부른다.

멱함수는 사람들의 생산성이나 인간 사이의 네트워크에서도 흔히 관찰된다. 공동연구 연결망에서 x축에 log를 취한 연결선의 수를, 그리고 y축에 log를 취한 빈도의 그래프를 그려보면 역시 로그-로그 선형(log-log linear)으로 나타난다. 우리나라 과학자들 사이의 공동연구 네트워크를 분석한 결과 지프 계수는 2.19로서 소수의 연구자들만이 다수의 공동연구자를 거느리고 연구를 수행하고 있음을 보여준다(김용학, et al., 2007). 즉, 네트워크는 멱함수 분포로 특징지워지는 불평등한 사회인 것이다. 이 말은 정규분포로 특징지워지던 이전 사회의 불평등이 네트워크 사회가 진전됨에 따라 더욱 심화될 위험성이 있음을 의미한다.

4.1.3 군 집 화

네트워크의 또 다른 특성은 끼리끼리 모이는 군집화 경향을 보인다는 점이다. 이 군집화 경향을 수치화한 것이 군집계수인데, 이는 쉽게 말

---

2) 양쪽에 자연대수를 취하면 $\log Y=\log a-b\log X$: 이 분포를 로그-로그 선형분포라고 부른다.

하면 내 휴대폰에 저장된 친구를 임의로 두 명 골라내었을 때, 그들이 서로 친구일 확률을 의미한다. 수리적으로 생각해 보면, 이는 n명 간에 발생 가능한 총 연결선의 개수 대비 실제 발생한 연결선의 개수를 의미하는 것이다. 다시 말하면, 어떤 점 v가 k개의 연결선을 가지고 있을 때, v와 연결된 k명의 친구들이 모두 서로가 서로에게 연결된 경우에는 $_kC_2$(k개 중에서 2개를 뽑는 경우의 수), 즉 최대 $k(k-1)/2$ 개의 연결선이 존재할 수 있다. 실제 존재하는 연결선의 개수를 최대 연결선 개수로 나눈 값을 Cv라고 하면, 연결망의 군집계수(clustering coefficient)는 모든 Cv의 평균값으로 정의된다. 대부분의 네트워크에서 이 값은 0.3 정도로 나타난다(Newman, 2003). 미국이건 한국이건, 한 사람의 친구를 둘 뽑으면, 그들이 서로 알 확률이 30%나 되는 유유상종의 사회인 것이다.

군집화 계수는 어떤 네트워크가 좁은 세상인지를 판별하는 기준이 된다. 관찰된 연결망과 노드의 수 및 링크의 수가 동일한 무작위 연결망을 여러 개 생성하여 통계적으로 비교하면 관찰된 연결망이 과연 좁은 세상인지 혹은 넓은 세상인지를 알 수 있다. '좁은 세상'인지 아닌지의 판

그림 4-4 군집계수가 높은 "동굴 거주인" 연결망 예시(Watts, 1999)

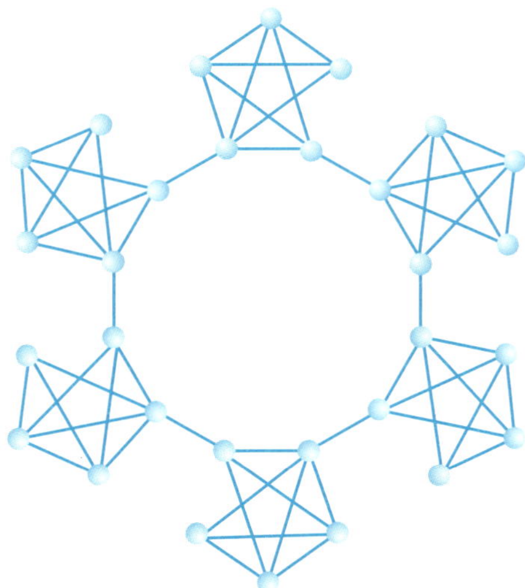

단 기준은 관찰된 연결망에서의 평균 경로 거리가 무작위 연결망에서의 평균 경로 거리보다 같거나 작은지, 그리고 군집계수가 무작위 연결망보다 큰지에 근거한다(Watts, 1999). 즉, 무작위 연결망에서의 경로 거리와 비슷한 경로 거리를 갖더라도, 또 무작위 연결망보다 큰 군집계수를 갖는 경우라면 그 연결망은 좁은 세상이라고 판단하는 것이다.

4.2 네트워크의 생성 원리

대부분의 네트워크가 갖는 분포적인 공통성을 연구하는 분야가 통계물리학이라면, 사회과학자들은 사회 네트워크의 생성 원리에 주목한다. 대표적인 것이 유유상종(homophily)과 선호적 연결(preferential attachment)이다.

4.2.1 유유상종

'친구를 보면 사람을 안다'고 하듯이, 사람과 사람은 무작위로 연결되는 것이 아니라 비슷한 카테고리와 지위를 가진 사람끼리 연결된다. 사랑하는 두 남녀가 결혼에 도달할 수 있는 확률도 사회적 지위의 동질성 정도에 영향을 받는다. 만일 한 사람의 특정한 속성이 이성의 그것에 비해 기울면, 보상의 메커니즘이 작동한다. 예를 들어, 결혼정보회사의 매칭(matching) 데이터를 분석해 보면 관련 변수를 다 통제했을 때 여성의 외모를 나타내는 등급이 한 등급 올라가면, 즉 한 등급만큼 더 예쁠수록 결혼상대 남성의 연봉이 평균 363만원 증가한다(김용학, 2008). 결혼 정보회사를 매개로 하는 결혼시장에서 남성의 소득이 여성보다 더 많으면 여성의 외모 수준이 높아짐으로써 불균형을 해소하는 메커니즘이 있는 것이다.

한국사회에서 혈연이나 학연, 지연 등이 큰 힘을 발휘하는 이유도 같은 연줄을 지닌 사람끼리 뭉치는 힘이 강하기 때문이라고 볼 수 있다. 이러한 연줄의 효과는 사회 과학자가 자신의 논문에서 인용할 대상을 정하는 데도 작용한다. 1996-2005년 사이에 출판된 한국언론학보 논문 사이의 인용관계를 분석하면 출판연도 차이나 세부 전공 분야의 동질성과 같은 변수를 통제한 후에도 유유상종의 효과는 유의미하게 나타난다. 현 소속이 같을 경우, 그리고 학부나 박사과정을 지낸 학교가 같을 경우에 각각 인용의 가능성이 통계적으로 유의미하게 높은 것이다. 이것은 연줄이 과학의 정보흐름을 강화한다는 사실을 의미한다. 인용은 사회적인 관계 속에서 생성되는 유유상종 행위의 일부인 것이다.

사회 연결망이 인터넷 연결망이나 자연세계에 존재하는 연결망과 구조적 특징을 공유하지만, 두드러진 차이가 나는 점이 하나 있다. 그것은 전자가 연결선이 많은 사람들은 연결선이 많은 사람끼리 연결을 맺고, 적은 사람들은 자기들끼리 연결된다는 점이다. 이러한 유유상종을 동질 연결(assortative mixing)이라고 부른다. 그러나 인간들 사이의 네트워크를 제외하고는, 거의 모든 네트워크가 모두 자신의 연결선 수(〈그림 4-5〉의 X축)와 연결된 인접 이웃들의 평균 연결선 수(〈그림 4-5〉의 Y축)가 음의

그림 4-5 이질 연결의 예

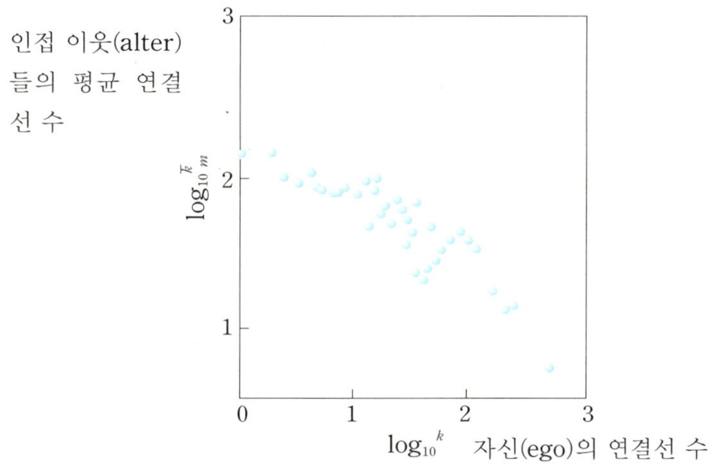

관계를 보이는 이질 연결(disassortative mixing)이다. 인터넷 웹 페이지 사이의 링크가 대표적인 이질 연결에 속한다. 큰 강줄기에 모여드는 물줄기들은 오히려 작은 물줄기들이 많으며, 대형 포털에 링크를 거는 사이트들은 매우 작은 사이트들인 것이다.

4.2.2 선호적 연결

연결이 생성되는 미시적 과정에는 머튼(Merton, 1968)이 지적한 '마태 효과(Matthew Effect)'가 존재한다. 머튼은 "무릇 있는 자는 받아 풍족하게 되고 없는 자는 그 있는 것까지 빼앗기리라(마태복음, 25장 29절)" 라는 성경 구절을 인용하여, 과학 분야에서 인용을 많이 받는 학자가 더욱 많이 인용되는 부익부 빈익빈 현상을 마태효과라고 불렀다.

네트워크에서 연결선이 많은 사람이 더욱 선호되는 마태효과는 선호적 연결(preferential attachment) 과정으로써 이해할 수 있다. 물리학과 전자공학과 같은 자연과학이나 공학 분야에서는 최근에 발표된 논문들에 대한 인용이 대부분이지만 고전에 대한 인용이 빈번한 사회과학이나 문학비평의 분야에서는 인용이 많이 되는 문헌을 더 많이 인용하는 선호적 연결이 더욱 빈번하다(Hargens, 2000).

선호적 연결 때문에 연결망에서 개인의 위치는 개인의 통제 밖에서 결정된다. 즉 연결망의 중앙으로 진입하려는 개인의 노력은 마태효과 때문에 쉽게 좌절될 수 있다. 방향성이 있는 네트워크에서는 선호적 연결이 네트워크의 집중도를 높인다.[3] 좁은 세상에 존재하는 소수의 허브들이 관계의 대부분을 독식하고 있는 것이다. 그로 인해 포털 사이트와 유명인의 홈페이지는 순식간에 네트워크 전체로 정보를 퍼뜨리는 '먼 전달자'가 된다.

---

3) 네트워크에서 방향성이 있고 없음은 개별적으로 판단되어야 한다. 예컨대 '파티에 초대하는 관계'를 나타내는 링크는 당연히 방향성이 있지만, '결혼'을 나타내는 링크에 방향성이 있다고 말하는 것은 그 자체가 형용 모순(oxymoron)이다.

4.3 네트워크의 효과

'물밀듯이 공격해 오는 적군을 효과적으로 차단하려면 어느 다리를 먼저 폭파해야 하는가?' 하는 중요한 전술적 결정은 네트워크 이론에 근거해 답을 낼 수 있다. 마찬가지로 사스, 에이즈, 컴퓨터 바이러스는 각각 항공노선 네트워크, 성 네트워크, 그리고 인터넷 망을 타고 퍼지는데 자연과학자들은 이러한 전염병을 효과적으로 차단하거나 예방할 수 있는 방법을 찾기 위하여 네트워크의 효과를 연구하고 있다. 교통 흐름을 원활하게 하기 위해서 어느 곳에 새로 길을 뚫어야 하는가, 인터넷 트래픽의 병목 현상을 없애기 위해서는 네트워크상의 어느 곳에 새로운 서버를 설치해야 하는가, 혹은 어떤 서버가 다운되면 그 파급효과가 네트워크 전체에 어떻게 퍼져나갈 것인가, 그리고 한 발전소가 파괴되었을 때, 모자란 전기를 생산하기 위해서 다른 발전소에서 부담하게 되는 연쇄적인 파급효과가 어떻게 나타나는가 하는 등의 문제도 모두 네트워크 이론에 근거한 것이다.

자연과학자와 달리 네트워크의 효과를 연구하는 사회과학자들은 대체로 노드가 네트워크에서 차지하는 위치의 효과를 탐구한다. 예컨대 '왕따'와 스타는 얼마만큼의 성과의 차이를 내는지 등이 관심 대상이다. 여성의 경우 동료 남성보다 승진과 보상이 느린 것에 대해 여성차별이 원인이라고 주장하는 여성학자들이 있지만, 네트워크를 연구하는 사회학자들은 여성들의 네트워크의 범위와 규모가 남성에 비해 작기 때문에 생산성이 낮을 수밖에 없어 시장 논리에 따라 보상이 낮은 것이라고 반박한다. 실제로 이바라(Ibarra)는 한 기업 내에서도 핵심적인 위치에 있는 남성들과 네트워킹을 잘하는 여성들의 성과가 훨씬 더 높다는 경험적 연구결과를 제시하고 있다(Ibarra, 1992; Ibarra, 1995). 물론 이와 반대로 개인이 네트워크에서 특정한 위치를 구성하게 되는 과정(embedding)에 대해서 연구하기도 한다.

네트워크의 효과에 대한 또 다른 중요한 연구의 흐름은 네트워크와 정체성에 관한 것이다. 인간은 자신이 맺고 있는 관계를 떠나서는 살 수 없으며, 이 관계로부터 자아 정체성을 부여받는다. 자신이 가지고 있는 신념과 가치관이나 정치적인 견해도 자신과 상호 작용하는 사람들로부터 영향을 받는다. 즉, 사람들의 이념이나 정체성은 네트워크의 산물이다. 범주를 공유한 사람들은 네트워크를 통해서 비로소 그들이 중요한 사회적 성격을 공유한 집단이라는 것을 상호 인식하게 되고, 공통의 이해를 깨닫게 되는 것이다(Polleta and Japer, 2001). 집단 정체성을 형성한 후에야 자신이 속한 집단과 집합적 이해에 대해서 충성과 헌신을 약속하게 된다. 인간의 의식과 행동은 이 관계에 의해 크게 영향받으며, 이것이 관계에 자리 매겨진(embedded) 인간 모습의 핵심이다.

네트워크가 설명의 차원에서 어떻게 활용되는지에 따라 네트워크 효과에 대한 사회학적 주제를 분류해 볼 수도 있다. 먼저 독립변수와 종속변수를 라자스펠드와 멘젤(Lazarsfeld and Menzel, 1969)을 따라 3차원으로 나누면 〈표 4-2〉와 같은 3행 3열의 표를 그려볼 수 있다. 개인의 속성 및 전체 구조에 대한 기존의 연구는 2행 2열의 인과관계 망에 제한되어 있었다. 개인의 속성으로 또 다른 속성을 설명하는 것(1)이 하나의 미시적인 인과관계를 밝혀내는 작업이라면, 훨씬 더 거시적인 구조를 통해 또 다른 거시구조를 설명하는 것(9)은 구조주의의 몫으로, 거칠게 말해서, 자본주의의 내적 모순으로 인한 공산주의의 도래를 논한 마르크스의 이론이 이런 설명방식의 대표적인 예다. 베버적 전통에 서 있는 방법론적 개인주의자들의 연구에서는 개인의 개별적 속성을 통해 전체 구조가 어떻게 발현되는가를 살피는 한편(3), 또 한편의 구조주의적 시각에서는 전체 구조가 개인에게 가해지는 강압을 본다(7). 이와 같은 전통적인 (2×2) 표에 네트워크를 통해 맺어지는 관계적 속성이 또 하나의 축으로 등장하면서 일련의 패러다임 변화가 생겨나게 되었다.

사회과학의 영역에서 이루어지는 대부분의 네트워크 관련 연구들은 주어진 네트워크가 개인의 속성에 미치는 영향력을 본다. 가격변동(price volatility)과 같은 시장의 불확실성에 네트워크가 어떠한 영향을 미치는가(Baker, 1984; DiMaggio and Louch, 1998), 네트워크상에서의 지위는 그 사람의 성과에 어떠한 영향을 주는가 등에 관한 연구(Burt, 2004; Podolny, Stuart and Hannan, 1996a)(4)가 이에 해당한다. 반대로 개인의 속성이 네트워크 형성에 미치는 영향을 살펴보는 연구에서는 주로 같은 속성을 가진 사람들끼리 네트워크를 맺는 유유상종의 경향성과 그 정도를 측정한다. 남성의 소득이 높을수록 예쁜 여성과 결혼한다든가(김용학, 2008), 인종에 따라 성병에 걸릴 위험성이 차이를 보임을 밝히는 연구들이 이에 속한다(Laumann and Youm, 1999)(2).

네트워크 간에 나타나는 영향력(5) 역시 중요한 사회학적 연구의 주제가 되었다. 가문의 혈족적 연결망이 시장에서의 거래 연결망과 어떠한 유사점을 가지는가(Padgett, 2001), 각 산업 분야의 전후방 연쇄효과가 얼마만큼 고착성을 갖는가(Burt, 1988) 등의 연구와 같이 복수의 네트워크를

표 4-2 네트워크의 효과에 대한 이론 분류

종속변수 / 독립변수	개별 속성	관계적 속성	전체 구조
개별 속성	여성이면 임금이 적다 (1)	남성 소득이 높을수록 예쁜 여성과 결혼한다 (2)	개인 청교도 신앙의 결과로 자본주의 정신 생성 (3)
관계적 속성	약한 연결(weak tie)이 많을수록 많은 정보를 획득한다 (4)	혈족적 연결망과 시장거래 연결망의 유사성 (5)	성관계 네트워크에서 허브의 역할이 AIDS 전파에 미치는 영향 (6)
전체 구조	사회 내 청교도인 비율이 높을수록, 청교도인이 자살할 확률이 증가한다 (7)	미국의 주식거래 네트워크와 일본의 주식거래 네트워크의 차이 (8)	자본주의는 내적 모순으로 인해 공산주의 혁명을 낳는다 (9)

비교하여 인과적인 설명을 끌어내기도 한다.

경영학이나 역학(epidemiology) 분야를 필두로 하여 네트워크를 응용하여 전략 혹은 정책을 수립하려는 학자들은 보다 거시적인 차원에서 네트워크의 성질이 전체 구조에 미치는 영향(6)에 관심을 가진다. 예컨대 네트워크를 전략적으로 파고들어 전체적인 상품 마케팅의 효과를 얻는 방법이라던가, 성관계 네트워크를 파악함으로써 에이즈와 같은 질병의 전파와 확산을 연구하는 것이 그 예이다.

한편, 오랫동안 존재해 온 문화 및 규범의 영향력을 중요시하는 제도주의의 시각에서는, 특정한 사건이나 일시적 국면을 초월하는 시간의 장기 지속(long duree) 속에서 네트워크의 국가별 혹은 문화별 차이를 비교하여 제도의 영향력을 증명하기도 한다. 제도적 배경이 상이한 미국과 일본은 세계 1, 2위의 금융 규모를 가짐에도 불구하고 주주간 연결망의 유형과 밀도에서 현저한 차이가 나타난다는 비교사회학적 연구(Gerlach and Lincoln, 1992)를 예로 들 수 있다(8).

제 2 부 네트워크 사회의 협동

지난 2004년 6월은 온라인 롤플레잉 게임[1] 리니지 2를 즐기는 사람들에게 잊지 못할 기억으로 남아 있다. 온라인에서는 역사상 최초의 '바츠 해방전쟁'으로 불리는 '민중 봉기'가 발생하여 혁명에 성공했기 때문이다. 리니지 사회는 각 캐릭터가 가진 레벨의 높고 낮음에 의해 많은 제약을 받는 엄격한 신분제 사회이며 전체의 8할 이상을 차지하는 민중 계급은 막강한 권력을 가진 지배계급으로부터 철저히 유리되어 있다. 레벨이 높으면 멋진 옷을 입고 아름다운 성에 살며 권력을 과시할 수 있을 뿐만 아니라, 좋은 무기를 가지고 자유로이 사냥한다. 레벨을 올림으로써 자신의 높은 지위를 더욱 공고히 할 수 있는 반면, 레벨이 낮은 개별 캐릭터는 실질적인 힘을 거의 가지지 못하는 미약한 존재이다. 바츠 해방전쟁은 힘 없는 이들이 전비를 갹출해 가면서 지배계층의 경제적·정치적 압제에 항거하여 승리를 얻게 된 역사적인 사건인 것이다(이인화, 2005).

이 사건은 아이템이라고는 내복 한 벌밖에 걸친 것이 없어 '내복단'이라고 불리는 피지배 계급 내부에서 효과적인 전략과 동원이 생겨났다는 점, 그리고 대규모의 인원이 배신이나 이탈 없이 일사불란한 협동을 보여주었다는 점에서 단지 게임의 차원을 넘어 사회적 주목을 끌었다. 집단 지성(collective intelligence: Levy, 1997; Tapscott and Williams, 2007)이 발현되고 집단의 협동이 현실화되는 일련의 과정이 온라인의 생태계에서 구현된 생생한 사례이기 때문이다.

혁명은 역사적으로 매우 드문 일이다. 지배계급의 압제는 마치 공기가 존재하듯 늘 존재해 왔던 반면, 핍박받는 자들의 항거가 일어나서 혁명의 성공에까지 이르는 것은 역사에서 손꼽히는 예외적인 사건이다.[2] 혁명이 발생하고 성공적으로 마무리 지어지는 것이 이토록 힘든 근본적인 원인은 무임승차의 유혹에 노출된 사람들 중에서 목숨을 내놓고 싸우려는 다수를 확보하고 동원하여 결집하는 것은 무척 어려운 일이기 때문이다. 그러나 오늘날 네트워크 사회의 진전과 함께 우리는 수많은 협동을 목도하고 있으며, 이는 오프라인보다 온라인에서 특히 두드러진다(Kollock, 1999; Kollock, 1992). 지금 이 시점에도 온라인 공간에서는 다수의 사람들이 협동을 통해

1) 온라인 롤플레잉 게임(MMORPG)은 인공적으로 구현된 게임 속 가상 세계에 수천 명의 사용자가 동시에 접속해 마치 배우들처럼 각자의 역할을 맡아 움직이는 게임이다. 2005년 기준으로 총 12개국에 206만 명의 사용자와 12만 명의 동시 접속자를 가지고 있다. '리니지'와 '리니지 2'를 합치면 사용자가 400만 명, 누적 회원 수가 1,950만 명으로, 전 세계 온라인 게임 사용자의 50.9%를 차지한다(이인화, 2005).

2) 불행하게도 바츠 해방전쟁은 혁명에는 성공했으나, 혁명군이 지배계급의 전철을 밟아 타락해 가면서 혁명정신을 잃고 와해되었다.

많은 것을 성공적으로 이루어내고 있는 것이다.[3] 그렇다면 무엇이 다수의 동원을 가능하게 하였는가? 마르크스가 지적하듯, 농민들이 '포대 자루 속의 감자들(potatoes in a sack)'처럼 뭉치지 못한 것이 농업이라는 고립된 생산방식과 프랑스의 열악한 통신수단에 기인했던 것이라면(Marx, 1963), 오늘날 온라인 환경이 구체적으로 어떻게 변했기에, 또한 개인들은 도대체 무슨 이유가 있기에 쉽게 협동에 참여하는가?

2부는 바로 이러한 핵심적인 질문에 답하기 위하여 쓰여진 이론적 작업이다. 먼저 우리는 협동에 대한 다양한 이론들이 제기하는 문제들을 검토한다. 5장에서는 협동의 개념에 대한 이론적인 논의부터 출발하여 '예외적인 현상'으로서의 협동, 즉 일련의 난관을 극복해야만 달성할 수 있는 현상으로서 협동을 설명하려고 했던 기존의 이론을 검토한다. 우선 협동이라는 용어의 의미를 명확히 한 후, 엘스터가 분류한 협동의 유형을 검토한다. 그 다음 협동이 발생하려면 극복해야 할 문제들이 무엇인지를 공리주의 이론을 중심으로 살펴본다. 특히, 협동이 공공재적 성격 및 무임승차의 문제를 가지는 것이라면, 어떻게 협동이 발생할 수 있는지 실제로 협동이 발생한 사례를 토대로 분석한 논의들을 검토한다. 특히 협동을 저해하는 요소로 알려진 공공재적 성격과 그로 인한 무임승차의 문제를 어떠한 방식으로 극복할 수 있는지를 살펴본 후, 협동을 설명하기 위해서 제안된 진화론적 이론과 게임이론 등 다양한 이론들을 분석하고 그 한계를 지적한다.

5장에서의 이루어진 이론적인 작업은 다음 장의 주제와 자연스럽게 연결된다. 즉, 협동에 대한 다양한 기존의 논의들은 협동이라는 현상을 설명하는 데 제각기 부분적으로만 성공했기 때문에, 오늘날 네트워크 위에서 생겨나는 광범위한 협동을 설명하기 위해서는 네트워크 사회라는 구조적인 변화를 이해해야 한다. 협동은 인류가 모여 살기 시작하면서부터 계속 이루어져 온 것인데, 네트워크 사회에서는 환경적 조건이 어떻게 변했기 때문에, 익명의 사람들 사이에 협동이 빈번하게 일어나게 되었는가? 우리는 6장을 통해 이를 이론적으로 설명하고자 한다. 흔히 신경제 또는 정보 경제(information economy)라고 불리는 경제학적인 측면의 산업적 변화뿐만 아니라, 거래비용을 급격하게 낮추며, 명망을 빠르게 퍼뜨릴 수 있다는 네트워크의 특성이 협동에 참여하는 개인 행위자에게 어떠한 동기를 부여하게 되었는지 등을 검토하려는 것이다.

7장은 네트워크 군대의 양면성을 경험적으로 사례를 들어 분석한다. 온라인 협동

3) 온라인 협동의 성공적인 사례에 대해서는 이 책의 7장을 참고할 것.

으로 가치를 생산하는 네트워크 군대가 있는가 하면, 동시에 사회적 문제를 야기하고 급기야 사회적 위험에까지 이를 수 있는 역기능을 수행하는 네트워크 군대도 존재한다. 따라서 우리는 이와 같은 온라인 협동의 양면성을 분석하고자 한다. 파괴자로서의 네트워크 군대는 미시적으로는 프라이버시 침해, 언어 파괴, 자살 사이트, 인터넷 범죄 등 인터넷이 야기하는 사회병리 현상을 만들어 낸다. 그리고 거시적으로는 미래 사회의 새로운 갈등의 모습으로서의 네트워크 전쟁, 사이버 테러 등을 초래하기도 한다.[4] 뿐만 아니라 구입한 제품에 조그만 불만을 가지고 기업에 커다란 손해를 입히려고 조직적으로 기업에 대한 공격에 가담하거나 불매운동을 일삼는 다수의 집단이 생겨나 기업활동을 저해하는 경우도 있다. 7장에서는 네트워크 군대가 조선왕조실록 국역을 보완하는 등 가치를 생산해 내는 등의 긍정적인 역할을 하는 경우와, 그들의 공격적인 활동이 사회적 위험을 촉발하게 된 경우를 실제 사례를 통해 살펴본다.

4) 미국의 RAND연구소가 이러한 미래 갈등으로서의 네트워크 전쟁에 대한 연구에 가장 앞서 있다. http://www.fathom.com/course/21701735/

제 5 장
협동 이론의 난제

협동이란 무엇인가? 다수의 사람들이 모여서 뜻을 결집하는 것이 협동인가, 혹은 그들 간에 공유된 목표가 존재할 때에만 협동이 성립하는가? 여럿이 모여 결과적으로 무엇을 이루어내되, 사전에 행위자 간에 협동하려는 의도가 없었다면 이를 협동에서 제외해야 하는가? 마치 생명공학이 발달하면서 민법에서 '태아'를 어떻게 정의할 것인가를 두고 다양한 입장과 논쟁이 존재하듯, 협동이 무엇인가라는 물음에 대해서도 모두가 수긍할 만한 답을 선뜻 내어놓기 어렵다. 협동의 문제는 사회학의 가장 기본적인 질문(Kollock, 1992)임에도 불구하고 그 다양한 쓰임에 반해 개념상의 통합은 거의 이루어진 바가 없기 때문이다(Chen, Chen and Meindl, 1998). 스미스 등이 옳게 지적하듯이 "협동에 관한 이론과 연구들을 통합하는 데 생기는 문제 중 하나는 학자들이 용어의 다른 의미를 참고하지 않은 채, 협동에 대해 다양한 정의를 내리는 것"이다(Smith, Carroll and Ashford, 1995; Chen, Chen and Meindl, 1998: 286에서 재인용). 이처럼 협동이라는 개념에 대한 학계의 합의된 정의가 존재하지 않기 때문에, 우리는 기존의 용례를 검토하고, 그로부터 '협동'이 지칭하는 범위의 경계를 이론적으로 규정하는 작업으로부터 출발한다. 그 다음으로, 우리는 협동이 발생하려면 극복해야 할 난제에 대한 이론들을 검토한다.

사회학에서 협동과 가장 유사하게 논의하는 개념은 집합행위이다. 기존의 집합행위 이론이 설명하려는 대상에는 몇 가지 공통점이 있다. 동시에 같은, 혹은 유사한 행위를 하는 다수의 사람들이 존재하며, 균형상태에 있지 않고 계속적으로 변동하는 행동을 일컬으며, 개인은 독립적으로 행동하는 것이 아니라 그들의 행동에 상호 의존적 관계가 존재한다는 점이다(Coleman, 1990). 집합행위의 일반이론을 처음으로 체계화시킨 학자로 알려진 스멜서(Smelser)는 집합행위를 “사회적 행동을 재정의하려는 신념을 가지고 행동을 동원하는 것”이라고 정의하였다. 그는 집합행동이 기존의 사회규범, 제도 및 가치체계를 변화시키려는 신념에 기초한 여러 개인의 적극적인 공동행동이라는 의미를 강조한 것이다(임희섭, 1999).

이후 집합행위는 구조 기능주의, 사회심리학, 합리적 선택 이론 및 자원동원 이론 등 다양한 접근을 통해 분석되었다. 근래의 집합행위 이론가와 연구자들은 집합행위를 “공유된 이익을 추구하는 다수 개인들의 공동행동”라고 정의했다. 집합행위 이론이 발전되던 초기에는 집합행동(collective behavior)이라는 용어가 사용되었으나 나중에는 집합행위(collective action)라는 용어로 대체되었다. 동물의 행동을 지칭할 때 animal behavior라는 표현은 사용되어도 animal action이라는 표현은 쓰이지 않는 점을 생각하면 양자의 차이를 짐작할 수 있다. 집합행동은 비제도적일 뿐 아니라 비합리적이고 병리적인 사회적 행동이라는 암묵적인, 또는 명시적인 전제를 가지고 있다면, 집합행위는 공동이익을 추구하기 위해 기존 규범과 제도 등의 변동을 지향하는 정상적이고 조직적이며 합리적인 것으로 보았다. 종합하여 보면, 집합행위는 1) 잘 정의되지 않은 상황에 대처하기 위해 취해지는 일시적이고 자발적인 다수 개인들의 비제도적인 행동, 또는 2) 기존의 규범, 제도, 정책, 가치 등의 변화를 지향하는 다수 개인들의 공동행위라는 두 가지 정의를 포괄하는 개념이라고 볼 수 있다. 즉, 집합행위의 과정에서 행위의 참가자들은 이익이든 불이익이든 간에 공통의 이해관계를 가지며, 공통된 정체성과 통합구조를 통해 조직화된 이익을 추구하는 것이다(임희섭, 1999).

이처럼 집합행위의 특징을 도출하고 나면 협동과 많은 부분에서 유사성을 지닌다는 것을 알 수 있다.[5)] 둘 다 자발적인 개인 행위자의 합으로 이루어지며, 개인이 단독으로는 생산해 낼 수 없는 것을 만들어 낸다. 만일 집합행위의 결과가 개인 행위 결과의 합으로 환원되거나, 개인 혼자 이룰 수 있는 결과보다 작다면 집합적으로 행동할 공통의 이해관계를 가지지 못하기 때문이다. 그러나 집합행위의 중점을 조직의 동원을 통하여,

---

5) 협동은 $n \geq 2$이면 성립하지만 집합행위는 $n> >2$이라는 차이점은 존재한다.

또는 자생적인 분노 혹은 공동의 정체성에 근거해서 특정한 목표를 달성하기 위하여 행위가 결집되는 과정에 둔다면, 협동의 일차적인 출발점은 참가자가 공유하는 목표이다. 따라서 협동은 과정보다는 결과에 초점을 맞춘 개념이다.

한편, 협업(collaboration) 역시 협동과 비슷한 맥락에서 사용된다. 협동의 사전적 정의는 '서로 함께 일하거나 행동하는 것', '상호 이익을 위해 타인과 관계를 맺고 있는 것'으로, 협업은 "(특히 학술적 성과를 위하여) 같이 혹은 공동으로 일하는 것"으로 매우 유사하게 정의하고 있다(Merrian-Webster 사전). 둘 사이의 개념적 인접성 때문에 비슷한 현상을 두고도 한편에서는 대규모 집단협업(Mass Collaboration)이라 말하고(Tapscott and Williams, 2007), 또 다른 한편에서는 온라인 협동(online cooperation)이라고 말한다(Kollock, 1999a). 양자 간에 특별한 구분 없이 사용되는 경향마저 있다. 엄밀한 의미에서는 협업은 의도 없이 한 행동이 마치 협동을 한 것과 같은 결과를 낸 경우를 포함한다. 즉, 협동은 그 목표와 동기가 참가자 모두에게 공유된 상태에서 이루어지는 것인 반면, 협업은 공동체 혹은 타인의 이익을 의도하지 않았거나 인지하지 못한 경우에도 성립한다.

둘의 차이를 명확하게 하기 위하여 이솝 우화의 예를 들어보자. 평생 부지런히 포도밭을 일궈온 한 농부는 임종을 앞두고 자신의 게으른 세 아들을 걱정하여 꾀를 하나 낸다. 포도밭 땅 속에 보물을 숨겨 놓았다고 거짓으로 유언을 남긴 것이다. 농부가 세상을 떠난 후 아들들은 보물을 찾을 요량으로 열심히 밭을 팠으나 아무것도 찾을 수 없었다. 그렇지만, 열심히 밭을 일구었던 덕분에 그해 여름 포도밭에서는 그 어느 때보다 풍성한 수확을 거두게 되었던 것이다. 그들의 행동은 비록 서로 간에 더 나은 수확을 얻게 될 것을 기대하고 의도된 것은 아니지만 공동의 노력을 통해 산물은 분명히 생겨났다. 우리는 이와 같이 어떠한 집합적 결과를 얻되 그 결과가 개별행위 수준에서는 의도되지 않았을 때 이를 협업에 포함시키지만 협동에서는 배제시킨다. 즉, 협동은 행위의 동기가 있어야 하지만, 협업은 의도되지 않은 집합적 결과물이 있을 때도 성립한다고 본다.

또 다른 예를 들어보자. 온라인 서점 아마존에서 책을 구입하는 사람은 개인적인 목적으로 책을 구입할 뿐이다. 그러나 개인들의 구매행위의 집합적 결과는 구매한 책 사이의 네트워크를 만들어 낸다. 어떤 개인도 의도하지 않았지만 책 사이의 네트워크는 구매자에게 좋은 정보를 제공하기 때문에 가치 있는 집합적 결과물이다. 이 경우 개인들은 협동은 하지 않았지만, 협업은 한 것이라고 본다. 따라서 모든 협동은 협업에 포함되지만 모든 협업이 협동에는 포함되지 않는 집합적 관계인 것이다. 이렇게 엄밀한 이론적 개념 구분은 이론을 중점으로 다루는 본 장에만 국한된다. 다른 장에서는 일반적인 용례를 따라 두 개념을 구분 없이 사용하겠다.

5.1 협동의 유형

협동의 다양한 성격을 이해하기 위해서는 협동의 유형을 살펴보는 것이 도움이 된다. 우리는 엘스터가 협동의 유형을 가장 포괄적으로 제시했으며 그 구분이 분석적으로 뛰어나다고 판단하기 때문에 그의 논의를 자세히 다루려고 한다. 엘스터는 "협동"으로 표현되는 행위의 다양한 양상에 주목하여, 이에 대한 체계적인 분류를 시도하였다. 그는 협동을 외부성(externalities), 도움(helping), 관습(conventions), 합작생산(joint ventures) 그리고 사적 질서(private ordering)의 다섯 가지 유형으로 나눈다(Elster, 1989-2장). 각각의 정의를 간략히 살펴보자.

외부성(externality)은 협동하는 사람을 포함하여 불특정한 모두에게 작은 이익을 주는 행위로서 쓰레기를 줍는 것, 자신 몫의 세금을 내는 것과 같은 행위를 일컫는다. 도움(helping)은 대상이 보다 특정적이어서, 그 혜택이 불특정 다수를 향하지 않는다. 이웃의 추수를 도와준다던가, 친구와의 약속을 지키는 것이 이에 속하며, 상대방이 호혜적으로 행동하지 않는다면 행위자는 협동을 통해 이익을 얻을 수 없다.

세 번째로는 관습상의 균형점(convention equilibria)을 들 수 있다.

여기서 중시되는 것은 행동의 내용이 아니라, 개별 행위자의 행위가 합의된 균형을 이탈하지 않는 행동을 한다는 점이다. 우측통행이든 좌측통행이든, 한 사회에서 어느 쪽으로든 약속된 방향의 통행 규칙을 가지는 것이 중요할 뿐, 어느 방향으로 합의하느냐는 문제가 되지 않는다. 특정한 평형을 유지하고 있는 상태에서 나 혼자 이를 이탈하는 것은 나만의 문제가 아니라 사회 전체의 질서를 어지럽히는 일이 된다. 네 번째로 합작생산(joint venture)은 물리적 협동을 통해서 물질적 잉여를 달성하기 위한 양자간의 계약이다. 합작생산이라는 협동은 자신이 경제적 혜택을 보장받을 수 있는 경우에만 발생한다. 아담 스미스의 핀 공장의 사례와 마찬가지로, 분업[6]을 약속하는 두 사람은 생산에서의 효율성을 증진시켜 각자 투자 대비 수익을 올리는 것을 목표로 한다. 마지막으로, 사적 질서(private ordering)는 물리적 협동에 의지하지 않는 상호적으로 이로운 협의를 일컫는 것으로 이익을 만들어 내기 위해 자발적으로 권리를 이양하는 것을 말한다. 노동자가 기업에 고용되기 전에 자신의 노동력에 관한 권리의 일부를 기업가에게 이양하는 계약서와 같이 합작생산의 예비단계를 지칭하는 경우가 많다.

엘스터가 구분한 협동의 유형별 특징을 정리하여 보면, 〈표 5-1〉과 같은 축을 발견할 수 있다. 각 행위가 목표로 하는 지향점(goal)은 도덕적 당위에서 비롯되거나(외부성), 물질적 효율성을 추구한다거나(관습, 합작생산, 사적 질서), 혹은 양쪽의 성격을 모두 지니기도 한다(도움). 또한 외부성과 관습이 불특정 다수에게 이로운 행동이라면, 나머지 유형의 협동행위에서 예상되는 수혜자는 특정적이고 때로는 명시적으로 나 자신을 위한 행위이다. 행위자의 참가를 결정하는 요소는 협동에 소요되는 비용 때

6) 엄격한 의미에서 분업은 그 정의상, 한 사람이 없으면 전체의 과정은 작동될 수 없는 것이고, 따라서 협동이 달성되기 위해서는 상대방의 참여가 필수적이다. 원론적으로, 여기서 얻어지는 재화는 공공재가 아닌 배분 가능한 사적 재화이기 때문에 '공공재의 문제'는 발생하지 않으며, 각 개인은 협동에 적극적이고 능동적으로 참여할 유인을 충분히 지닌다. 그렇지만 이때에 추가적으로 도입될 수 있는 기준은 정당성(fairness)이다. 단순한 경제학적 견지에서는, 합작생산을 통해 나에게 단 100원의 이익이라도 발생할 경우 나는 참여하는 것이 합리적이다. 그러나 나와 상대방이 같은 일을 하는 동안 내가 100원을 얻는 반면에 상대방은 수억 원을 벌어들이는 분업이라면, 이는 정당하지 않다고 생각하게 되므로 따라서 이러한 종류의 협동을 거부하게 되는 것이다.

표 5-1 협동의 종류와 성격

	외 부 성	도 움	관 습	합작생산	사적 질서
목 표	당위성	당위성 효율성	효율성	효율성	효율성
예상 수혜자의 범위	포괄적	특정적	포괄적	개인지향적 특정적	개인지향적 특정적
협동 저해요인	비용	혜택-비용 호혜성	혜택-비용 호혜성	혜택-비용 호혜성 정당성	혜택-비용 호혜성 정당성

문일 수도 있고, 협동이 일어나지 않을 때 상실하는 혜택의 크기일 수도 있다. 물론 비용과 혜택의 양적 차이(cost-benefit)에 의존하거나 여타 참가자의 동등한 협동행위를 기대하거나(reciprocity) 혜택 배분이 정당한지(fairness) 등의 문제가 고려되기도 한다.

과연 관습을 지키는 것이나 시장에서 계약을 맺고 지키는 것(사적 질서)도 과연 협동인가에 대한 의문이 들 수 있다. 실제로 사적 질서는 행위의 집합적 결과를 의도하지 않기 때문에 협동보다는 협업(collaboration)으로 분류해야 할지도 모른다. 그러나 우리는 공리주의적 관점을 따라, 관습을 깨뜨리지 않도록, 또는 시장질서를 교란시키지 않게끔 행동하는 것도 집합적 결과를 염두에 두고 의도적으로 행위를 선택한 것이라고 볼 수 있으므로 협동의 범주에 포함시킬 수 있다고 믿는다. 즉, 행위자는 자신의 행위가 상대방 및 사회 전체에 미치는 영향을 직접적으로 인지하고 있다고 보기 때문에, 기든스의 표현대로 “그렇게 행동하지 않을 가능성(possibility of doing otherwise)”에도 불구하고 관습을 지키거나 사적 질서를 유지한다는 점에서 넓은 의미의 협동에 포함시킬 수 있다.

여기서 엘스터의 논의를 길게 소개한 이유는 일상생활에서 흔히 쓰이는 협동이라는 단어가 사실은 매우 넓은 범위의 행위를 일컬으며, 또한 협동을 나누는 다양한 구분이 존재하고 있음을 보이기 위함이었다. 어떤 형태의 협동이건 협동이 발생하기 위해서는 특정한 난관을 벗어나야 한다. 다음 절에서는 엘스터의 분류 유형에 따라서 협동이 생겨나기 위해 극복해야 할 걸림돌이 무엇인지를 살펴본다.

5.2 협동의 걸림돌

협동은 정의상(by definition) 2인 이상의 행위자를 필요로 한다. 앞에서도 언급하였듯 여러 사람이 협동을 통해서 얻는 산물에 대한 한 사람의 몫이 각자 행동하여 취할 수 있는 이득과 다르지 않거나 더 작다면, 협동 자체가 발생할 수 없다. 그렇기 때문에 협동을 통한 결과물은 여러 사람의 조정된 노력을 통하지 않으면 발생할 수 없거나, 혹은 개별적으로 생산했을 때에 얻게 되는 산물의 합보다 더 큰 경우가 대부분이다.

바로 그런 이유 때문에 가장 단순한 형태의 협동인 "합작생산"도 해결해야 할 난관이 있다. 고전적인 예인 아담 스미스(Adam Smith)의 핀 공장의 사례에서처럼 단독으로 일한 이상의 효율을 얻어서 모두가 **물질적인 보상**을 나누어 갖기 위하여 다수의 행위자가 힘을 합쳐 분업하는 협동을 생각해 보자.[7] 이 경우에서조차도 모두가 물질적으로 이로운 상태를 만들기 위해서는 외부적인 힘이 필요하다. 게임이론의 용어를 빌리자면, 양측에게 모두 이로운 협동이 발생하려면 죄수의 딜레마 게임에서 죄수들이 의사소통을 하여 결의를 할 수 있게 된다든가, 조정게임에서 상대의 행위에 대한 정보 혹은 신뢰가 있어야 협동이 발생할 수 있다. "도움"도 마찬가지로 호혜성이 보장되어야만 지속할 수 있는 성격의 협동이다. 인간의 노동력을 공유(pooling)하는 두레 제도는 존속하지만, 왜 가축의 노동력을 공유하는 제도는 존재하지 않는지에 대한 설명에서도 이러한 호혜성의 중요성을 확인할 수 있다. 인간은 남의 밭에 가서 일해 주면 남도 자신의 밭에 와서 일해 주는 것으로 호혜성을 서로 확인할 수 있기 때

7) 사회에 존재하는 대부분의 기업 안에서 이루어지는 협동이 물질적 효율성을 획득하는 행위에 해당한다고 볼 수 있다.

문에 노동력을 공유하는 제도가 지속할 수 있다. 그렇지만 빌려온 남의 가축에게는 과도한 노동을 시키기 때문에 가축들이 쇠약해지고, 따라서 호혜적 공유제도가 지속될 수 없었다는 것이다(Oberschall and Leifer, 1986b).

엘스터가 분류한 "외부성"과 같이 공공재 성격을 갖는 재화를 생산하려는 협동은 더욱 더 커다란 난관에 부딪친다. 2007년 12월에 태안반도에서 사상 최악의 기름 유출사고가 발생하였고 오염되었던 해안은 다수 국민들의 자발적인 봉사활동에 의해 가까스로 정화될 수 있었다. 이때 "깨끗한 해변"은 협동이 아니고서는 달성될 수 없다는 점에서 개인의 행위로 대체 불가능하다. 이러한 협동의 경우 공리주의적 전통에서는 개인들이 공공재화의 생산에 참여할 동기를 갖기 위해서는 여러 가지 형태의 보완책이 필요하다고 본다. 또한 협동을 통해서 직접적인 물질적 보상을 얻기보다는 "관습"처럼 어떠한 '**추상적인 상태**(예컨대 평화, 질서, 혹은 신뢰의 상태)'에 도달하려고 할 때도 협동은 마찬가지로 공공재의 문제와 무임승차의 문제에 부딪힌다.

5.2.1 공공재와 분배의 문제

협동을 통해 어떠한 추상적 상태에 도달하는 경우에 협동을 통해 얻게 되는 신뢰, 사회적 질서 등은 일종의 사회적 자본이다. 사회적 자본이 공공재적 특성을 가진다는 점은 널리 논의된 바 있다. 순수한 공공재란, 비경합적(non-rival)이며 비배제적(non-excludable)인 재화이다. 비경합성이란 N명으로 이루어진 집단 X의 어떤 개인(X_1)의 소비가 집단 내의 다른 사람의 소비를 줄이거나 방해하지 않는 특징을 일컫는다. 예를 들어, 환경오염을 줄여서 만들어 낸 깨끗한 공기는 한 사람의 소비가 다른 사람의 소비를 방해하지 않는다. 한편 비배제성은 특정한 사람들이(가령 그것을 생산하는 데 기여하지 않은 사람들이) 재화를 소비하는 것을 배제할 수 없는 특징을 말한다(Olson, 1965). 환경오염을 줄이는 데 기여하지 않은 사람이 깨끗한 공기를 소비하는 것을 막을 수 없으며 공원을 만드는 데 기여하지 않은 사람이 공원에 입장하는 것을 막을 수 없다. 때문에 한 개인이 얼마나 기회주의적인가에 관계없이 그 개인은 사회에 정착된 관습의 혜택을 향유하는 것이 가능하고, 정체된 고속도로에서 위급시에만 사용하기로 약속된 갓길을 달리는 운전자들과 같이 사회적 약속을 어기고 당장의 사사로운 이득을 추구할 기회에 노출되어 있다.

물질적인 이득을 효율적으로 달성하기 위하여 협동하는 경우라면, 협동이 쉽게 발생할 것처럼 보인다. 협동을 통해 얻는 것은 생산에서의 긍정적 외부효과(positive externality)다. 즉, 나와 상대방은 단지 협동에 참가함으로써 그 누구의 노력에 귀속되지 않는 추가적인 이득을 공동으로 누리게 되는 것이다. 그러나 문제는 대부분의 사회적 현상에서 협동을 통해 얻을 수 있는 "플러스 알파"(즉, 추가적인 이득)는 아담 스미스의 핀 공장처럼 단순하고 명료하게 나누어질 수 있는 것이 아니라는 점이다. 따라서 협동이 실제로 일어나기 위해서는 협동에 의해 발생하는 혜택과 비용을 다수 행위자들 사이에서 조정하거나 분배하는 것이 핵심 문제가 된다. 다시 말해, 공공재의 성격이 없는 경우에도 협동의 결과를 배분하는 문제가 협동의 걸림돌이 되는 것이다.

한 아파트 근처에 새로이 어떤 고층 건물이 들어서려 하는 경우를 생각해 보자. 고층 건물이 들어서면 기존 아파트 단지는 일조권을 상실하고 기존의 조망이 망가지게 되어 집값이 떨어질 것이 뻔하다면, 아파트 주민들은 건축 허가를 막고자 한 마음 한 뜻이 될 것이다. 똘똘 뭉쳐 수 차례 집회를 벌이고, 변호사까지 선임하여 탄원서를 접수한 끝에 가까스로 건축허가를 취소할 수 있었다고 가정하자. 목적을 달성했을 때 이들은 어렵게 지켜낸 재산권상의 이득을 어떻게 분배해야 할 것인가를 두고 고민 하게 된다. 누구에게 가장 큰 이익이 돌아가야 하는가? 가장 많은 시간을 들여 참여한 사람인가, 혹은 가장 효과적인 대책을 내놓은 사람인가? 또한, 이 과정에서 발생한 비용은 누가 부담해야 하는가? 가장 큰 피해를 입을 뻔했던 아파트 동의 주민들인가 아니면 전혀 시간을 들이지 않은 사람들인가? 집 크기에 따라 비용의 부담은 어떻게 달라져야 하며, 거주 가족의 수는 어떻게 고려되어야 하고, 또한 실거주자와 집주인은 어떻게 그

부담을 나누어야 할까? 처음부터 확신을 가지고 참여한 사람과 건축허가를 취소할 가능성이 보이고서야 참여하기 시작한 사람들은 어떻게 차별적인 보상을 주어야 할 것인가? 이처럼, 대부분의 사회적 협동은 그것이 물질적 이득을 목표로 하는 것이라 하더라도, 그 결과를 예측하기 어렵고 이득을 정확히 분배하기 힘들뿐더러, 개인의 몫에 대해 합의된 기준도 존재하지 않는다. 결국, 이 경우 협동은 결국 분배의 문제를 극복해야 성립할 수 있다.

5.2.2 무임승차의 문제

집합행동이나 협동에서 공공재의 문제가 회자되는 이유는 일반적으로 공공재는 무임승차의 문제를 낳기 때문이다. 전체에 대한 개인의 기여가 미치는 영향은 미미한 것이기 때문에, 합리적 개인은 자신의 비용이 수반되는 집합행위에는 참여하지 않으면서 다른 참여자들에 의해 생산된 공공재의 혜택만을 받으려 한다. 같은 논리로 모든 행위자가 협동에 참여하지 않기 때문에, 공공재는 충분한 공급이 이루어지지 못하게 되는 것이다. 이러한 개인의 이기심으로 인한 공공재 과소공급이라는 결과는 "공유지의 비극(tragedy of common)"이라는 비유로서 잘 알려져 있다(Hardin, 1968). 누구나 사용할 수 있는 공동의 목초지는 적정 수준 내에서 소비될 때 재생산이 가능한 공간이다. 그런데 자신이 기르는 가축을 늘림으로써 목초지에 미친 피해는 공동체 구성원 모두가 $(1/n)$로 나누어 갖지만, 가축으로부터 오는 이익은 모두 자기 자신이 챙긴다. 따라서 개별 목축인들은 제각기 자신의 효용을 극대화하기 위해 합리적으로 가축을 끝없이 늘려가게 되며, 그 결과 공유지는 결국 황폐해질 수밖에 없다. 가렛 하딘이 화이트헤드로부터 옮겨와 역설하듯이(Hardin, 1968), 비극이란 그 결과에 있는 것이 아니라 각 개인이 무차별적으로 목초지를 황폐화시켜가는 과정에 존재한다.

5.3 협동은 왜 일어나는가

죄수의 딜레마 상황이건 조정 게임의 상황이건 협동은 그 자체로서는 발생하기 힘든 것이고, 추상적인 사회적 자본을 만들어 내는 것이건 구체적인 경제적 효율성을 추구하는 것이건 공공재의 문제나 무임승차의 문제 혹은 분배의 문제에 부딪치게 되는 것이라면, 우리는 가장 핵심적인 질문에 맞닥뜨리게 된다. 그렇다면 어째서 지금 이 순간에도 협동이 벌어지고 있는가? 어떻게 하루에도 수천 명의 자원봉사자들이 강추위 속에서도 태안반도에 달려가 원유 유출로 오염된 자갈과 바위를 닦아낼 수 있으며, 지역 주민들 중에 수많은 무임승차자가 있음에도 불구하고 어떻게 시내 곳곳에서 재산권 보장을 위한 투쟁이 벌어지는 것일까? 마치 원자화된 개인을 가정하는 신고전 경제학이 시장이라는 바다에 섬처럼 떠 있는 조직의 존재를 설명해야 했듯이, 황폐한 하딘(Hardin)의 공동 목초지 군데군데에 자라 있는 푸르른 잔디를 우리는 어떻게 설명해 낼 수 있는가?

이와 같은 문제에 답하는 두 갈래의 고전적 답변은 공리주의와 기능주의에서 온다. 이 둘은 인간의 본성에 대한 상이한 시각을 뚜렷이 드러낸다. 홉스(Hobbes)가 사회적 계약을 통해 절대권력을 들여옴으로써 인간이 자연상태에서는 도달할 수 없는 사회질서를 획득했다고 보았다면, 뒤르케임(Durkheim)은 인간의 관계적 속성에 내재한 도덕성에서 비롯되는 이타성을 통해 사회의 통합을 이룰 수 있다고 보았다. 즉, 홉스는 합리적인 인간이 자신의 이익을 위해 사회질서를 만들어 내어 협동을 했다고 보는 반면, 뒤르케임은 인간이 이미 협동을 내재화한 규범성과 사회성을 타고 났다고 보는 것이다. 우리는 각각의 논의를 간략히 살펴본 다음, 협동의 발생을 설명하기 위해서는 홉스식 관점을 취하는 것이 방법론적으로 우월한 전략임을 논증할 것이다.

5.3.1 규범적 접근

뒤르케임은 사회적 분업의 과정에서 발생하는 협동의 문제에 대해 공리주의의 접근을 반박하며, 개인의 합 이상으로서의 사회나 집단의 수준에 존재하는 도덕적 힘을 이론화하고자 하였다. 뒤르케임은 "홉스의 문제(Hobbesian Problem)"는 애초에 자연상태의 인간이라는 도달 불가능한 가상의 상태를 가정하면서 출발하기 때문에 사회학적 관심의 대상이 되지 못한다고 보았다(Durkheim, 1964; Giddens, 1976). 그의 관점에서는 개인의 존엄성과 자유를 강조하는 개인주의의 이상형 역시 사회적 산물이다. 따라서 공리주의자가 가정하듯이 개인주의가 모든 사회에 편재한다고 볼 수 없다(Giddens, 1976).

뒤르케임은 사회적 분업이 증가하여 개인들이 유기적으로 기능을 수행하는 과정에서 협동은 자연히 발생한다고 본다. 그리고 개인들 간의 기능적 관계에 의해서 자연히 발생하는 협동은 그 자체로 도덕적이다. 개인의 이기심(egoism)에 기반을 둔 경제적 관계들로 협동이 이루어지는 것이 아니라, 도덕적 행위가 인간관계 전반에 스며들어 협동을 만들어 내게 된다는 것이다. 뒤르케임은 공리주의자들이 주장하는 바대로 우리가 단지 계약에 의해서만 둘러싸여 있다면, 아주 나약한 유대밖에 생겨날 수 없을 것이며, 따라서 어떠한 경우에도 사회는 그러한 계약이 수행되는 것을 팔짱 끼고 바라보는 역할만을 수행해서는 안 된다고 말한다(Durkheim, 1984). 또한 그는 꽁트(Comte)의 주장을 받아, 협동이 사회를 만들어 내는 것이 아니라, 사회가 존재하는 것으로부터 협동이 비롯된다고 보았다. 혈연관계로부터 비롯되는 동질감, 같은 땅을 일구고 산다는 소속감, 같은 조상을 섬기고 같은 습성을 공유하는 문화와 같은 기계적이고 내재적인 힘이야말로 사람들을 하나로 묶어내는 것이며, 이렇게 집단이 탄생하고서야 비로소 협동이 조직될 수 있다는 것이다(Durkheim, 1984).

5.3.2 공리주의적 접근

뒤르케임과 달리, 홉스는 정반대의 견지에서 사회적 질서를 유지할 수 있다고 본다. 홉스가 리바이어던(Leviathan)을 쓴 것은 1651년으로, 그는 당시 백년전쟁이나 크롬웰의 청교도 혁명 같은 혼란과 격동의 시기를 겪었다. 그러한 역사적 상황 속에서, 자연상태에서 자신의 이익을 위해 끊임없이 투쟁하는 존재인 인간들이 전쟁에서 벗어나 평화를 누리기 위해서는 평화를 강요할 절대 권력이 반드시 필요하다고 보았다. 자연상태(state of nature)에서의 인간은 만인에 대한 만인의 투쟁(war of all against all)의 상태[8]이며, 그 누구도 착취로부터 자유롭지 못하다(Poundstone, 1992). 따라서 자연상태에서 미래에 대해 약속을 하는 개인들은 반복적인 죄수의 딜레마 상황에 직면해 있으며, 계약을 체결하는 사람은 스스로를 위해 타인과의 계약을 파기할 충분한 유인을 지니는 것이다. 따라서 문제는 어떻게 사회에서 인간의 위치를 자연상태(Defect, Defect)가 아닌 질서의 상태(State of Order)로 끌어올릴 것인가 하는 점이다.

홉스가 정의하는 서로 유익한 사회적 상태(mutually beneficial social state)란 안정적이고 확실한 시민의 평화와 조화를 이루는 것이다. 개인은 스스로의 생존을 보장받고, 끝없는 전쟁으로 인한 "만인에 의한 만인의 투쟁"의 상태를 막기 위해서 중앙에 권력을 이양하게 된다.[9] 사회계약에 의해 이양된 통치권은 동등한 권위를 가진다. 통치권이 하는 일은 사람 자체를 개조시키거나 그 성격을 바꾸는 것이 아니라, 사람들이 논리적으로 행동할 배경 조건을 바꾸어 놓는 것이다(Rawls, 2007). 따라서 리

8) 홉스(Hobbes)는 자연상태를 외롭고(solitary), 빈곤하며(poor), 지저분하고(nasty), 잔인한(brutish) 것이라 표현한다.

9) 인간 본성과 인간의 집합인 사회에 대한 그의 시각은 동물과의 비교를 통해 잘 드러난다. 왜 동물은 강제력이 없는 상황에서도 사회생활을 영위해 나갈 수 있는가? 인간의 존재가 지니는 고유의 특성은 무엇인가? 홉스에 따르면, 인간은 명예와 위엄을 위해 계속적으로 경쟁하는 존재이다. 또한, 이성을 가지고 행동하는 존재로서 정교한 언어를 가지고, 본능만으로 움직이지 않으며, 인위적인 계약에서 비롯된 합의를 가지기 때문에 이를 항구적인 것으로 만들기 위해 공동의 권력이 필요하다는 것이다(Hobbes, 1958).

바이어던이 가지는 절대 권력은 개인의 행복과 평화를 수호하기 위한 절대 권력이며, 개인이 합리적으로 선택한 결과이다. 이러한 관점에서 사회질서는 인간의 합리적인 선택인 권력이양이라는 "협동적" 결단을 통해서 만들어진다. 인간은 목적을 추구하기 위해 합리적으로 행동하며, 모두가 힘과 권력, 경제적 재화를 원하는 이기적인 존재라는 홉스의 관점은 벤담(Bentham)의 공리주의 및 경제학이라는 학문을 통해 계승되어 왔다(Barry, 1978).

협동의 문제에 대해 홉스와 뒤르케임이 보여주는 간극은 오늘날까지도 커다란 두 줄기 전통으로 남아있다. 이는 공리주의적 · 경제학적 접근과 규범적 · 사회학적 접근으로 나뉘어 표현되기도 하고(Barry, 1978), 베버(Weber)의 개념을 빌려와 도구 합리성과 가치 합리성으로 나눌 수도 있으며(김용학, 2003), 전략 이론과 정체성(identity) 이론으로 분류하기도 한다(Cohen, 1985). 홉스는 "사회적 질서를 획득하기 위해서는 어떻게 해야 하는가?"라는 문제에 대해서 강제력이라는 답을 제시했다. 즉, 질서라는 공공재를 획득하기 위해 중앙의 권위라는 수단을 활용하여 딜레마를 해결하려 한 것이다. 반면, 뒤르케임의 논의는 질서가 개인의 선택에 의해서 생기는 것이 아니라 개인에 앞서 사회가 먼저 존재하고, 사회 안에는 당연히 질서와 협동이 존재한다는 논리를 갖고 있다. 뒤르케임은 질서나 협동의 발생을 사회적 관계의 도덕적 특성, 즉 계약의 비계약적 요소(non-contractural element in contract)로부터 찾는다. 결국 이는 사회의 조직원리를 개인의 수준에서 파악할 것인가 혹은 그렇게 환원할 수 없는 전체 집단의 수준에서 바라볼 것인가로 요약할 수 있는 방법론의 대립이기도 하다. 전자가 방법론적 개인주의에서 취해 온 방식이라면 후자는 뒤르케임으로 대표되는 방법론적 전체주의에서 온 것이다.

5.4 다양한 해결책들

'개인은 사회의 죄수'라는 표현에서 알 수 있듯이 방법론적 전체주의(methodological holism)는 개인의 판단과 행위가 전체 사회와 유리되어 파악될 수 없다고 전제하고 출발한다. 반면에 방법론적 개인주의는 논의 수준을 개인으로 두면서 협동이 발생하는 것을 당연한 것으로 전제하고 출발하기보다는, 발생하기 힘든 조건임에도 불구하고 왜 협동이 일어나는가를 밝힌다. 우리는 후자의 논의가 사실상 보다 강력하고 유용하다고 믿는다. 왜냐하면, 뒤르케임이 가정하듯이 사회가 있으면 협동은 항상 발생하는 것이 아니며, 협동이 발생한 경우의 행위자의 동기를 분석해야 그 발생을 설명할 수 있기 때문이다. 따라서 협동을 설명하기 위해서는 개인 수준의 합리성으로부터 출발하는 것이 나은 전략이 된다. 그러면 이러한 가정에서 출발한 이론들이 공공재와 무임승차의 문제를 어떻게 극복할 수 있다고 보았는지 그 다양한 해결책을 살펴보자.

5.4.1 "공공재" 문제의 해결

가. 사유화

무임승차 문제 때문에 협동이 일어나지 않을 때 이를 해결하는 한 가지 방법은 결과물이 갖는 공공재적 성격을 변화시켜서 무임승차를 원천적으로 해결하는 것이다. 먼저, 공공재를 사유재로 바꿔 버리는 방법이 있다. 지구 온난화와 같은 환경문제를 해결하고자 탄소세를 매겨 권리의 한계를 할당하는 피구세(Pigovian tax)나 에스키모 인들이 남획을 막기 위해 사냥터에 각자의 경계를 할당하는 것(김용학, 2004; Oberschall and Leifer, 1986a)을 예로 들 수 있다. 후자의 예를 자세히 살펴보자. 북미 에스키모 인들은 자신들이 필요한 만큼의 비버(beaver)를 잡아 그 고기와 가죽을 생필품으로 사용해 왔다. 그러나 비버 가죽에 대한 서구 사람들의 수요가 급증함에 따라서 가격도 오르게 되었다. 그들은 비버를 더 많이 사냥하여 시장에 내다 팔기 시작하였고, 그에 따라서 비버의 수가 점점 줄어들게 되었다. 사냥을 지속하면 비버가 곧 멸종하여 자신들이 실생활에서 사용할 가죽조차 얻지 못하게 될지도 모른다는 위기감이 에스키모 사이에 퍼지기 시작했다. 그렇지만 다른 사람들이 포획량을 줄이지 않는데 자기 자신만 줄인다면 손해라고 생각한 그들은 사냥을 계속 했고, 마침내 에스키모의 지도자들은 이 문제의 해결방안으로 각자에게 사냥 영토를 정해 주기로 결정했다. 사냥 영토를 정해 주면 자신들의 영토에서 비버가 멸종되지 않도록 사냥을 줄일 것이라는 점에 착안한 것이다. 즉, 공유지를 사유지로 만들어서 협동의 문제를 자연스럽게 해결한 것이다.

공공재를 사유재로 바꾸는 해결책은 정보(information)의 문제를 안고 있다. 예를 들어, 사유재를 할당하고, 그에 대한 권리의 범위와 한계를 판단하고 그것을 계속적으로 측정하는 데는 고도의 합리성이 필요하기 때문이다. 즉, 완전 정보를 가진다는 것이 애초에 불가능하거나 높은 거래비용(transaction cost)을 필요로 한다는 점에서 사유화의 방식은 실질적인 한계를 가진다.

나. 특권집단

한편, 한 개인이 다른 사람과 비용을 배분하여 부담하지 않고 스스로 공급하는 재화가 공공재의 성격을 지니는 경우가 있다. 맨커 올손(Mancur Olson)은 특권집단(privileged group)이라는 개념을 통해 이를 설명한 바 있다. 특권집단이란, 그 구성원의 일부 또는 전부가 전체 공공재의 공급 비용을 홀로 부담해야 할지라도 자신에게 충분한 효용을 주기 때문에 공공재를 공급할 의사가 있는 경우를 말한다(Olson, 1965). 특권집단이 존재하는 경우는 그들 내부의 아무런 조직화나 조정 없이도 공공재가 충분히 공급될 수 있다. 억만장자 하워드 휴즈(Howard Huges)가 라스베가스 지역의 별장에서 밤새 영화를 보기 위해서 방송사를 통째로 매입하여 상영했고, 덕분에 약 25만 명의 잠재적 시청자가 공짜로 영화를 볼 수 있었던 것이 좋은 예다(Hardin, 1982).

문제는 이와 같이 특권집단이 발생하여 공공재를 공급하게 되는 사례는 실생활에서 극히 드물다는 것이다. 때문에 올손 역시 이를 예외적인 경우로 인식한다. 또한, 이는 특정 개인의 내재적인 동기에 의존하여 나타나기 때문에 공공재의 공급이 실제로 이루어지기 전까지는 이를 예측하기 어렵고, 결국 사후적인 현상의 설명에 지나지 않게 되는 문제가 있다.

5.4.2 "무임승차" 문제의 해결

가. 외부적 강제력

두 번째 갈래의 논의는, 협동의 산물이 가지는 공공재적 특성을 불가피한 것으로 보되, 그것에서 발생하는 무임승차의 문제를 해결하는 것이다. 이는 행위자 외부의 힘을 도입하여 해결할 수도 있고, 그들 행위의 내부적 메커니즘을 변경시킴으로써 가능하기도 하다. 중앙의 강력한 힘에 권력을 이양함으로써 문제를 해결하고자 한 홉스의 고전적인 견해는 이미 앞에서 언급된 바 있다. 같은 맥락에서 하딘이 제시하는 것은 '상호강압(mutual coercion)'이다. 그는 군주와 같은 특정한 인물을 상정하지는 않지만, 제도와 사회적 규범의 힘을 통해 개인의 행동을 통제하여 협동을 이끌어 낸다고 본다.

방법론적 개인주의의 관점에서 집합행동을 분석한 올손이 궁극적으로 제시하는 무임승차 문제의 해법은 선택적 유인(selective interest)이다. 애초에 그가 비판한 것은, 공통의 이해관계를 가진 개인들이 모이면 그들은 자연스레 그것을 실현시키기 위해 조직화될 것이라는 집합이론의 낙관주의였다(Bentley, 1949; Truman, 1958: Ostrom, 1990에서 재인용). 그런데 몇몇 특권집단과는 달리, 대부분의 경우에 해당하는 잠재집단(latent group)은 집단의 규모가 크고, 한 개인이 공공재의 공급에 참여하는 지의 여부가 다른 개인에게 영향을 미치는 정도가 극히 작으므로 개인은 자발적으로 공공의 집합재를 공급할 동기를 지니지 못한다. 이때 개인을 움직이는 것이 바로 선택적 유인이며, 이것에 의해서만 집단의 힘과 가능성이 동원된다는 것이다.

선택적 유인은 단지 물질적인 유인뿐만 아니라, 사회적 제재(sanctions)나 사회적 보상을 모두 포함하며, 보너스나 포상과 같은 정(+)의 방향일 수도 있고, 강제나 제재와 같은 부(−)의 방향으로 나타날 수도 있다. 그런데 차용하는 외부적 힘이 무엇이 되었든, 제재는 궁극적인 해결이 될 수 없는데, 그 이유는 제재의 두 번째 단계(second order)에서도 무임승차의 문제가 생기기 때문이다(Elster, 1989; Ostrom, 1990). 무임승차자를 제재하는 것 역시 하나의 공공재이며, 합리적 개인은 제재에 참가하지 않고 무임승차할 또 한번의 기회를 얻게 된다. 분쟁의 조정 및 합의 도출이라는 과정에 노력을 들이고, 이것이 수행되어가는 과정을 감시하고, 또 선택적 보상을 제공하는 일은 합리적 개인에게는 '고양이 목에 방울 달기'와도 같은 것이기 때문이다. 더군다나 올손은 선택적 유인이 있는 상황에서 협동이 발생하는 것을 설명하는 데 성공했을 뿐, 그것이 없는 상황에서도 일어나는 협동에 대해서는 충분한 설명을 제공하지는 못한다.

나. 자생적 제도

강제적 권위를 도입하여 무임승차 문제를 해결한 것이 아니고, 사유화로 공공재의 문제를 해결한 것도 아닌 데도 스스로 공공재의 문제를 해결하는 경우가 있는데, 이것은 자생적 제도가 실행될 때 가능하다. 오스트롬은 자생적 제도의 몇 가지 실증 사례를 보여준다. 그녀가 논의의 대상으로 삼는 공동자원(common-pool resource: CPR)이란, 규모가 충분히 커서 잠재적 수혜자를 배제하는 데 높은 비용이 요구되는 자연적 혹은 인공적 자원 시스템을 말한다(Ostrom, 1990: 30). 그녀가 제기하는 질문의 핵심은 어떠한 개인들은 공공재의 문제에 내재한 덫을 슬기롭게 빠져나오는 반면, 왜 어떠한 개인들은 그들 스스로의 자원을 파괴하는 무자비한 쳇바퀴에서 벗어나지 못하는가 하는 점이다. 그러한 차이는 신뢰와 같은 집단의 내부적 요소와 제도와 같은 집단 외부의 요소에서 온다. 제도는 죄수의 딜레마 상황의 엄격한 가정을 풀어준다. 각 방에 수감되어 그들의 행동을 조직화할 수 없는 죄수들과는 달리, 현실에서 일어나는 행위들은 상호적이고 반복적으로 일어난다. 오스트롬(Ostrom, 1990)은 스위스의 목초지와 일본의 삼림, 그리고 스페인과 필리핀의 관개설비 등의 사례를 관찰한 연구에서, 이들이 사유재산제나 중앙 권위에 의존함 없이 스스로 조직되고(self-organizing), 스스로 통치하는(self-governing) '제도'를 통해 오랫동안 공동자원을 관리해 오고 있음에 주목한다. 이러한 제도가 성공적으로 실행되려면 아래의 여덟 가지 공통된 요소가 있어야 한다는 점을 발견한다(Ostrom, 1990: p.90).

1. 잘 정의된 집단의 경계
2. 공동 자원을 제공하고 전유하는 규칙과 지역적 조건이 부합할 것
3. 규칙에 의해 영향을 받는 개인들이 집합의 선택(choice)을 수정하는 데 직접 참여
4. 자체적인 모니터링
5. 위반 정도를 고려한 제재
6. 신속 저렴한 지역분쟁 조절 메커니즘
7. 자체적으로 제도를 고안할 수 있는 권리가 외부의 권위에 의해 침해받지 않을 것
8. 사업이 정착되어 있을 것

이들 요소의 핵심은 내부적인 감시가 이루어지는 가운데, 보상과 규범이 제도화될 수 있었다는 점이다. 그녀가 분석한 사례들은 사회적 규범의 요소를 개개인의 합리적 선택의 틀 안으로 끌어들일 수 있는 가능성을 보여주었다. 제도와 개인 합리성이 작동된 결과는 개인에게 선택적 유인과 상호 견제를 동시에 제공하는 '평판'이라는 형태로 나타난다. 그렇지만 이러한 제도는 보편적으로 발생하는 것이 아니라, 특정한 환경적 조건에 영향을 받는다. 오스트롬의 연구는 공유지의 문제를 해결하는 협동의 메커니즘을 원천적으로 밝힌 것이라기보다는 특수한 인구학적 특성이나 지역적 조건 등이 제도를 만들어 냈고, 제도의 힘이 내부화되어 자체적으로 공동의 목초지를 관리할 수 있었던 특수 사례들에 대한 분석이다.

5.4.3 진화론적 해결: 이타성

지금까지 살펴본 기존 논의들을 잠시 정리하면, 앞서 살펴본 첫 번째 해결책, 즉 사유화 및 특권계급의 사례에서는 공공재를 공공재가 아닌 것으로 만듦으로써 문제를 해결하였다. 한편 두 번째 해결책에서는 결과물이 가지는 공공재적 특성을 인정하되, 선택적 유인이나 권위(leviathan), 또는 강제(mutual coercion) 같은 외부적인 힘이나, 자생적 제도(institution)를 통해서 무임승차가 일어나지 않도록 하는 방안이었다. 마지막으로, 인간이 진화의 과정을 통해 습득한 이타성으로 협동의 발생을 설명하는 학자들은 공공재의 문제가 반드시 무임승차로 이어지는 것이 아니라고 본다. 이들은 실험이나 생물학적 사례를 통해 의도되지 않은 상태에서도 협동상태에 도달할 수 있는 가능성을 진화론적으로 설명한다.

인간의 이타적 행위에 대한 문제는 오랜 기간 많은 학자들의 연구 주제였다. 그런데 이타성에 대한 논의는 앞서 뒤르케임이 '계약의 비계약적 요소'로서 분업의 도덕적 속성을 말한 것과는 달리, 그 자체가 환원 불가능한 속성으로 존재하는 것이 아니라 일종의 도구적 차원에서 분석된다. 경제학에서 말하는 이타적 행위는 남들에게 혜택을 주어 사회적으로는 이익이 되지만 정작 행위자 자신에게는 손해가 되는 행위를 일컫는다(최정규, 2004). 그러나 진화론적으로 보면 이러한 이타적 행위는 집단차원에서 이기적 목적을 달성하기 위한 행위이다.

가. 반복게임

이타성이 나타나는 원인을 설명하는 방법 중 한 가지는 행위에 긴 시간을 도입하는 것이다. 이때, 단기적 차원에서는 비록 자신에게 손실이 발생할지라도, 그 관계가 반복되는 것이라면 장기적 차원에서 스스로에게 이득이 될 가능성이 있기 때문에 이타적 행위가 가능하다는 것이다. 최정규(최정규, 2004)는 이러한 사례에 대한 연구를 잘 정리하고 있다. 남미 지역에 서식하는 흡혈박쥐(vampire bat)가 대표적인 예다. 이들은 포유류의 피를 먹고 살아가는데, 한 박쥐가 오랫동안 굶어서 생존의 위협을 받게 되는 경우, 충분한 피를 섭취한 박쥐가 자신의 섭취물을 토해 내서 나누어 먹임으로써 살아갈 수 있도록 돕는다. 그러나 윌킨슨(Wilkinson)은 흡혈박쥐의 사례들을 추적한 연구에서, 이러한 행위는 과거에 자신에게 도움을 준 적이 있는 경우, 혹은 서식지가 유사하여 미래에 도움을 받을 가능성이 높은 경우에 주로 나타나는 것임을 발견한다(Wilkinson, 1984). 따라서 배부른 박쥐들이 보여주는 이타적 행위는 사실상 자신에게 닥칠 미래 상황에 대한 일종의 보험과도 같은 '이기적' 행동인 것이다. 이 외에도 침팬지들이 서로 털 다듬는 행위와 먹이를 나누는 행위를 교환한다든가(Waal, 1993), 가시고기(Stickleback) 무리가 호혜적인 방식으로 먹이에 접근하는 현상이 이에 속한다. 인류학적 관찰에서도 이와 같은 호혜성의 원리를 발견할 수 있는데, 수렵 채취 부족의 사냥 성공률은 매우 낮기 때문에 장기적인 관점에서 서로의 생존을 보장하기 위하여 오늘의 사냥에서 얻은 결과물을 공유한다는 것이다.

악셀로드(Axelod) 역시 각자가 이기적으로 행동할 유인이 충분한 환경에서도 협동은 발생하며, 이것이 진화론적으로 안정적인 전략(Evolutionary Stable Strategy: ESS)이 된다는 것을 보여준 바 있다(Axelod, 1985; Axelod, 1997). 그는 아무런 외부적 압력이 존재하지 않는(without central authority) 죄수의 딜레마 상황에서 어떠한 전략이 가장 큰 보수를 얻는지 알아보기 위해 학자들로부터 컴퓨터 시뮬레이션 대결을 위한 전략을 공모받았다. 84년의 15개의 전략을 가지고 벌인 시뮬레이션에서뿐만 아니라, 10여 년이 지나 유전적 알고리듬(genethic algorithm: Axelrod, 1997)[10)]을 도입하여 전략의 돌연변이(mutation)까지 고려하면서 실행한 2차 실험에서도 가장 많은 점수를 낸 전략은 호혜성을 호혜로 갚고 배반을 배반으로 갚는, '눈에는 눈, 이에는 이(Tit for Tat)' 전략이었다. 즉, 협동 혹은 배반에 대한 제재가 진화론적으로 가장 생존에 적합한

10) 존 홀란드(John Holland)가 개발한 것으로, 진화의 체계를 인공적으로 시뮬레이션하는 한 가지 방법이다(Axelod, Robert, 1997, *The Complexity of Cooperation*. Princeton, NJ: Princeton University Press.). 이에 대한 자세한 설명은 홀란드(Holland, John H., 1992, "Genetic Algorithms," *Scentific American*, 267:66-72.)와 리올로(Riolo, Rick L., 1992, "Survival of the Fittest Bits," *Scentific American*, 267:114-116.)를 참조.

행위라는 설명이다.

진화론적 접근은 생물세계에서 자주 관찰되는 이타주의나 협동을 설명하는 데 매우 유용한 일반이론을 제공했으며 인간도 생물의 일부이기에 진화의 과정에서 습득한 "유전자의 법칙"을 지닐 것이다. 그러나 인간의 복잡한 사고과정을 모두 진화론적 이타성으로 설명하기에는 무리가 있을 것이다.

나. 사회생물학: 혈연 선택

한편, 해밀턴(Hamilton)은 다윈의 전통을 따라 환경에 대한 적합성이 생물체의 생존을 결정하는 것으로 본다. 단, 적합성의 단위는 개별 행위자가 아니라 혈연으로 연결된 집단이다(kin selection). 즉, 진화에 의해 선택되어지는 것은 개별적인 유기체가 아니라 혈연이라는 집합적 단위로서(Hamilton, 1963) 이타적 행위가 일어나고 그것이 계속 유지될 수 있는 이유는 그 행위가 행위자에게 이득을 주기 때문이 아니라, 그 혈족에게 이득을 주기 때문이라는 것이다. 예컨대 어린 손자가 차에 치이려는 위기에 처한 순간 자신이 대신 막아서는 할머니의 행위는 손자의 몸에 자신의 유전자가 전승되고 있기 때문이며, 이때 이타적 행위가 일어나는 기준은 유전자의 근친도(r)와 비용-혜택의 비(cost/benefit)의 크기에 의존한다는 것이다.

이타성에 대한 이러한 사회생물학적 접근은 도킨스(Dawkins)에 이르러 절정에 다다르는데, 그는 인간은 심지어 생존 기계(survival machines)이며 유전자라는 이기적인 분자를 보존하기 위해 맹목적으로 프로그래밍되어 있다는 논쟁적인 주장을 내놓기도 하였다(Dawkins, 1989[1976]). 이는 윌슨(Wilson)이 정의하는 하드코어 이타주의(hardcore altruism)에 해당한다. 그는 이타주의를 하드코어와 소프트코어로 구분하는데, 전자가 침입자에게 침을 쏘며 자신은 죽어가는 말벌의 행동과 같이 자신의 삶의 기회를 포기하는 대가 없는 행위로서 유전체계(heraditary)를 통해 지속되는 것이라면, 후자는 이타적으로 보이는 행동을 통해 사실상 그 이상의 효용을 얻어 궁극적으로는 스스로를 위한(self-serving) 행위를 일컫는다.

하드코어 이타주의가 내편향적이고 종족의 이해관계에 근거하는 것인 반면, 소프트코어 이타주의는 사회의 도덕을 지탱하는 핵심으로서 신뢰를 형성하고 사회 계약을 가능케 하는 것으로 보았다(Wilson, 1978). 혈연 선택은 가족 내에서 협동이 더 자연스럽게 발생할 수 있다는 점을 설명하는 데는 도움이 되지만, 외국인을 구하기 위하여 지하철 철로로 뛰어내리는 행동을 설명하는 데는 태생적 한계가 있음은 명백하다.

이상에서 우리는 협동이 발생하려면 극복해야 할 여러 조건과 방법들에 대한 다양한 이론들과 그것이 가지는 한계에 대해서 살펴보았다. 그 어느 것도 사회에서 일어나는 협동의 문제를 완벽하게 설명하지 못하는 만큼 엘스터의 말대로 사회과학이 인간의 행동에 대해 일반 법칙과 같은 규칙성을 만들어 낼 수 있는 단계로부터는 몇 광년(光年) 뒤처져 있다고 해도 좋을 것이다(Elster, 1989). 협동을 포함한 인간 제반 행동에 대한 경제학적 · 공리주의적 접근과 사회학적 · 규범적 접근이 보여주는 설명이 둘 다 부분적 성공에 불과하다는 것은 일찍이 브라이언 배리가 지적한 바이기도 하다(Barry, 1978). 따라서 협동이 이루어지는 메커니즘을 파악하기 위해서는, 협동이 목표로 하는 결과의 성격이 서로 다르며 하나의 행위에 참여하는 개인들의 동기 또한 일률적이지 않다는 점을 충분히 인지해야 한다. 그렇기 때문에 협동 및 참여 동기를 유형별로 나누어 보는 작업은 실제로 나타나는 협동이 달성되는 메커니즘을 파악하는 데 보다 정확하고 구체적인 출발점이 될 것이다. 따라서 다음 장은 네트워크 사회가 협동의 문제에 대해 어떠한 구조적 변화를 야기하였으며, 이 속에서 개별 행위자의 동기는 어떠한 방식으로 재편되었는지를 논의할 것이다.

제 6 장
온라인 협동

앞 장에서 살펴본 바와 같이, 뒤르케임적 전통에 입각하여 해석한다면 협동은 항상 자연스럽게 나타나는 것인 반면에 방법론적 개인주의에 입각한 공리주의 이론들은 집합행동 및 협동을 하나의 '예외적 사건'으로 인식해 왔다. 공리주의적 전통에서 협동은 설명되어야 할 대상이었기에 역사적으로 드러난 협동을 설명하기 위한 다양한 갈래의 논의들이 어떻게 협동의 난관을 극복했는지에 주목해 왔다. 오늘날 우리는 온라인에서 광범위한 협동이 일어나는 것을 본다. 도움을 청하는 글에 빠르게 답글이 달리고, 공익을 위한 가치 생산에도 참여자가 늘어나고 있다. 발생의 빈도가 급증하였을 뿐만 아니라 참가가 이루어지는 시간적 · 공간적 범위와 규모 역시 예전과 비교할 수 없을 정도로 확대되었다. 만약 누군가가 기존의 이론을 가지고 오늘날의 협동을 설명하려 시도한다면 그는 두 가지 커다란 의문에 맞닥뜨릴 것이다: 1) 도대체 어떤 변화가 이처럼 온라인 협동을 용이하게 만든 것인가? 2) 어떤 동기로 사람들이 온라인 협동에 참여하는가?

이러한 질문에 답하려면 네트워크 사회에서의 환경변화를 인지해야 한다. 곧이어 자세히 논의하겠지만, 정보통신기술의 발달이 제공하는 온라인 환경은 협동을 이끌어내기에 유리한 조건을 제공하였다. 네트워크 사회가 가져온 변화는 이러한 외형적 구조의 변화에 그치지 않는다. 콜록이 지적하듯이(Kollock, 1999), 온라인 환경에서는 일부 유형의 공공재를 제공하는 비용과 혜택이 근본적으로 변화함에 따라 동기부여와 조정의 동학도 변하기 때문이다. 즉, 개인이 가지는 일련의 동기는 네트워크로 조밀하게 연결된 환경의 구조적 영향을 통해 새롭게 재구성되었고, 그 역동적인 상호과정의 결과로 오늘날 우리가 목격하는 바와 같이 무수한 협동이 이루어지는 새로운 장(場)이 생겨난 것이다.

이 장(章)에서는, 정보통신기술의 발달과 온라인 환경이 가치생산 일반에 대해서 어떠한 구조적 변화를 가져왔는지 살펴보는 것으로부터 출발한다. 이어서 우리는 이러한 구조 속에서 개별 행위자가 협동에 참가하는 동기를 짚어볼 것인데, 이때의 개인은 단순히 경제적 이익만을 추구하는 홉스식의 행위자가 아니다. 네트워크 사회라는 구조적 환경의 변화는 개별 행위자가 협동행위에 참여하게 하는 동기에도 영향을 미쳤다. 따라서 거시적 구조의 영향력과 개별 행위자의 행위의 상호작용 속에서 협동을 파악해야만 온라인 협동의 확산을 이해할 수 있게 된다.

6.1 온라인 환경의 구조적 변화

이 책의 1장, 3장에서 몇몇 사례를 소개했고 앞으로 7장에서 더 많은 사례에 대해서 언급하겠지만, 오늘날 우리는 온라인 공간에서 협동을 통해서 다양한 유형·무형의 재화가 생산되는 것을 보게 되었다. 협동에 참가하는 인원의 규모와 일의 크기가 확대되었으며, 전 세계 곳곳에서 협동이 동시다발적으로 일어나고 있다. 이 때문에, 협동은 특수한 조건이 만족되었을 때 발생할 수 있는 '예외적 현상'이라고 가정하는 공리주의적 이론에 근본적인 의문을 제기하게 되었다. 우리는 이러한 변화의 깊은 원인을 네트워크 사회의 영향에서 찾는다. 따라서 이 절에서 네트워크가 사회의 영향력을 구조적 환경과 개인 행위자의 동기의 두 차원에서 살펴본다. 이 작업은 크게 1) 오늘날의 온라인 협동은 기존의 협동과 마찬가지로 공공재의 성격을 가지는가? 2) 만약 그러하다면 우리는 여전히 무임승차의 문제를 걱정해야 하는가? 라는 질문에 답하려는 것이다.

먼저 첫 번째 질문에 대해서 결론부터 이야기하면, 온라인 협동의 산물인 정보재와 지식재는 명백히 공공재의 성격을 지닌다. 그럼에도 불구하고 실제로는 협동이 더 빈번히 발생하는 역설(paradox)이 일어나고 있기 때문에 그 원인이 무엇인지 탐색할 필요가 있다. 정보 경제(Information Economy)는 정보뿐만 아니라 그와 관련된 제반 기술을 포함한다(Shapiro and Varian, 1999: 9). 지식이 곧 재화가 되는 사회에서 그 지식을 생산하는 것이 협동이라면, 이는 지식을 생산하며, 배포하고, 검색하고, 복사하고, 열람하는 데 필요한 일련의 기술을 전제로 하는 것이다. 마치 정보라는 컨텐츠가 흐르기 위해서는 통신기술이라는 파이프가 깔려 있어야 하듯, 내용과 기술은 떼려야 뗄 수 없는 관계다. 마찬가지로 온라인 협동도 이것의 기술적 환경과 밀접한 관련이 있다. 따라서 온라인 협동의 기술적 환경이 오프라인과 어떤 차이를 갖는지를 살펴보아야 한다. 먼저 온라인 환경에서 생산되는 재화와 생산방식의 특징이 무엇인지 비교하기로 한다.

온라인에서 협동을 통해 생성되는 지식과 정보재는 경험재이다(experience good: Shapiro and Varian, 1999). 영화 티켓이나 음악 CD의 물리적 덩어리는 그 자체로 우리에게 충분한 만족을 주지 못한다. 구매자가 직접 그 내용을 확인하고 경험할 때 비로소 그 가치가 실현되는 것이다. 나의 경험과 타인의 경험은 개별적이기 때문에 경험재의 소비는 비경합적이다. 또한 경험재는 무정형의 추상적 실체이기 때문에 소비에 의해 마모되지 않는다. 누군가가 추가적으로 영화를 보고 책을 읽는다고 해서 그 내용이 닳거나 없어지지 않는다. 한 걸음 더 나아가, 스티븐 베버(Steven Weber)는 무료 소프트웨어의 생산은 단지 비경합적(non-rival)인 것이 아니라 추가적인 사용자의 증가가 상품의 가치를 오히려 강화시키는 반경합적(anti-rival)인 것이라고 주장하기도 한다(Weber, 2004).

생산의 측면에서, 정보재는 고정비용(fixed cost)에 비해서 한계비용(marginal cost)이 매우 작다. 즉, 지식을 만들어 내기는 무척 값비싼 것이지만 이를 재생산하는 것은 매우 손쉽게 일어난다는 특징을 지닌다(Shapiro and Varian, 1999). 전국에 인터넷망을 구축하고 각자 개인용 컴퓨터를 구매하는 일은 사회적으로나 개인적으로 큰 비용을 필요로 하지만, 일단 한번 구축되고 나면 하나의 추가적인 이메일을 보내는 것이나 영화 한 편을 다운로드받는 일은 너무나 손쉽다. 물론 화상통신이 국가 정상들 간의 면대면 회담을 완전히 대체하지 않을 것이고, 이메일의 홍수

속에서도 손으로 쓴 편지는 여전히 큰 가치를 지니듯, 효율성이 모든 것을 설명하는 척도는 아니다. 하지만 단순히 정보와 지식의 전달이라는 차원에서 보면 이메일은 오프라인에서 편지 한 장을 새로 부치기 위해서 직접 편지지에 글을 써서 우표를 구입하고, 이를 우체통에 넣어야 하는 수고로움과 비할 바가 아니다. 이처럼 네트워크 사회가 가지는 기술적 인프라는 정보 및 지식의 생산과 유통에 소요되는 거래비용을 가히 혁명적인 수준으로 절감할 수 있게 만들었다. 이는 지식재(컨텐츠) 자체의 비경합적 속성과 맞물려 재화가 더욱 퍼져나가기 쉬운 조건을 만들었다.

그런데 지식재와 정보재의 특징은 단지 비경쟁적이고 비경합적이라는 공공재적 특징을 가지는 데서 그치는 것이 아니라, 생산의 효율을 높이고 참가의 문턱을 낮춤으로써 협동의 폭이 넓어질 수 있는 기반을 마련하였다. 첫 번째로, 온라인에서는 한계생산비용뿐만 아니라 거래비용이 낮아짐에 따라 조정비용 역시 절감된다(Kollock, 1999). 시공간이 압축됨으로써 서로 다른 시간과 공간에 존재하는 사람들이 효율적인 상호작용을 할 수 있게 되었고 덕분에 정보와 의견의 조율이 손쉬워졌다. 여러 사람이 리눅스와 같은 프로그램을 개발하고 있다고 했을 때, 누군가가 프로그램상의 오류를 발견하여 수정하였다 하더라도 다른 다수의 프로그래머들에게 그 결과가 재빨리 공유되지 않는다면 많은 사람들이 같은 일을 반복하게 되는 비효율을 낳게 될 것이다. 그러나 인터넷은 시간과 공간이 분리되어 있는 행위자들 간의 동조화를 용이하게 함으로써 조정비용을 대폭 낮출 수 있게 했다.

또한, 참여할 수 있는 일의 단위가 세분화되면서 참여의 문턱을 근본적으로 낮추어놓았다. 이때의 변화는 질적인 측면과 양적인 측면 모두를 일컫는다. 예컨대 오프라인에서 지식을 생산하는 방식이 책을 내거나 논문을 발행하는 것과 같이, 어느 정도 이상의 규모와 완결성을 요구하는 것인 반면 온라인에서는 짧은 글이나 간단한 아이디어도 손쉽게 게재할 수 있고 사후적인 수정이 용이하다. 벤클러(Benkler, 2002)가 지적하는 바와 같이 생산의 단위를 조립식으로 나눈다거나(modular), 각각의 일의 크기를 작게(fine-grained, granulated) 만드는 것이 쉬워졌다는 점 역시 온라인 생산의 특징이다. 예를 들면, 맹인을 위한 무료 오디오북을 제공하는 Libribox라는 사이트가 있는데, 여기에서 책을 읽어주는 데 참여하는 자원봉사자들은 책 전체를 읽어 올려야 하는 것이 아니라 시간 날 때마다, 문단이나 페이지 단위로 읽어서 웹에 올리면 된다. 이 작은 부품들을 자동으로 조립하여 한 권의 오디오 북을 만드는 것이다. 위키피디아의 예에서 보는 것처럼 그 전체는 백과사전이라는 큰 지식의 체계를 만드는 작업이지만, 그 곳에 지식을 게재하는 개인들은 그들이 참여하는 작업의 전체 규모에 대해 부담을 느끼지 않는다. 각 참가자는 자신의 사정에 맞추어 작은 부분만 맡는 것이 얼마든지 가능하며, 지식체계의 나머지 부분은 다른 참가자에 의해 완성될 것이라는 믿음이 있기 때문이다. 이와 같이 전체 생산의 과정이 쉽사리 나누어질 수 있게 되면서 각자가 투입하는 비용이 낮아지고, 따라서 많은 사람에게로 그 참여의 폭을 넓힐 수 있게 된 것이다.

6.2 온라인 협동의 참가 동기

온라인 협동은 자발적인 참여를 전제로 디지털화된 생산방식을 동원하는 것으로, 개별 참가자는 공통의 목표를 공유하며 협동을 통해서 개인의 단위에서 생성될 수 없는 집합적인 것을 생산해 낸다. 이렇게 네트워크 환경이 변함에 따라서 행위자가 온라인 협동에 참여하게 되는 동기도 따라서 변하게 되었다. 온라인 협동에 관한 대부분의 연구는 행위자의 동기를 단기적인 경제학적 관점만으로 설명할 것이 아니라, 이타적 차원의 효용을 동시에 고려해야 한다고 본다. 즉, 공동체의 구성원으로서 가지는 사회적이고 규범적인 측면이 동기의 중요한 부분이 된다는 것이다.

구체적으로 협동에 참여하는 동기인 유인구조(incentive structure)를 어떤 기준으로 범주화할 것인가에 대해서는 다양한 구분이 제시되어 왔지만, 아직 하나의 합의된 틀이 존재하지는 않는다. 헤메츠버거(Hemetsberger, 2002)는 몇 가지 키워드를 중심으로 기존의 다양한 논의들을 정리한다: 1) 협동의 참가 동기는 행위의 내재적 동기와 외재적 보상으로 나누어 볼 수 있다. 2) 교환이 가지는 다양한 사회적 의미에 주목해서 동기를 해석할 수도 있다. 3) 열정이나 가치를 공유한다든가, 집합적 혹은 공동체적 소속감 등을 통해 협동에 참여하는 동기를 설명할 수도 있다.

헤메츠버거가 보여주듯이 '무엇이 온라인상에서의 협동을 가능하게 하는가' 하는 문제 제기에 대해서 여러 차원의 논의가 있었고, 이들 각각의 개념과 구분은 현상을 바라보는 데 있어서 모두 유의미한 시사점을 준다. 그러나 모든 가능한 잣대를 동시에 총동원하는 것은 '모든 것을 동원하여 모든 것을 설명'함으로써 결국은 아무것도 설명하지 못하는 결과를 낳게 될 위험이 있다. 따라서 온라인 협동의 인센티브 구조를 파악하려면 연구자의 관점을 가장 잘 드러내 줄 수 있는 틀을 선택하는 것이 필요하다.

우리는 벤클러(Benkler, 2002)가 제시한 금전적인 보상(monetary rewards), 행위 자체의 내재적 · 유희적 동기(intrinsic hedonic rewards), 그리고 사회 심리적인 보상(social-psychological rewards)이라는 세 가지의 종류의 동기를 중심으로 주요 개념을 정리하고자 한다. 우리는 그의 세 가지 구분을 활용하여 동기의 결합형태에 따른 온라인 협동의 유형을 구분할 것이다.

6.2.1 금전적 보상

행위의 동기를 설명하기 위한 출발점이자 일종의 귀무가설(null hypothesis)로 삼을 수 있는 것은 금전적 보상에 반응하는 경제적 인간(homo economicus) 가설이다. 이익을 창출하기 위한 공간으로서 온라인을 활용하는 사람이 경제적 인간형이다. 소비자들이 모여 온라인에서 공동구매를 하거나 자신을 포함한 소집단이 필요로 하는 지식을 자발적으로 생산해 내는 것과 같은 협동을 예로 들 수 있다. 기존의 시장 행위와 마찬가지로 자신의 투자(cost)에 대해 이익을 기대할 수 있기 때문에 협동에 참가한다는 것이다.

온라인 협동을 통해 생산되는 지식정보재의 특징은 금전적 동기에 반응하기에 더욱 유리한 구조를 만들었다. 앞서 살펴본 바와 같이 지식재와 정보재는 그 효용이 각 개인에게 개별적으로 체화되는 경험재로서, 나와 타인의 소비가 비경쟁적이고 나아가 반경쟁적(anti-rival)일 수도 있다. 또한 재화의 가치가 다른 사용자로 인해 소모되지 않을뿐더러, 한계생산비용이 매우 낮기 때문에 지식재와 정보재의 확산은 더욱 급속히 이루어지게 되었고, 그 과정에서 협동에 참여하지 않은 사람은 생산된 정보재를 소비하지 못하도록 하는 배제가 불가능해졌다. 더욱이 온라인 환경은 생산의 단위를 이질적인 덩어리들로 잘게 나누어 놓음으로써 참여의 저변 확대를 가능하게 하였다. 지식 정보재의 생산에 기여하는 질적 측면과 양적 측면 모두에서 각 개인이 투자해야 하는 최소 수준의 자원이 현저히 작아지게 되었고, 때문에 협동에 참여할 수 있는 문지방을 낮출 수 있다.

게다가 이러한 금전적 이익에 시점을 도입하여 보면, 오프라인의 생산과 두드러진 차이를 발견할 수 있다. 온라인에서는 즉각적인 보상(immediate payoff)뿐만 아니라, 미래적 보상(delayed payoff)을 기대할 수 있다(Lerner and Tirole, 2002). 즉각적인 보상은 당장의 사용가치(benefit)와 시간에 대한 기회비용(opportunity cost)을 통해 계산되는 것이고, 미래적 보상은 현재의 기여가 일종의 신호(signaling) 효과를 발생하여 차후에 획득하게 되는 명성(reputation)과 직업 기회(job offer) 등으로 계산된다(Lerner and Tirole, 2002). 네트워크의 정보 전달력 때문에 명성은 공간적·시간적 제한에 구애받지 않고 멀리 그리고 빠르게 퍼져나간다. 더욱이, 온라인에서는 행위와 기대이익 간의 관계가 느슨하다. 오프라인 경제에서는 비용과 그것이 가져다 주는 혜택 사이에 시차가 존재한다는 것 자체가 불확실성(uncertainty)을 의미하기 때문에 나의 행위와 내가 돌려받게 될 기대이익의 시점이 멀어지면 멀어질수록 미래의 효용은 현재가치로 할인(discount)되고, 따라서 참여동기는 약해진다. 그러나 온라인에서는 물질적이고 경제적인 보상을 기대하면서 어떠한 행위를 한다 하더라도, 특정인으로부터 특정 시간에 얼마만큼의 보상을 받아야 한다는 명확한 교환을 전제로 하지 않는다.

이러한 맥락에서, 콜록(Kollock)이 온라인 경제에서 협동이 일어나게 되는 세 가지 동기 중 하나로 꼽는 "예기된 상호성(anticipated reciprocity)" 역시 미래지향적 금전적 이익과 유사한 것으로 볼 수 있다. 예기된 상호성이란, 사람들은 나중에 유용한 도움과 정보를 보답으로 받게 될 것이라는 기대이다. 이 때문에 집단에게 중요한 정보를 기여한다는 것이다(Kollock, 1999). 이러한 기여 행위는 네트워크에 연결된 사람들 사이에서 신용을 만들어 낸다. 신용은 직접적으로 주고받는 상호 보답(dyadic exchange)이 아닌 일반화된 교환(generalized exchange)[1]을 가능하게 한다. 일대일의 특정적 관계에서 비롯되는 호혜를 기대하고 교환이 이루어지는 것이 아니라, 나와 집단(혹은 공동체)의 관계가 기준이 된다. 온라인 경제에서 일반화된 교환의 원칙과 규범이 적용될 수 있다는 것은 참가자들의 동기가 단기적이고 물질적인 경제적 요소만으로는 설명될 수 없음을 의미한다. 일반화된 교환은 평등과 사회적 규범, 그리고 도덕적 의무감 등과 결합되는 상황에서 가능한 것이기 때문이다. 다른 모든 조건이 같다면 사람들이 공공재를 만드는 데 기여할 가능성은 개인이 장래에 서로 상호작용하는 빈도가 높고, 개인의 집단 소속의식이 지속되며, 과거 행위를 추적할 수 있는 방법이 존재하고, 집단의 경계가 명확한 때에 더 높아진다.

1) 일반화된 교환(generalized exchange)은 이자교환(dyadic exchange)과 대비되는 교환관계이다. A가 B에게 베푸는 것은 B로부터 돌려받을 것을 기대하는 것이 이자교환의 특징이라면, 일반화된 교환은 A가 B에게 베풀면서 B가 아니라 집단의 제3자로부터 혜택이 돌아올 것을 기대하고, 또 실제로 그러한 기대가 이루어지는 경우에 성립한다. 예를 들어, 동창생의 부탁을 들어주는 이유는 그 동창생으로부터 혜택을 돌려받을 것을 기대하기 때문이기도 하지만, 사실은 자신이 동창 집단의 의무를 수행하는 충실한 구성원이라는 것을 알리고, 그럼으로써 막연한 미래에 자신이 제3자에게 부탁할 수 있다고 기대하기 때문이다(김용학, 2004).

6.2.2 사회심리적 보상

경제적 모델이 주로 이자간의 교환(dyadic exchange)을 상정하는 반면, 사회적 모델은 상징적 가치에 기반하여 교환이 일어나는 것으로 본다(Ekeh, 1974). 베버의 표현대로 인간은 자신이 짜낸 상징이라는 거미줄에 대롱대롱 매달려 있는 존재이다(Weber, 1949). 사회적 공간으로서 온라인 네트워크는 경제적 동기가 없거나, 명시적이지 않은 경우에도 평판이나 효능감, 도덕적 책임과 같은 가치를 통해 협동을 이루어내는 것이 가능하다는 사실을 보여준다.

2장에서 살펴본 바와 같이 통신수단으로서 네트워크는 단순히 기술적 차원을 넘어, 각종 동창회 커뮤니티와 블로그, 미니홈피 등을 통해 사회적 연결망을 만들어 냈다. 모글렌(Moglen)이 페러데이의 전자기 유도의 법칙(Faraday's Induction Law)에 빗대어 이야기하듯이(Benkler, 2002: 각주 21),[2] 사람과 사람을 잇는 연결망에서 무엇인가를 생산해 내고 그것을 공유하는 것은 자연스러운 현상이다. 같은 맥락에서 웰만은 컴퓨터 네트워크는 곧 사회적 네트워크의 의미를 갖는다고 주장하며(Wellman, 2001; Wellman and Gulia, 1997), 라인골드는 가상 커뮤니티를 "사이버 공간에서 인간적인 관계망을 만들어 내기에 충분한 감성이 있고, 충분한 수의 사람들에 의해서 충분한 길이의 공공 토론이 이루어질 때 생겨나는 사회적 집단"이라고 정의한다(Rheingold, 1993: 5).

개인용 컴퓨터가 네트워크로 연결되자, 사교, 지원, 소속감, 사회적 정체성을 제공하는 사람들 사이의 사회적 네트워크가 곧 공동체성을 형성하게 된 것이다(Rheingold, 2003a; Wellman and Guilia, 1997). 널리 알려진 매슬로우(Maslow)의 욕구 피라미드(hierarchy of needs)에서도 확인할 수 있듯이, 인간은 생리적 욕구 및 안전에 대한 욕구를 충족시키고 나면 애정과 소속감, 자긍심, 그리고 자아실현과 같은 사회적이고 관계적

2) 지구상의 모든 사람들에게 인터넷을 감아놓고 지구를 돌리면 네트워크 안에 소프트웨어가 흐른다. 이것이 자신과 남의 즐거움을 위해서 창조하는, 또는 너무 큰 외로움을 극복하기 위해서 창조하는 연결된 인간 지성의 창발적인 속성이다.

차원에서의 욕구를 실현하고자 한다. 같은 맥락에서, 기술적 네트워크에 사회적 가치가 부여되면서, 다른 사람이나 사회에 영향을 미치고자 하는 자기효능감(self-efficacy)이나 전체 커뮤니티에 기여하고자 하는 도덕적 의무감(moral obligation), 그리고 남들로부터 인지(recognition)를 받고 좋은 평판(reputation)을 누리고 싶은 욕구가 자연스레 생기는 것이다. 그 결과 커뮤니티 차원에서는 신뢰에 기반한 행동이 발생하고, 이에 어긋나는 행위를 제한할 수 있는 사회적 제재(sanction)가 가능해져서 한층 더 규범적 행동을 유도하게 된다.

이러한 맥락에서 벤클러는 온라인 협동의 두 번째 중요한 동기로서 사회심리적 보상(social-psychological reward)을 든다. 가장 대표적인 것은 행위를 통해 개인이 얻게 되는 평판이다. 앞서 여러 차례 밝혔듯, 온라인은 단순한 기술적 연결망이 아니라 사람과 사람을 연결하는 사회적 공동체이며, 또한 기록이 남기 쉽고 하나의 사건이 널리 전파될 수 있는 좁은 세상의 구조를 가진다. 이러한 환경적 조건과 맞물려, 평판(reputation)이라는 사회적 요소가 중요한 영향력을 발휘하게 된 것이다. 개인은 기여를 통해 온라인 공동체 속에서 일종의 위세(prestige)를 획득하게 된다. 온라인상에서 유용한 정보나 지식, 혹은 글과 음악과 같은 재화를 습득하게 되었을 때 게시한 사람에 대해 감사의 답글을 남기는 것이 위세 획득의 예다. 실제로 온라인에서는 원게시자가 방문자에게 흔적을 남겨 줄 것을 명시적으로 부탁하기도 하며, 또 그러한 타인의 인정(acknowledgement)이 계속적으로 게시를 하도록 하는 원동력이 되는 사례를 어렵지 않게 확인할 수 있다. 이 때문에 많은 학자들이 평판을 온라인 협동 경제의 가장 핵심적인 동기로 생각한다(Ghosh, 1998; Raymond, 1998a; Rheingold, 2000). 앞서 언급된 예기된 상호성(anticipated reciprocity)이 기여와 기여의 상호적 교환이라면, 평판은 기여와 위세가 맞바꾸어지는 것을 의미한다. 교환관계에서 그 혜택이 비대칭적일 때, 권력과 위세가 존재하게 되고 온라인에서는 이것이 평판의 형태로 드러난다.

고쉬(Ghosh)는 온라인 시장은 화폐 대신 평판이 비대칭적으로 거래되는 암묵적 교환경제(implicit barter economy with asymmetric transaction)라고 표현하기도 한다(Ghosh, 1998). 이를 기준으로 보면, 개인이 기여한 바가 많을수록, 그리고 그 사람의 기여에 대한 인정이 널리 확산될수록 개인의 집단에 대한 기여도가 높아질 것으로 예상할 수 있다. 물질적 호혜 없이도 자신이 습득하게 되는 사회적 평판을 기대하여 선뜻 비용을 지불하는 행위는, 경제인류학의 영역에서 주도적으로 연구되어 왔다(Sahlins, 1963). 소위 빅맨(big man)이라고 하는 보스는 자신의 명망으로서 지위를 유지하는데, 이 명망을 얻기 위하여 그는 많은 자원을 투입한다는 것이다.

명망이나 평판을 얻기 위한 수단은 공동체 안에서 남을 위해 헌신하거나 선물을 수여하는 것이다. 선물 행위는 자신의 지위와 평판을 알리는 신호(signal)가 되는 것이다. 순수한 의미의 선물은 미래에 선물을 되돌려 받기를 원하는 상호성에 의지하지 않는다(Stirrat and Henkel, 1997: Hemetsberger, 2002: 10에서 재인용). 상대의 호혜적 베풂을 기대하지 않고도 순수한 선물 문화가 나타날 수 있는 것은 상품의 사회적 가치가 타인에게 주어질 때 드러나기 때문이다(Mauss, 1969[1935]). 순수한 선물은 평판으로 되돌아오는 것이다.

행위에 대한 효능감(efficacy) 역시 온라인 협동을 설명하는 중요한 동기 중 하나이다(Kollock, 1999b). 효능감은 자신이 환경에 대하여 어떤 영향을 미쳤다는 사회심리학적 인식이다. 사람들이 자신의 행위에 의해서 집단이 변화했다고 관찰할수록, 그리고 집단의 규모와 청중이 증가하여 개인 행위의 잠재적 영향력이 커질수록 집단에 기여하려는 동기는 커진다(Kollock, 1999a). 평판과 효능감은 타인과의 관계라는 사회적 차원에서 정의되지만 한편으로 이것은 각 개인에게 돌아가는 심리적인 만족감이다. 네트워크 사회의 기술적 발전은 이러한 효능감이 증폭되는 데 유리한 구조를 가진다. 다대다(many-to-many) 통신이 가능해지고 행동의 단위가 개인의 단순합으로서의 집단이 아니라 내부의 수많은 연결을 가지는 "네트워크"가 되면서 그것이 가지는 효용의 크기가 기하급수적으로 확장되었기 때문이다. 메트칼프(Metcalfe)의 법칙에 의하면, 접속점의 개수(N)가 산술적으로 늘어날 때 접속점 사이의 가능한 연결의 수는 근사적으로 N^2에 비례하여 증가한다. 간단히 말하면, 팩스처럼 서로 간에 연결되는 재화의 효용은 그것에 대한 잠재적 사용자의 수의 제곱에 비례한다는 뜻이다. 따라서 네트워크상에서 참여자가 증가함에 따라 그들이 상호 참조와 생산을 통해 발생할 수 있는 혜택은 수확체증(Increasing Return to Scale)의 형태를 띠게 되는 것이다. 이는 효용에서의 네트워크 외부성(network externality)이라 부를 수 있다. 인터넷 공간에 생성된 하나의 정보재는 '가진 자가 더 갖는' 수확체증의 법칙에 힘입어 손쉽게 퍼질 수 있게 된 결과 정보재를 생산한 사람의 효능감도 기하급수적으로 증가한다.

도덕적 의무감도 낮은 거래비용을 특징으로 하는 온라인 협동을 고취시키는 요인이다. 집단이 그 결과물을 얼마나 필요로 하는가, 집단의 선(善)이 개인의 가치와 얼마나 부합하는가 하는 문제 역시 규범적이고 사회적 차원의 유인이 될 수 있다. 예컨대 동해를 일본해로 표기한 외국사이트에 한국의 네티즌들이 몰려가서 집단 항의를 하는 것은 그 행위로 인해 자신들이 실제로 영향을 미칠 수 있을 뿐만 아니라 대한민국 국민으로서 마땅히 해야 할 의무이기 때문이라는 동기가 있기 때문이다. 마찬가지로, 미선이와 효순이의 참사를 기리기 위해 네티즌들이 온라인상에서 검은 리본을 달기로 한 행위는 개인에게 물질적 보상이나 평판을 가져다주지는 않지만 참사에 대한 집단적 애도를 통해 같은 공동체를 살아가는 개인으로서 마땅히 참가해야 할 도덕적 소임을 하는 것으로 생각하기 때문이다. 물론 이러한 행위의 거래비용을 낮춘 기술환경의 변화 때문에 온라인에서 협동적 행위가 빈번해졌음은 아무리 강조해도 지나침이 없다. 이상의 여러 가지 사회심리학적 요인은 때로 지루하고 반복적인 일조차도 온라인 협동을 통해 달성될 수 있는 기반을 제공한다.

라인골드(Rheingold, 1993)가 웰(WELL)에서 일어나는 상호작용을 선물 경제(gift economy)라고 표현하였듯이, 온라인 선물 경제(gift economy)에서는 이러한 단계적 접근이 더 이상 유효하지 않다. 다시 강조하지만, 이제 온라인에서 일어나는 협동행위는 단순히 물질적인 효용 구조만으로는 설명할 수 없고, 규범적 · 사회적 가치를 그 자체에 포함하여 설명해야 한다. 우리가 오늘날 목도하듯이, 오픈 소스(open source) 프로그램 개발에 수많은 시간을 들이고, 일 년에 수백 건씩 위키피디아에 게시글을 작성하는 사람들의 행위는 경제적 동기가 충족된 상태에서 발생하는 것이라고는 설명할 수 없기 때문이다. 온라인상에서 공공재의 생산함수는 개인의 "이기성과 이타성의 결합"(Rheingold, 2000)을 통해 나타나게 된 것이다(Hemetsberger, 2002; Raymond, 1998b; Rheingold, 2000).

나아가 온라인상에서의 경제적 동기와는 별개로, 심지어는 역의 관계로(Benkler, 2002) 협동이 일어나는 공간이기도 하다. 경제적 유인을 통해 참가를 이끌어내는 것이 아니라, 오히려 경제적인 동기가 부재한 상태에서 다른 차원의 동기가 한층 고조되어 더욱 많은 사람들이 참가하게 되는 것이다. 이러한 사례는 일상생활에서도 종종 발견할 수 있다. 남녀 간 애정 표현이 돈을 매개하여 표현되는 순간 그 의미가 변질되고, 금전적 보상에 의해 자원봉사활동 참가가 결정되면 봉사의 순수성이 퇴색되는 것이다. 마치 '사랑'이나 '자원봉사'와 같이 비경제적 동기가 금전적 보상과 오히려 배치되면서까지 행위자에게 적극적으로 작용하여 집단적 협동을 이루어 내는 사례를 발견할 수 있게 되었다는 점에서 온라인 협동의 새로운 가능성을 본다.

6.2.3 유희적 보상

헤겔(Hegel)은 주인-노예 변증법에서 주인은 노예를 신체를 통제하는 위치에 있지만 동시에 그로부터 인정받음으로써 비로소 존재하게 되는 모순에 놓인다고 표현한 바 있다(Fukuyama, 1999). 이는 타인으로부터 인정을 받고, 타인에게 영향력을 끼치고자 하는 것이 인간의 가장 원초적인 욕구임을 보여주는 것이기도 하다. 그렇다면 타인에게 영향을 미치지 못하는 나의 행위는 무의미한 것일까? 리눅스 프로그램의 개발자들은 단지 남에게 인정을 받고, 영향을 미치기 위해서 하기 싫은 작업을 하고 있는 것일까? 이를 설명할 수 있는 것이 행위 그 자체가 가지는 오락적 성격이다. 자신이 만든 프로그램의 에러를 수정하여 마침내 성공적으로 결과를 얻게 되었을 때의 쾌감은 경험해 본 사람은 누구나 수긍할 정도의 큰 기쁨이다. 빈턴 서프(Vinton Cerf)는 프로그래밍에는 마술처럼 사람을 빠져들게 하는 무언가가 존재한다고 말한다(Himanen, Torvalds and Castells, 2002에서 재인용). 토발즈는 "컴퓨터가 가지는 본연의 재미"에 빠져 22살의 나이에 리눅스를 만들 수 있었다고 말하고, 버너스-리(Berners-Lee)가 웹의 창조는 유희적 성격에서 비롯되었다고 증언하는 것도 같은 의미이다(Himanen, Torvalds and Castells, 2002). 토발즈는 초기 해커의 정신을 '생존', '사회적 삶', 그리고 '오락'의 세 가지 범주로 나누고, 하나의 범주에서 다른 범주로의 이동은 '단계'를 거치는 발전이라고 보았다(Himanen, Torvalds and Castells, 2002). 오락, 즉 일의 즐거움이 최종단계에 해당한다. 벤클러는 이를 내재적·유희적 보상(intrinsic hedonic reward)이라고 명명한다(Benkler, 2002).

실제로, 온라인 경제에서 생산되는 특정 재화는 칙센트미하이(Csikszentmihalyi, 1997)가 말하는 '몰입의 즐거움'을 가져다 준다. 그에 따르면, 일반적으로 사람들은 수동적으로 소비할 때보다 도전적인 일에 능동적으로 몰입해 있을 때 더욱 즐거움을 느낀다고 한다. 아이팟(I-pod)을 해킹하여 배경 화면(스킨)과 글자체를 바꾸어 넣을 새로운 디자인을 고안하여 온라인에서 공유하는 경우를 생각해 보자. 그 작업이 대중적인 평판을 가져다주거나 많은 사람에게 영향을 주는 것도 아니며, 도덕적 당위와 관련되는 것은 더더욱 아닐지라도 계속해서 작업이 이루어지고 누적되어 가는 이유는 그 일 자체가 재미있기 때문이다. 리눅스와 같은 프로그래밍이나 외국 영화에 자막을 달아 올리는 것과 같은 행위도 상당부분 '재미'에서 기인한다. 이처럼 온라인에서는 자신이 원하는 것을 만들고 창의력을 발휘할 수 있는 기회가 확장되었고, 따라서 행위 자체에 내재한 유희적 요소는 개인의 참여를 북돋우는 또 하나의 요소가 된다.

6.3 생산함수의 재편

이와 같이 네트워크상에서 일어난 각종 변화는 개인이 비용과 자신에게 돌아올 혜택을 고려하면서 협동에 참여할 것인지를 결정짓는 생산함수[3](production function) 자체를 변화시켰다(Kollock, 1999). 인터넷에 기반한 기술환경은, 공공재 자체를 누구나 적은 노력을 들여서 손쉽게 만들어 낼 수 있는 성질의 것으로 바꾸어 놓았고, 그것의 생산 및 조정에 소요되는 비용을 획기적으로 낮추었다. 또한 좁은 세상(small world)의 메커니즘을 통하여 한 개인이 타인에게 미칠 수 있는 사회적 파급효과가 커지고 신속해졌을 뿐만 아니라 명성의 중요성이 급증하게 되었다. 그 결과 개인이 공공재의 생산에 관여하는 상황 자체를 죄수의 딜레마 게임이나 조정게임의 상황과는 구조적으로 다른 새로운 유인구조를 갖도록 전환시킨 것이다.

6.4 협동의 유형화

이 장의 첫 번째 절에서는 네트워크 사회의 기술적 환경이라는 구조적 변화 속에서 온라인 협동을 통해 만들어지는 재화의 특징을 살펴보았다. 이어서 두 번째 절에서는 벤클러가 제시한 금전적 보상, 사회심리적 보상 그리고 내재적 · 유희적 보상이라는 세 가지 요소를 사용하여 온라인 협동의 동기가 어떻게 나타나는지를 살펴보았다. 이제 우리는 협동의

3) 여기서 생산함수란 공공재의 생산에 투여되는 집단 구성원의 비율과 그 결과로 생산되는 공공재의 비율 간의 관계를 지칭하며, 엄격한 의미로 생산함수는 참여하는 사람의 수가 아닌 투여되는 자원의 양에 관한 것이다(Kollock, Peter, 1999, "The Economies of Online Cooperation: Gifts and Public Goods in Cyberspace." in Communities in Cyberspace, edited by Marc A. Smith and Peter Kollock, London: Routledge.).

산물로 생산되는 재화의 특징뿐만 아니라, 그 재화를 생산하는 개인의 동기를 각각 유형화할 것이다. 이러한 유형화 작업은 온라인 협동이 일어나는 다양한 사례들을 분류할 수 있게 해 줄 뿐만 아니라, 시간이 흐름에 따라 어떠한 온라인 협동이 대세로 나타나는지, 그 추세를 파악할 수 있게 해 주는 유용성이 있을 것이다.

5장에서 소개한 엘스터의 유형화에서 보았듯, 협동을 통해 얻는 산물은 동일하지 않기 때문에 각각의 행위에 참여하는 행위자의 동기도 다르게 나타날 수밖에 없다. 태안반도의 기름 제거 작업에 나선 사람들의 동기와 인근 건축물의 건립을 반대하기 위해 나선 지역 주민들의 동기는 다를 것이며, 위키피디아에 글을 작성하는 사람의 동기와 네이버 지식인에 답글을 다는 사람의 동기 역시 상이할 것이다.[4] 온라인 공간의 협동에서 참가자들의 동기가 실제로 어떻게 구성되는가는 각각의 행위가 만들어 내는 결과물의 성격에 의존하기 때문이다.

요약하자면, 협동에 참가하는 개인이 갖는 동기는 개인의 문제이기도 하지만 그에 앞서 협동이 이루어지는 장(場)의 특성에 따라 동기는 각기 다른 형태로 구성된다. 따라서 '실제로 온라인 생산을 이루어 내는 동인(動因)'으로서의 참가자의 동기는 협동이 만들어 내는 결과물의 특성과 함께 논의되어야 한다.

6.4.1 결과물에 따른 유형화

협동은 목적지향적 행위이기에 그 결과물의 성격에 의해 일차적으로 정의된다. 그러므로 온라인상에서 협동을 통해 얻는 "결과"를 유형화해

4) 물론 특정한 한 가지 협동에 참가하는 개인들도 각기 다른 참가 동기를 가질 수 있다. 리눅스 프로그램의 개발 작업에 참여하면서 그 행위 자체에서 즐거움을 찾는 개인이 있는 반면, 그로 인해 자신의 명성이 쌓이는 것을 보며 즐거움을 느끼는 사람도 있을 것이다. 물론 대부분의 프로그래머들은 두 가지 측면을 모두 가지겠지만, 각 개인에게 어떠한 동기가 얼마만큼의 영향력을 가지고 있는지는 개별적이고 상이한 일일 것이다. 그러나 개인이 가지는 동기는 여전히 구조적인 제한을 받는다. 마치 개별 사례는 그 어떤 값을 자유롭게 가진다고 해도 그것의 합인 전체 사례는 평균과 분산으로 요약되는 정규분포의 모양을 그리게 되는 것과 같다.

표 6-1 협동의 결과물의 특징에 따른 협동의 유형화

		예상되는 수혜자(beneficiary)의 범위	
		보편적	특정적
협동의 외부효과	높음	적극적 협동 Wikipedia	한정적(parochial) 협동 goHackers
	낮음	의도하지 않은 협업 Amazon, E-bay	시장 대안적 협업 innocentive.com

보는 것은 타당한 출발점이 될 것이다. 여기서는 〈표 6-1〉에서처럼 "행위의 외부성"과 "예상되는 수혜자의 범위"라는 두 가지 축을 통하여 협동을 네 가지 (2*2) 유형으로 구분하였다. 이는 어디까지나 분석을 위한 이상형(ideal type)으로서의 구분일 뿐이며, 실제 현상은 낮음과 높음, 혹은 특정성과 보편성 사이의 연속선상에 존재할 것이다. 이제 각각에 대해 보다 자세히 살펴보자.

먼저, 예상되는 수혜자의 범위(bona fide: who benefits: Etzioni, 1975)란 협동의 혜택이 얼마나 특정적인(specific) 사람(혹은 집단)에 속하는가를 구분하는 기준이다. 예컨대 내가 온라인상에서 지식 생산에 참여할 때, 이것을 누가 사용할지 전혀 예상하지 못하고 불특정 다수를 향해 글을 쓰는 경우와 특정 집단을 위해 작성하는 경우가 있을 것이다. 때에 따라서는 특정한 한 사람을 상대로 글을 쓰는 경우도 있을 것이다. 이는 공공재의 특징인 배제성과는 다른 개념으로서 예상 수혜자의 범위가 얼마나 특정집단에게 닫혀 있는가를 의미한다. 수혜 집단의 경계가 불명확할수록 호혜(reciprocity)를 확신하기 어려우며, 평판이나 사회적 규범이 협동의 동기로 작용할 확률이 낮을 것이라고 예상할 수 있다.

한편, 행위의 외부효과란 협동의 결과가 직접적인 참가자 이외의 사람에게 미치는 파급효과를 의미한다. 이러한 외부성은 온라인이라는 공간이 가져온 새로운 가능성이다. 온라인 공간에서는 잘 연결된 네트워크 덕택에 협동의 결과물 자체가 높은 외부성을 지님으로써 결과물의 효용이 수확체증(increasing return to scale)의 효과를 가지도록 하기 때문이다. 예를 들어, 팩스의 가치는 네트워크에 얼마나 많은 팩스가 연결되어 있는가에 달려 있다. 일반적으로 정보재의 특징은 연결망 외부성이 무척 큰 재화이다. 위키피디아의 글은 글을 쓴 사람들에게만 유용한 것이 아니라, '언제든지 필요한 것을 찾아서 열람할 수 있는' 것으로서 인터넷에 연결된 수많은 사람들에게 훨씬 더 큰 효용을 가져다 준다.

그런데 사실상 그 어떤 것도 외부성 없이 완벽하게 개인 행위 수준으로 환원된다고 보기는 힘들다. 극히 개별적이고 이자적으로(dyadic) 생산되고 사용되는 지식이라 하더라도 그 행위의 사회적 파급효과는 언제나 영(零)이 아니기 때문에 외부효과는 높음과 낮음으로 이분하는 것이 옳다. 가령 내가 나의 사적인 공간인 집안의 벽을 돼지 피로 도배하는 행위도 친구가 방문하는 순간 외부효과를 갖는다.

이상의 두 축을 적용하여 보면 〈표 6-1〉과 같이 협동을 네 가지 유형으로 구분할 수 있다. 먼저 외부성을 통해 협동의 결과물이 불특정 다수에게 혜택을 주는 경우 이를 적극적 협동(active cooperation)으로 정의하고자 하며, 그 예로 위키피디아를 들 수 있다. 이것이 네트워크 사회에서 증가하는 온라인 협동 중에서 가장 이상적인 가치창출의 협동이다. 한편, 우리는 협동의 결과가 보다 특정적 수혜자에게 영향을 미치는 경우는, 종래 집합행동의 논의에서 상정한 상황으로서, 이를 한정적(parochial) 협동이라고 명명한다. 이는 집단의 경계가 비교적 명확하여 그 속에서 평판, 공동체적 규범 및 가치가 존재하는 경우를 말하며, 한 예로서 온라인에서 토플 같은 어학 시험이나 유학시험 관련 정보를 같은 상황에 처한 커뮤니티 멤버들끼리 공유하는 한국의 해커스(goHackers.com) 사이트를 들 수 있다.

외부효과가 낮은 경우는 온라인 환경이 협동의 결과를 얻기 위한 필수불가결한 조건은 아니라는 점을 의미한다. 낮은 외부효과와 수혜자가 보편적인 경우로는 아마존(Amazon)이나 이베이(E-bay)와 같이 불특정 다대다의 거래가 이루어지는 시장 공간을 생각할 수 있을 것이다. 물론 각 행위자는 의도하지 않았지만, 그들의 행위의 누적적인 결과를 활용한 협력 여과(collaborative filtering)에 의해 외부효과를 만들어 낼 수는 있다. "협력 여과"는 수많은 사람들이 만들어 낸(collaboration) 데이터를 누적시킨 후, 이 자료로부터 특정한 패턴을 찾아내거나(filtering) 예측하는 것이라고 이해할 수 있다. 그러나 이 경우의 외부효과는 행위 자체에서 발생한 것이 아니라, 사후적으로 가공된 것이라고 볼 수 있다. 즉, 이 경우의 협동은 "의도하지 않은 협동"이라고 분류할 수 있다.

낮은 외부효과와 특정적인 수혜자가 있는 경우로는 한 기업이 가진 기술과 그에 대한 답을 가진 사람을 1 : 1로 연결시켜주는 이노센티브(innocentive.com)와 같은 사이트가 전형적인 예가 될 것이다. 이 사이트의 역할은 특정한 문제에 대한 수요자와 공급자를 정확히 찾아내는 것인데, 기업은 자신의 기술적 문제를 웹에 공개하여 문제를 풀어줄 사람을 찾고, 전문가 혹은 문제의 답을 아는 일반인들은 기업의 문제를 해결해 줌으로써 금전적인 보상을 받는다. 기업은 싼값에 문제를 해결하고, 해결사는 돈을 벌게 되니, 이는 시장에서의 교환에 다름이 아니다. 따라서 이러한 협동을 시장 대안적(market-alternative) 협동으로 개념화하였다.

6.4.2 동기에 따른 유형화

온라인 협동으로 만들어지는 다양한 형태의 결과물을 유형화하듯이, 협동이라는 행위에 직접 참가하는 행위자의 동기를 통해 협동을 유형별로 나누어 볼 수 있다. 이러한 유형화를 이용하여 인터넷에서 일어나고 있는 협동현상들이 주로 어떤 동기에 의해서 발생하며, 또 시간이 지남에 따라서 어떤 동기가 주된 협동의 동인으로 작용하는지 등을 분석할 수 있을 것이다. 우리는 앞서 밝힌 바와 같이, 벤클러(Benkler, 2002)의 틀을 차용하여 행위자의 동기를 금전적 보상, 내재적 · 유희적 보상, 그리고 사회심리적 보상으로 나눈다. 이 세 가지는 하나의 협동행위가 일어나기 위해 빠짐없이 갖추어야 할 필수적 요소라기보다는 구별 가능한 세 가지 범주이고, 구체적인 협동의 경우에 이들 동기가 조합된 형태로 작용한다는 점에 착안한다. 행위자에게 각각의 동기의 존재여부를 존재(○)와 부재(×)

로 이분화(dichotomize)하여 단순화한 뒤 결합 유형을 구분하면 총 8가지(2^3) 유형이 생겨난다. 그러나 어느 차원의 동기도 존재하지 않는 경우(8번)에는 협동이 발생할 수 없기 때문에 실제로는 7가지의 유형이 가능하다.

물론 어느 하나의 동기가 행위 전체를 설명하는 것이 아님은 말할 필요도 없지만, 금전적 보상이 존재하는 경우라면 그것은 다른 동기를 차치하고라도 한 개인의 행위를 이끌어내는 충분조건이다. 그리고 협동이라는 행위 자체가 참가자에게 즐거움을 선사하는 것이라면, 이는 다른 차원의 유인과 상호작용하여 참가의 문턱을 낮추거나 그 수준을 가속시키는 역할을 한다. 한편, 사회심리학적 보상은 그 자체로서 협동을 만드는 필요조건이 된다. 벤클러의 구분에서 사회심리학적 보상은 평판, 자기 효능감과 같이 사회적 차원에서 구성되는 개인적 효용에서부터 공동체 수준에서 구성되는 도덕적 규범 및 책임감에 이르기까지 다양한 범주의 동기를 포함한다. 이러한 사회심리학적 보상이 전혀 존재하지 않는다는 것은 집합적 행동 및 공동의 목표가 개인의 차원에서 전혀 공유되지 못한다는 의미이고, 그렇다면 온라인 협동의 결과는 대부분 개인 행위의 부산물

표 6-2 협동의 참가 동기가 지니는 특징에 따른 협동의 유형화

차 원	금전적 보상	내재적 · 유희적 보상	사회심리적 보상
유형 1	○	○	○
유형 2	○	○	×
유형 3	○	×	○
유형 4	×	○	○
유형 5	○	×	×
유형 6	×	○	×
유형 7	×	×	○
유형 8	×	×	×

(by-product)로 나타난 경우일 것이다. 따라서 단순히 금전적 동기 혹은 과정적 효용만으로 발생한 결과는 의도되지 않은 결과이거나 시장(market)의 확장으로서, 엄밀하게는 협동보다는 협업으로 보는 것이 타당하다.

이제 남은 일은 협동이 생산하는 결과의 유형과 협동에 참가하는 동기의 유형을 서로 연결시키는 작업이다. 물론 여러 종류의 동기가 혼재하겠지만, 우리는 각각의 협동의 유형에서 이상형적이며, 지배적인 동기가 무엇일지를 추론하려고 한다. 먼저, '한정적 협동'이 가지는 가장 큰 특징은 수혜자 집단의 경계를 강하게 인식한다는 점이다. 협동의 산물의 혜택을 받는 수혜자의 범위를 인식할 경우, 기여와 기여의 교환, 기여 대 평판의 교환이 쉽게 발생하며, 또한 규범적 기여와 같은 공동체적 동기를 유발하게 된다. 따라서 이러한 유형의 협동에서 지배적으로 나타나는 참가동기는 사회심리적 보상, 즉 유형 7이 나타날 것이다.

불특정 다수에게 혜택을 제공하는 '적극적 협동'의 경우는 행위 그 자체에 내재적 흥미를 지니고, 공동체에 대해서 기여했다는 사회심리적 보상이 뒤따를 경우에 발생한다. 따라서 유형 4의 비금전적이고 오락적인 동기가 지배적일 것으로 예상된다. 한편, 협동의 외부성이 낮은 '시장대안적 협업'과 '의도되지 않은 결과로서의 협업' 모두에서 개인 행위자들이 서로 긴밀하게 연결되어 있지 않기 때문에 공동체 및 사회적·집단적 차원에서 발생하는 동기가 작용할 수 있는 여지가 적다. 이를 상쇄하기 위해서는 최소한의 물질적 보상이 전제되어야 한다. '시장 대안적 협업'은 오프라인 시장에서 발생하는 1 : 1의 거래관계를 온라인에서 활용하는 것이므로, 기업과 기술 문제를 풀어주는 발명가(pop technologists)는 금전적인 거래를 하지만, 문제 풀이는 참여자들에게 커다란 즐거움을 준다(유형 2). 한편 '의도되지 않은 협업'은 개인들의 행동의 결과를 누적적으로 모아 놓음으로써 개인들이 목표로 하지 않았던 부가가치를 만들어 낸다. 즉, 의도되지 않은 협업은 오직 사후적으로 자료가 가공됨으로써 부가가치가 만들어지기 때문에, 협업을 하는 당시에는 오직 자신의 물질적인 효용만이 동기로 작용한다(유형 5).

표 6-3 협동의 유형에 따른 지배적 참가 동기

협동의 유형	대표적 산물	지배적 참가 동기
한정적 협동	goHackers.com	유형 7
적극적 협동	Wikipedia	유형 4
시장 대안적 협업	Innocentive.com	유형 2
의도되지 않은 협업	Amazon.com	유형 5

끝으로 2부의 5장과 6장에서 다루어진 중요 논의를 정리해 보자. 우리는 협동의 정의를 살펴보고 협동과 집합행동에 대한 이론적인 문헌을 검토하는 것으로부터 출발했다. 이론 검토에서 살펴보았듯이 기능론자들은 협동은 너무도 당연하게 발생해야 하는 것으로, 공리주의자들은 협동은 자연상태에서 특정한 난관을 극복해야만 발생하는 것으로 정반대의 방향에서 개념화되어 있다. 우리는 협동하는 데 실패하는 수많은 사례를 보아왔기 때문에 협동은 당연한 것이 아니라, 설명해야 할 대상으로 보는 공리주의적 이론이 방법론적으로 우월한 전략이라고 믿는다. 그리고 이 이론에 입각하여 오늘날 맞이한 네트워크 사회에서 봇물처럼 쏟아지는 온라인 협동을 어떤 방식으로 설명할 수 있을지를 살펴보았다.

협동이란, 다수의 자발적인 개인 행위자가 공동의 노력을 통해 단독으로 생산해 낼 수 없는 공동의 목표를 달성하는 것을 의미한다. 협동이라는 개념이 내포하는 의미는 집합행위 혹은 협업의 개념과 상당부분 교집합을 이루고 있기도 하다. 그러나 협동은 참가자가 공유하는 목표, 즉 결과를 통해 정의되는 것이며, 이때 행위자는 집합적 차원에서 타인이 얻게 되는 결과에 대해서도 충분히 인지하고 있다는 점에서 이들 개념과 차별성을 지닌다.

협동이 발생할 수 있는 가능성과 실제로 협동이 이루어진 사례를 소개한 기존의 논의는 크게 세 갈래이다. 공공재의 성격에 주목하는 이론의 갈래에서는 사유화의 방법을 제시하거나 특권집단이 존재하는 예외적 경우를 소개한다. 무임승차의 문제를 해결하려는 이론은 외부적 강제력을 동원하거나 강제력과 규범이 내부화한 제도를 통해 자생적으로 해결이 가능한 사례를 소개한다. 마지막으로, 장기적인 시간을 도입하거나 자연에 의해서 선택되는 단위의 수준을 달리하여(집단선택 혹은 혈연선택) 진화론적으로 협동을 설명하기도 한다. 반복 게임상황에서의 장기적 이익이 현재의 이타적 행위로 나타난다거나, 개체의 희생은 결국 혈족 수준에서 종의 이로움에 기여하는 행위라는 것이다. 그러나 이상의 어떠한 논의도 결국은 한계를 지닐 수밖에 없다. 그 이유가 이론적 완결성의 결여에 있든 혹은 설명 범위의 협소함에 있든 간에 이상의 다양한 논의들이 모두 부분의 성공에만 그친다는 것은 협동을 설명하는 것이 얼마나 힘든 일인가를 잘 보여준다.

그런데 놀랍게도 우리가 네트워크 사회에서 맞이한 것은 '예외적 현상으로서 협동'에 대한 반증 사례들이다. 전 세계 곳곳에 뻗은 인터넷망을 통해 온라인에서는 지금 이 시간에도 수많은 일들이 공동으로 이루어지고 있는 것이다. 따라서 기존의 논의들은 온라인 협동을 설명하는 것에 한계를 노출하게 되었으며, 과연 좁은 의미의 경제학적 모델에서 논의를 출발하는 것이 옳은가 하는 근본적인 의문에 부딪히게 된 것이다. 오늘날 협동의 빈도와 규모면에서 이와 같은 획기적인 변화를 가져온 것이 네트워크의 기술적 발전으로부터 비롯된 것이기 때문에 우리는 온라인 환경이 야기한 변화가 구체적으로 무엇인지부터 짚어보았다.

네트워크상에서 생산되는 협동의 결과물은 지식재와 정보재로서 사용이 비경합적이고 비배제적이라는 점에서 공공재의 특성을 지닌다. 그러나 동시에 네트워크는 생산비용과 조정비용을 낮추었고 일의 단위가 세분화되어 협동에 참여할 수 있는 참가자의 폭을 확대하도록 했다. 이러한 구조적 변화와 더불어, 네트워크는 행위자의 동기 자체를 새롭게 구성하는 데 기여하였다. 더 이상 경제적 보상은 협동이라는 행위를 동원하기 위한 필요조건이 아니며, 온라인상에서의 생산은 개인의 이기심과 이타심의 결합으로서 이루어지게 된 것이다. 물론 이타심은 장기적인 관점에서 본 이기심일 수 있다. 그렇지만, 단기적인 효용을 극대화하려는 행위자들과는 차별되는 행위 동기가 온라인에 작용한다는 점은 확실하다. 온라인에서의 생산은 경제적 동기뿐만 아니라 그 자체에 내재한 유희적 성격과 외재적인 사회심리적 보상의 조합 속에서 다양한 형태로 발생하게 된 것이다.

6장에서는 벤클러의 구분을 기준으로 하여 다양한 동기의 결합형태로 온라인 협동을 유형화한다. 이 장의 마지막에서 우리는 협동의 산물의 성격에 의해서 나눈 온라인 협동의 유형과 개인의 동기의 결합방식에 근거하여 온라인 협동을 분류하는 작업을 했다. 이로써 기존에 '온라인상에서의 협동'이라고 하나로 뭉뚱그려 표현함으로써 드러나지 못했던 협동의 다차원성을 분류해 낸 것이다. 이는 네트워크 기술로부터 비롯된 거대한 역사적 변환 속에서, 기술환경이라는 구조적 변화와 개별 행위자의 동기라는 미시적 변화 사이에 체계적으로 존재하는 연결고리에 대한 탐색이라고 볼 수 있다. 앞으로 실증적인 연구를 통해 이러한 이론적 논의의 적합성 및 유용성을 검증해 보는 것이 남겨진 과제이다.

제 7 장

네트워크 군대의 양면성

정보통신기술의 발전이 가져다 준 변화에는 순기능과 역기능이 혼재되어 있다. 그런데 이같이 견해가 나뉘는 지점은 정보가 무엇인지에 대한 개념 자체의 차이에서 연유하는 경우가 종종 있다(김용학, 1998). 인터넷의 사회적 역할을 긍정적으로 보는 학자들은 '포함적 정보(inclusive information)'에 주목하고, 이를 부정적으로 보는 학자들은 '배타적 정보(exclusive information)'에 초점을 맞춘다. 여기서 우리는 널리 퍼질수록 그 가치가 올라가는 정보를 포함적 정보라고 정의한다. 가령, 광고나 교과서에 실린 지식정보는 여러 사람이 볼수록 정보의 가치가 올라간다. 누구라도 인터넷을 통해 접근이 가능한 정보도 포함적 정보이다. 이러한 정보의 특징은 정보의 사용이 다른 사람의 사용을 배제하지도 방해하지도 않는 공공재화의 성격을 갖는다는 점이다. 이때에는 하나의 정보를 공유함에 거리낌 없고 서로간에 자연스러운 초대가 일어나며, 오락적 가치를 갖는 경우가 많다. 유머, 연예가 정보, 매스미디어를 통해 유포되는 뉴스정보, 공개 게시판에 올라온 정보 등이 여기에 속한다. 반면에 배타적 정보란 "한 사람의 정보의 사용이 다른 사람의 사용에 의해서 손해를 받거나 방해를 받는 정보"를 일컫는다. 이 정보는 대체로 정치적 성격 혹은 독점적 성격을 띠는 정보들로서, 정보사용의 체계적 배제를 통해서 정보의 가치를 올리게 된다. 정보를 독점하는 개인이나 집단은 그 정보를 배타적으로 사용함으로써 가치를 창출하려고 한다. 예를 들면, 특허에 포함된 정보나 주식시장에서의 기업 내부정보(insider's information), 혹은 기술혁신 정보, 국가권력에 도전하는 세력에 대해 수집한 정보, 국가간 첩보에 의해 수집한 정보 등이 여기에 속한다.

미국에서 정보화 사업이 한창 진행될 당시 앨 고어 부통령이 자국의 정보화 정책의 원칙을 논하면서 미국의 "정보고속도로는 가난한 자를 돌아 지나치지 않는다"(the information superhighway does not bypass the poor)라고 천명한 것(Gore, 1994)은 포함적 정보에 대한 '보편적 접근성'을 강조한 것이다. 반면에 비관론자들은 정보가 사적으로 소유되어 다른 사람들의 사용을 체계적으로 배제함으로써 지배를 위해 권력을 증대시키거나 빈부의 격차를 증가시키는 배타적 정보에 초점을 맞춘다. 이러한 입장에서는 인터넷에 무료로 돌아다니는 정보는 쓰레기 정보이거나, 배타적 정보에의 접근을 차단하려는 목적으로 생성된 보호막이라고 여긴다. 이러한 배타적 정보는 어느 사회에서나 존재했지만, 정보 자체가 상품이 되거나 권력으로 변하는 정보사회에서 그 중요성이 더욱 증가한다. 이러한 사회에서는 정치적으로 의식이 있던 시민들조차 단순히 포함적 정보의 소비자로 전락하기 때문에 하버마스가 말한 '공공영역의 퇴조'가 일어난다는 것이다(웹스터, 1997).

90년대 후반부터 쓰이기 시작한 네트워크의 군대라는 개념은, 인터넷에 대한 낙관론과 비관론의 대립이 그러하였던 것과 같이, 놀랍게도 서로 대립적인 시각에서 다루어졌다. 한편으로는 오픈 소스 운동처럼 전 세계에 흩어져 있는 프로그래머들이 누구나 사용할 수 있는 프로그램을 만들어서 보급함으로써 정보에 대한 '보편적 접근성'을 확보하려고 동원된 집단을 지칭하는가 하면(Hunter, 2002), 정반대로 특정한 개인이나 조직을 붕괴시키기 위해서 네트워크 전쟁(Netwar)에 참여하는 집단을 지칭하기도 한다(Arquilla and Ronfeldt, 2001). 7장에서는 인터넷이 발달하면서 새롭게 발생한 네트워크 군대의 긍정적 · 부정적 역할에 대해서 논한다.

사실 네트워크 군대에 대한 개념 정의 자체는 매우 중립적인 것이다. 가장 흔한 정의는 "새로운 형태의 공동체로서, 인터넷 네트워크를 통해서 연결된, 비슷한 성향을 지니며 이해(利害)를 같이 하는 사람들과 단체들"이다.[1] 이 개념을 처음으로 사용한 사람 중 하나인 헌터(Hunter, 2002)는 네트워크 군대를 지리적으로 제약을 받지 않고 공통된 관심사에 의해 모여 특정한 주제에 영향을 미치려는 집단이라고 정의한다. 그는 이 집단이

1) wordnet.princeton.edu/perl/webwn

'국가나 지역이 아니라 이데올로기 성격을 갖는 동일한 원인에 의해서 생성되며, 인터넷에 의해서 동원되고, 공식적인 조직이 없기 때문에 리더도 없고 협상 상대도 없으며, 스스로 조직되어 말보다는 행동을 우선시하는 집단'이라고 규정한다(Hunter, 2002). 중요한 것은 이들은 "단일한 원인에 의해서 생성된 매우 넓게 포진한 개인들의 집단이므로 그들의 목적이 지속하는 한 집단도 지속한다(McNurlin and Sprague, 2006)"는 점이다.

이와 같이 정의되는 네트워크 군대는 가치를 창출하기도 하지만 사회갈등을 야기시키기도 한다. 네트워크 군대가 가치를 생산하는 데 동원되는지 혹은 파괴를 위해서 동원되는지는 상당 부분 참여하는 사람들의 의도에 달려 있다. 네트워크 군대에 의한 가치 생산 활동으로 소스 공개 운동(Open Source movement)이 있다. 전 세계에서 이 운동에 참여하는 75만 명의 프로그래머들은 인터넷을 기반으로 자신들이 개발한 프로그램 소스를 무상으로 공급한다. 리눅스 개발이 대표적인 예인데, 개발자인 라이너스 토발즈는 대략의 목적과 추진 방향을 갖고 있었을 뿐, 전체를 통제할 수 있는 힘은 없었다. 그럼에도 불구하고 프로젝트 리더들과 프로그래머들의 자발적인 참여를 통해 거대한 컴퓨터 운영체제를 생산해 낼 수 있었다.

네트워크 군대는 다른 조직이나 집단과 다른 독특한 특징을 지니고 있다.[2] 첫째, 네트워크 군대가 달성하고자 하는 목적이 다양하다. 안티사이트를 통한 소비자 운동, WTO 반대 운동 등과 같이 사회적 이슈에 참여하여 공동의 이념을 확산하고 이익을 보호하고자 형성되기도 하는 반면, 이후에 자세히 살펴보게 될 '개똥녀', '7악마' 등의 사건에서 보듯이 사회적 관습과 규범에 어긋나거나 자신들과 선호가 다른 사람을 공격하기 위해서 형성되기도 한다.

둘째로, 누구라도 쉽게 네트워크 군대의 일원이 될 수 있기 때문에, 빠른 시간 내에 대규모 동원이 가능하다. 이 군대에 속한 군인은 소속과 군번이 없다. 즉, 가입절차나 요건에 특정한 형식이 없고, 단지 어떤 가치나 정체성 혹은 이익을 공유하거나 공감하는 것만으로도 즉각 네트워

2) wordnet.princeton.edu/perl/webwn

크 군대의 일원이 될 수 있다. 네트워크 군대가 연령, 성별, 계층, 지리적 공간, 심지어는 국경이나 인종 등의 제한을 받지 않고, 동원 가능한 모든 사회적 자원을 자신의 잠재적 자원으로 확보하고 있다는 것은 엄청난 위용으로 드러날 수 있는 필요조건을 갖춘 것이라고 할 수 있다. 특히 상전이(phase transition)를 일으키는 네트워크 증폭기를 통해서 사안은 폭발력을 확대할 수 있다.

셋째, 네트워크 군대는 다양한 전술을 이용하여 매우 큰 힘을 발휘한다. 이들이 일사불란하게 행동하면서 갖는 위력은 매우 커서 거의 무적의 군대라고 부를 만하다. 이는 네트워크 군대의 활동이 인터넷이라는 온라인상에서 펼쳐지기 때문에 더욱 두드러지는 특성인데, 참여자는 인터넷이 가진 익명성(匿名性)과 익면성(匿面性)에 힘입어 별다른 위험부담 없이 전투에 참여할 수 있다. 이들은 기회를 순간적으로 포착하여 활용하며, 유연하게 변신이 가능하기 때문에 동원과 침투가 용이하고 상대가 눈치채지 못하게 은밀하게 군집하는 능력이 탁월하다. 짧은 댓글 달기나 사진 올리기, 자료를 퍼 나르기, 관심을 유도하는 낚시글 올리기 등 다양한 전술이 포털이나 개인 블로그, 관련 기관 게시판 등을 통해 빠르게 전파된다.

넷째, 수직적 명령체계가 아니라 자발적인 순응과 수평적 의사소통 체계를 가진다. 이 군대는 특정한 이슈에 대해서 관심을 공유하면서 자발적으로 결집되었기 때문에, 공식적인 조직이나 지휘체계가 없거나 있더라도 미약하다. 따라서 명령을 내리는 상급자(boss)가 아닌 '영향력이 있는 사람(Influencer)'만이 있을 뿐이다(Hunter, 2002). 즉, 네트워크 군대의 조직은 기존의 단일 균형모델이나 위계적인 모델의 한계를 뛰어넘어 비선형적인 복잡계로서 다수의 균형이 존재한다. 안정화시키는 힘(stabilizing force)과 더불어 안정을 무너뜨리는 힘(destabilizing force)이 공존하는 균형상태라고 말할 수 있는 것이다(Gunderson and Holling, 2002). 따라서 이 조직은 중복적이며 견고해서 전체를 무너뜨리기가 거의 불가능하며 책임지울 대상이 불명확하다. 프로그램 소스를 공개하여 누구나 사용하고 변형시킬 수 있도록 만드는 오픈 소스 운동과 맞닥뜨린 마이크로소프트나 빈 라딘이 이끄는 테러리스트 네트워크와 싸우는 미국 정부는 모두 상대 집단의 리더가 누구이며, 공격할 대상이나 소송을 제기할 대상, 혹은 협상할 상대가 누구인지도 모르는 상황에 놓이게 된 것이다.

마지막으로, 이 군대의 중요한 특징은 빠른 생성과 성장, 소멸을 보인다는 점이다. 오늘날과 같이 공통의 주제에 의견을 같이 하는 사람들이 짧은 시간 내에 결집하고 네트워크라는 증폭기를 거쳐 예상을 뛰어넘는 힘을 발휘하는 것은 과거에는 존재하지 않았고, 또한 불가능했다. 그러나 인터넷 및 휴대폰과 같은 정보통신기술의 발달에 힘입어, 조직의 순환주기(life cycle)가 매우 짧은 네트워크 군대가 생겨날 수 있게 되었다.

우리는 이 장에서 네트워크 군대의 야누스와 같은 양면성을 다룬다. 네트워크 군대가 사회나 공동체의 공익에 기여하거나 기업에 부가가치를 제공하는 가치창출의 사례와 사회적 위험으로 발전할 수 있는 파괴적인 활동의 사례를 각각 나누어 살펴본다.

7.1 왜 네트워크 군대인가

먼저, 인터넷을 통한 사회운동이나 동원을 하는 집단에 관한 여러 용어들 가운데에서 왜 하필 이 연구에서 '네트워크 군대'란 개념을 사용하는지를 정당화하려고 한다. 네트워크 군대와 비슷한 개념들과 비교를 통해 네트워크 군대의 개념 윤곽을 좀더 명확하게 드러내 보겠다. 먼저, 일반적으로 사용되는 '네티즌'은 네트워크와 시티즌이 결합된 말로서 시티즌은 시민으로서의 자각과 책임의식을 가진 주체를 의미한다. 따라서 우리는 이 개념으로는 특정한 정체성과 가치관을 갖고 대규모 집단협동에 참여하여 가치를 생산하거나, 또는 자신과 이해나 가치관이 다르다는 이유로 종종 타인의 프라이버시를 침해하는 등, 대상이 되는 적에게 물리적 · 인격적 위해를 가하는 행동을 제대로 담아내기 어렵다고 판단한다. 특히 시민이라는 개념 자체가 공공성과 직결되어 있기 때문에 사회적 위험을 야기할 수 있는 네트워크 군대를 포함할 수 없다고 본다.

또 다른 개념으로는 라인골드(Rheingold, 2003c)가 정의한 현명한 군중(Smart mobs)이 있다. 라인골드는 현명한 군중이란 "통신 네트워크 기기를 사용하면서 서로 상대방을 모르는 상태에서도 비슷한 관심사를 가진 사람들을 발견하고, 상호 정보를 교환하고 모이며, 또 네트워크를 형성하여 일치된 협동 행동을 조정할 수 있는 사람들"이라고 정의한다. 이들은 이동 통신기기를 활용해 서로 정보를 주고받으면서 정치 · 경제 · 문화 등 사회의 각종 이슈나 사안에 직접 참여해 의견을 제시하고, 자신들의 주의(ism)나 주장에 맞지 않으면 직접 실력을 행사하기도 한다. 주변에 응급 환자가 생기면, 통신기기로 연락을 받고 곧바로 달려가 도와주는 사람들, 혹은 한 사회 안에서 인터넷을 동원수단으로 삼아 일어나는 사회운동 등이 전형적인 예이다. 이에 비해서 네트워크 군대는 세계적 차원에서 시·공간의 경계를 뛰어넘어 네트워크를 통하여 빠르게 생성 · 성장 · 소멸한다는 함의를 담고 있다. 즉, 현명한 군중의 시·공간 경계보다 훨씬 넓은 세상이 네트워크 군대의 활동범위가 된다. 그리고 '네트워크 군대'라는 용어는 적으로 규정된 대상을 공격하는 행위와 같이 '현명한 군중'이 내포할 수 없는 사회적 위험을 포함하기 때문에 더욱 적절하다고 생각한다. 사실 Army라는 용어는 군대라고 번역하기보다는 집단 혹은 개미군단이라는 번역이 더 적절할 수 있다. 그러나 새로운 번역어를 사용하면 기존에 쓰이던 같은 개념과 혼돈을 불러일으킬 수 있기 때문에 사용을 자제하기로 한다.

마지막으로, 사이버 전쟁(테러)과 네트워크 군대로 인한 위험의 차이를 비교해 보면 사이버 테러의 경우 하드웨어적 측면(재산상 · 신체상의 물리적인 피해)이 강조되는 반면, 네트워크 군대는 가치의 생산이나, 이념의 확산, 그리고 규범적 제재 등 소프트웨어적인 측면이 강조된다고 할 수 있다. 아닌게 아니라, 랜드(Rand) 연구소는 사이버 테러를 연구하다가 특정한 이념을 퍼뜨리려는 운동단체로서 네트워크 군대의 개념을 발견한 것이기도 하다.

다음 절에서는 구체적인 사례를 통해 네트워크 군대의 양면성을 살펴볼 것이다.

7.2 가치생산 방식으로서 네트워크 군대

우리는 6장에서 대규모 집단협동을 참여자의 동기를 활용하여 7가지 유형으로 세밀하게 나누어 분석해 보았다. 그렇지만, 네트워크 군대가 가치를 생산하는 주된 방식은 크게 세 가지로 분류해 볼 수도 있다(Hof, 2005). 첫째는, 얻는 만큼 돌려주기(give and take) 방식의 협동이다. 예를 들면, 스카이프(Skype)에 가입하면 가입자 본인은 무료로 (화상)전화를 사용할 수 있지만, 동시에 자기 컴퓨터의 네트워크와 컴퓨팅 파워를 참여집단에게 공여하여 다른 사람이 전화를 사용할 때 빠르고 정확한 음질을 제공하도록 도움을 준다. 주고받기 식의 협동의 예를 들면, 자신이 올린 질문이 남들에 의해서 답을 얻게 되었을 때 그 고마움을 다른 사람들의 질문에 답을 함으로써 돌려주는 방식을 뜻한다. 참여하는 모든 사람들의 주고받기에 의해서 집단적으로 가치가 만들어지는 것이다.

두 번째 방식은 자신과 비슷한 이해를 공유하는 사람들과 연결하여 커뮤니티 활동을 하면서 공동체가 필요로 하는 가치를 만들어 가는 것이다. 가장 흔한 형태로 게시판에 공유 자료를 올리거나, 자신의 견해를 밝혀 공유하면서 공동체의 활동에 기여하는 행위를 들 수 있다. 요즈음 생긴 어느 사이트는 곡목을 잃어버렸으나 멜로디를 기억하는 경우 마이크에 대고 그 노래를 부르면 그 음악의 제목을 찾아 준다.[3] 물론 모든 음악을 다 찾아 주는 것이 아니라, 다른 사람들이 그 노래를 부른 후 제목을 입력해 놓은 경우에 한하여 찾을 수 있다. 음악 동호인들은 남들이 음악을 찾을 수 있도록 자신이 노래를 불러 이 사이트의 데이터베이스에 올려놓고 있는데, 이것이 DB의 가치를 생산하고 있다.

끝으로, 금전적인 보상은 바라지 않고 단지 열정에 의해서 다른 사람과 함께 무엇인가 발명하는 협동이 있다. 리눅스 개발 혹은 위키피디아 백과사전의 저술 또는 오픈 소스 운동이 여기에 해당한다.

---

3) http://www.midomi.com/

이 절에서는 네트워크 군대에 의한 집단협동을 통해 가치가 생산된 사례를 발굴하여 소개할 것이다.[4)]

7.2.1 사례 1: 조선왕조실록 국역

조선왕조실록의 국역은 1968년 세종실록으로부터 시작되었다. 그후 1972년에 이르러 세종대왕기념사업회와 민족문화추진회(현 한국고전번역원)가 본격적으로 국역 작업에 착수하여 매년 4-8권을 완성하는 규모로 진행되었다. 그러나 1981년 북한에서 리조실록을 완역하자 문화의 정통성으로 대립하던 당시의 상황적 압력을 받아 1985년부터 다른 일반고전의 번역은 거의 중단되고 조선왕조실록의 국역만 매년 20여 책 규모로 확대되었고 북한의 리조실록이 발간된 2년 후인 1993년에 우리나라에서도 조선왕조실록의 국역이 완료되었다.[5)]

그 후, 민간기업인 서울시스템에서 조선왕조실록의 전산화를 추진하였으나 민족문화추진회에서는 초벌 번역본에는 오역과 오자가 많기 때문에 시기상조라는 반대 의견이 있었다고 한다. 그러나 결국 "디지털화하면 검색이 간편해지고, 따라서 오류를 손쉽게 잡아낼 수 있게 된다. 더 빨리 더 좋은 번역물로 재탄생하게 될 것이다"라고 설득하여 디지털화가 추진될 수 있었다.[6)]

1995년에는 전산화가 완료되어 국역된 조선왕조실록은 CD-ROM으로 제작되었다. 이 CD-ROM 실록은 대학, 도서관용이 500만 원, 네트워크 버전이 990만 원으로 책정되어 판매되었는데[7)] 소프트웨어가 가지는 가치에도 불구하고 높은 가격으로 인해 거의 팔리지 않았다. 제작사인 서울시스템은 부도를 맞기도 했으며, 대중화에 실패하여 이후 약 10년 동안

---

4) 집단협동을 통한 가치생성의 사례를 제공하고 초고를 마련해 준 구본승에게 감사한다.

5) 「民族文化를 다시 생각하며」, 김성환, 민족문화추진회보, 2002년 6월.
한국고전번역원 조선왕조실록 소개 http://www.minchu.or.kr/JO/JO_INTRODUC.jsp

6) 초록불의 잡학다식, 「인터넷의 힘—조선왕조실록 오류 교정을 보면서」, http://orumi.egloos.com/2184224

7) 바다다리, 「아, 반가운 우리시대의 DB」, http://seabr.co.kr/blog1/53

실록의 디지털 자료는 방치되다시피 했다.[8] 다행히 2005년에 들어서 국사편찬위원회는 복권기금에서 8억 7,400만 원의 후원을 받아[9] 실록 디지털자료에 대한 저작권과 전송권을 구매하고, 기존 CD에 누락되어 있던 자료인 세종오례의, 세종악보와 칠정산내외편, 세조악보, 그리고 광해군일기 등도 새로 구축하기에 이른다. 이들은 국역본과 원문, 그리고 일부 자료의 경우 원본 이미지까지 동시에 보는 것이 가능한 조선왕조실록의 인터넷 버전을 개발하였고 2005년 12월 12일 인터넷 서비스의 시험운영이 시작되었다.[10] 이 시험운영은 기대보다 성공적이어서 조선왕조실록 홈페이지는 이후 중단 없이 계속 서비스를 진행해 나갔고, 두 달이 채 지나지 않은 1월 28일에는 방문자 수가 10만 명을 넘어설 정도로 활발히 운영되었다.[11]

그런데 이러한 방문은 단순한 관심과 열람으로 끝나지 않았다. 실록의 이용자들은 자신이 평소 관심이 있는 분야나 자신의 조상들과 관련된 자료의 잘못된 부분을 찾아 편지나 팩스, 전자메일을 보내거나 토론마당과 같은 게시판에 지적해 나가기 시작한 것이다. 이런 지적이 늘어남에 따라 사업담당자는 이용자들의 의견을 더욱 적극적으로 수용할 뜻을 밝혔고[12] 2006년 2월 1일부터는 오류 신고를 위한 게시판인 '오류신고센터'를 열었다.[13] 이 게시판에는 2년이 지난 현재 7,000여 개가 넘는 게시물이 작성되었다. 한 신문기사에 따르면 오픈 이후 약 1년 동안에 2,200여 건의 오류에 대한 의견이 접수되었으며, e-실록에서 실제로 수정된 1,964건의 오류 중에 80%에 이르는 1,576건이 이러한 지적에 의해서 고

8) 「인터넷 조선왕조실록 완성 이젠 국민이 보완할 차례」, 중앙일보, 2006년 2월 7일 칼럼.
9) 「인터넷이 깨운 조선왕조실록…"이젠 맘대로 꺼내 보세요"」, 조선일보, 2006년 2월 3일 기사.
「'인터넷 조선왕조실록' 일궈낸 국사편찬위 박한남 · 임천환 씨」, 한겨레, 2006년 1월 1일 기사.
10) 「실록 인터넷 서비스 개시」, 조선왕조실록 홈페이지, 2005년 12월 12일 공지사항.
11) 「10만 명 돌파 감사(사업을 도운 관계기관 여러분들께도…)」, 조선왕조실록 홈페이지, 2006년 1월 28일 공지사항.
12) 「실록 데이터 오류지적에 대한 감사와 지속적인 오류지적 당부」, 조선왕조실록 홈페이지, 2006년 1월 20일 공지사항.
13) 「오류신고센타 운영은 2월 1일부터 합니다」, 조선왕조실록 홈페이지, 2006년 1월 28일 공지사항.

쳐졌다고 한다.[14] 이러한 오류의 지적과 수정은 계속 이루어지고 있으며, 매달 그 결과가 조선왕조실록 홈페이지의 공지사항에 아래아한글 파일로 공개되고 있다.

e-실록의 사업담당자는 단 2명이라고 알려져 있다. 1,893권 888책 4,964만 6,667자라는 방대한 분량의 조선왕조실록의 오류를 찾아내고 고치는 것은 두 사람의 힘만으로는 불가능한 일이었다. 이 방대한 작업은 홈페이지에 방문하여 답글을 남겨 준 수많은 자원자들이 있었기에 가능했던 것이다. 그러나 이처럼 놀라운 결과에도 불구하고 조선왕조실록 공개 1년 후에 신문에 실린 한 기사는 다음과 같은 우려를 전하기도 했다.

> 10여 년 전만 해도 연구자들 사이에서 "'조선왕조실록'의 CD롬(출시 당시 500만 원)을 사려면 자동차 한 대 값이 든다"는 말이 있었던 것을 생각하면 격세지감이다. 쉽고 빠르게 고급 정보를 얻을 수 있다는 것은 연구자나 일반인 모두에게 편리한 일이지만 자칫 고급 지식이 헐값으로 전락할 수 있다는 우려의 목소리도 높다. 박대재 고려대 교수는 "백과사전의 오류들이 계속 재생산될 수 있고, 즉각적이고 파편적인 정보 검색이 앞서다 보면 자료의 전체적인 맥락을 보지 못하게 된다"고 말했다.[15]

사실 2006년에 몇몇 언론들은 e-실록의 선풍적인 인기에는 2005년 12월 말에 개봉된 영화 '왕의 남자'의 인기가 한 몫 했다고 분석하기도 했으며 지금도 조선왕조실록의 인기 검색어에는 요즘 인기 있는 사극에 등장하는 인물들이 높은 순위를 차지하고 있다. 그러나 '왕의 남자'의 사례와 같이 일시적인 유행에 대한 즉각적이고 파편적인 정보검색이라 할지라도 최소한 그 관련한 부분의 오탈자에 대해서 즉각 지적할 수 있던 계기가 되었음은 부인할 수 없다.

이 사례에서 주목할 만한 점은 온라인 협동에 사용된 기술적 요소가 그다지 독특한 것이 아니었다는 것이다. 실제로 토론 게시판은 다른 사이트의 게시판과 거의 다르지 않았고, 나중에 추가된 오류신고 게시판 또한 단지 지적한 사료의 위치를 적도록 공란이 마련되었을 뿐 특별한 기술이

14) 「'조선왕조실록' 오역 바로잡기 … 네티즌의 힘!」, 세계일보, 2007년 2월 15일 기사.
15) 「업그레이드된 인터넷 백과 … 역사가 한눈에! 」, 조선일보, 2005년 12월 11일 기사.

쓰인 것은 아니다. 정보를 공개하고, 누구나 편하게 볼 수 있도록 만들어진 온라인 버전인 조선왕조실록 자체가 협동을 불러일으킨 기술적 요소라고 볼 수 있다. 실제로 e-실록은 내용을 쉽게 검색할 수 있을 뿐 아니라 한자 원문과 국역문 외에도 태백산본 등 누구나 원본 이미지와 디지털 데이터를 비교해 볼 수 있도록 되어 있다. 게다가 2007년에 이르러서는 인명에 대한 데이터베이스와 승정원일기까지 연계해서 검색할 수 있도록 발전했다. 이처럼 정보를 공개하고 접근 장벽을 낮추어 준 것이 협동에 가장 기초적인 전제가 된 것이다.

7.2.2 사례 2: 니코니코 동화

기업의 부가가치를 창출한 네트워크 군대의 재미있는 사례로 일본의 니코니코 동화 사이트를 꼽을 수 있다. 니코니코 동화는 2006년 12월 12일에 시험 서비스를 시작한 일본의 동영상 사이트다. 이 사이트는 큰 인기를 얻어 서비스를 시작한지 약 7개월, 유료서비스를 시작한지 약 한 달 만인 2007년 7월 26일 가입자 수 200만 명, 유료회원 5만 4천 명을 넘어섰고, 1년이 조금 넘은 2008년 1월 21일에는 가입자 수가 500만 명, 유료회원이 17만 4천 명을 넘어설 정도로 급성장하였다.[16] 이러한 성장세에 힘입어 니코니코 동화는 소프트 뱅크에서 발행하는 인터넷 전문 월간지 「야후 인터넷 가이드」(*Yahoo Internert Guide*)의 Web of the Year 2007에서 한 해 동안 가장 많이 성장한 사이트에게 수여되는 상인 '넷레이팅 상'을 수상했으며[17] 일본 산업디자인진흥회 주최의 2007년도 '굿 디자인 어워드'의 커뮤니케이션 부문 수상작 중 하나로 선정되었다.[18] 니코니코 동화가 이렇게 큰 인기를 끌 수 있었던 이유는 물론 다른 동영상 사이트와 구별되는 특징이 있기 때문이다. 사용자들이 동영상의 특정 시점에 대한 코멘트를 작성하면 그 시점의 동영상의 화면에 그 코멘트를 출력해 주는 '코멘트 기능'이 이 사이트의 독특한 점이다. 사용자들은 코멘트

---

16) 일본어 위키피디아 니코니코동화 항목 http://ja.wikipedia.org/wiki/ニコニコ動畫.
17) 2007년 일본 최고의 인기 사이트는?, 하테나, http://www.hatena.co.kr/395
18) 수상작의 정보는 굿디자인파인더(http://www.g-mark.org)에서 확인할 수 있다.

기능을 통해 영상의 특정한 부분에서 떠오른 자신의 생각이나 느낌을 쓰기도 하고, 그에 대한 재치 있는 코멘트나 비평을 하기도 하며, 자신만이 발견한 영상의 숨겨진 부분에 대해 한 마디를 쓰기도 한다. 재생되는 영상 위에는 이러한 코멘트들이 출력되어 영상과 코멘트를 한눈에 볼 수 있도록 되어 있다. 이러한 방법으로 코멘트 기능은 '다른 시간'과 '다른 공간'에서 같은 동영상을 시청하는 사람들이 가상적인 같은 시간'에 공유할 수 있게 해 주어 마치 실시간으로 함께 영상을 보면서 여러 사람들과 대화를 나누는 것 같은 느낌을 준다.

이러한 쉽고 단순한 참여는 영상에 새로운 가치를 추가해 준다. 사람들은 다양한 코멘트가 달린 동영상을 보며 감동이나 웃음 같은 여러 감정을 공유하기도 하고, 미처 보지 못한 부분을 깨닫기도 한다. 그리고 때로는 영상보다 영상 위에 뜬 재치 있는 코멘트에 웃고, 즐거워하기도 한다.[19] 뿐만 아니라 사용자들이 스스로 여러 가지 이용방식을 고안해서 시도하면서 즐기기도 한다. 예를 들면, 자신이 기르는 고양이의 영상을 찍어 고양이들의 이름을 무엇으로 지을지를 사람들에게 묻기도 하고,[20] 노래의 가사를 같은 시점에 함께 타이핑해 올려 영상에 나오는 여러 사람이 노래를 함께 따라 부르는 듯한 모습을 연출하기도 한다. 영상에 간단한 퀴즈를 내고 코멘트로 답을 다는 퀴즈 놀이를 즐기기도 하며, 설문에 답하며 의견을 나눌 뿐 아니라 영상에 뜬 단어를 최대한 빨리 타이핑해 코멘트로 다는 타자연습 놀이를 하기도 한다.[21] 그리고 한걸음 더 나아가 몇몇 사용자들은 코멘트 기능을 이용해서 문자를 조합해 그림이나 영상을 만들어 내어 그 동영상을 보조하게 하거나, 경우에 따라서는 그 영상의 음악에 어울리는 새로운 영상을 만들어 내기도 한다.[22] 니코니코 동화

19) 이러한 모습은 마치 인터넷 뉴스나 온라인 유머 사이트를 즐기는 사람들이 뉴스나 유머 그 자체보다 사람들의 댓글을 더 즐겁게 바라보는 모습과 매우 유사하다.

20) 「ねこ鍋」「ふちゃぎ」―ニコ動で"拾われ猫"がアイドルに(「네코나베」, 「후챠기」―니코동에 「주워진 고양이」가 아이돌로), IT Media News, 2007년 10월 1일 기사.

21) 니코니코 동화는 이러한 사람들의 이용방식을 보조해 주는 '니코 스크립트'라는 기능을 발빠르게 추가했다("埋もれた職人"に光を―ひろゆき氏に聞く「ニコ動(RC2)」("묻혀있는 장인"에게 빛을―히로유키 씨에게 듣는다. 「니코니코동화(RC2)」), IT media News, 2007년 10월 26일 기사.

22) 다음의 링크(http://www.nicovideo.jp/watch/sm238190)에서 이러한 사용자들의

의 사용자들은 이러한 사람들을 '코멘트 장인'이라고 부르는데 인기 있는 동영상이 10만이나 100만 번의 재생횟수를 기록할 때는 이를 기념하는 '장인'들의 영상 만들기 축제가 벌어지기도 한다. '축제'의 모습을 녹화한 영상이 다시 인기 동영상이 되기도 한다.[23)]

그리고 니코니코 동화에서는 컨텐츠의 확대 재생산이 굉장히 활발하게 이루어진다는 점도 하나의 주요한 특징으로 꼽을 수 있다. 물론 이는 유튜브에서도 활발히 일어나는 현상이므로 니코니코 동화만의 특징이라고는 말할 수 없지만 니코니코 동화에서 일어나는 재생산은 보다 빠르고 협력적이다. 미완성 영상을 업로드한 후 그에 대한 사람들의 코멘트를 받아 완성해 나가고, 다른 사람이 찍은 영상을 따라 하거나 업그레이드한 영상을 찍어서 올리기도 하며, 다른 사람의 작품을 가져와 혼합하거나 패러디하여 새로운 작품을 만들어 내는 등의 작업이 니코니코 동화에서는 더욱 빠르고 밀도 높게 일어난다.[24)] 예를 들어보면 어떤 사람이 어떤 곡조를 만들어 내서 그 곡조만을 올리면, 그 곡조를 마음에 들어 한 다른 사람이 그 곡조에 가사를 붙여 영상에 띄워 올린다. 그러면 또 어떤 사람은 그 가사에 맞춰 직접 부른 노래나, 음성을 합성하여 노래를 만들 수 있는 프로그램인 "VOCALOID 하츠네 미쿠"[25)]를 이용하여 만든 노래를 붙인 동영상을 올린다. 이 노래가 인기를 끌면 또 다른 사람이 영화나 애니메이션의 영상을 편집하거나, 직접 춤을 춰서, 또는 직접 그림을 그리거나 3D 모델링 작업을 통해 애니메이션화하는 방법으로 영상을 만들어 오리지널 뮤직비디오를 만들어 낸다. 이러한 뮤직비디오가 인기를 끌면 여러 사람이 비슷하지만 약간씩 소재를 바꾸고 패러디해서 이 동영상을 자신만의 또 다른 여러 버전으로 만들어 내는 방식으로 조금씩 발전시키거나

기술을 모아놓은 영상을 볼 수 있다.

23) 니코니코 동화의 인기 동영상인 모음곡 니코니코 동화가 200만 회 재생을 넘어섰을 때의 모습을 담은 다음의 영상(http://www.nicovideo.jp/watch/sm1525748)이 대표적인 예다.

24) 開發者が明かす「ニコニコ動畵」人氣の"キモ"(개발자가 밝히는 니코니코 동화의 인기의 "핵심"), IT Media News, 2007년 11월 2일 기사.

25) 자세한 사항은 개발사인 Crypton사의 제품 정보란(http://www.crypton.co.jp/mp/pages/prod/vocaloid/cv01.jsp)과 하츠네미쿠 정보관(初音ミク 情報館 http://www.hatsunemiku.info/) 등에서 찾아볼 수 있다.

시리즈를 늘려간다. 이러한 과정을 거친 몇몇 동영상은 일종의 유행이나 놀이로 붐을 일으켜 인기 시리즈가 되기도 했으며 일부는 음반이나 DVD 영상, 캐릭터 상품 등으로 상품화되기도 했다.[26]

한편 니코니코 동화는 '니코니코 시장'이라는 광고를 수익 모델의 하나로 삼고 있다. 이 니코니코 시장에서는 사용자들이 누구나 직접 자유롭게 니코니코 동화에 올라온 동영상과 관련한 상품을 일본 아마존에서 검색하여 등록할 수 있다.[27] 그리고 이렇게 등록된 상품은 동영상이 있는 웹페이지 하단에 출력되어 원하는 사용자들이 그 동영상과 관련된 상품을 쉽게 알고 바로 구매할 수 있으며, 반대로 상품별로 관련된 동영상을 볼 수도 있다. 사용자들은 이 시스템을 통해서 동영상에 쓰인 영상이나 음악의 소스가 되는 DVD나 음반, 게임 등의 정보를 연결하거나 동영상의 내용에 등장한 것과 관련된—예를 들면 고양이가 노는 동영상에 고양이 장난감을 등록하는 것 같은—상품을 등록하고 이 영상으로 인해 상품화된 물건을 등록하기도 한다. 여기서 그치지 않고 다른 사람들이 전혀 예상하지 못했거나 존재를 몰랐을 기발한 관련 상품을 찾아서 등록하기도 한다. 그리고 이렇게 등록된 상품이 몇 번이나 클릭되고 팔려나갔는지도 확인할 수 있는데, 사람들은 이러한 판매를 소재로 대화를 나누고 즐기기도 한다.[28]

이와 같이 니코니코 동화는 광고에 '참여'를 도입함으로써 관련된 상품을 등록하는 작업을 거의 노력을 들이지 않고 이루어낼 수 있었을 뿐 아니라 이러한 광고 자체를 하나의 놀이로 즐기게끔 하여 사용자들이 광고에 대한 거부감을 줄이는 결과까지 가져올 수 있었다. 한 니코니코 동

26) 오리지널 곡인 "남녀", "편의점", 게임의 배경 음악에 가사를 붙인 "에어맨이 쓰러지지 않아", "추억은 억천만", "Caramell Dansen"이라는 스웨덴의 댄스곡에 간단한 애니메이션 춤영상을 만드는 "웃웃우마우마 시리즈", 하츠네미쿠로 만들어진 오리지널 곡인 '미쿠미쿠하게 해 줄게', 니코니코 동화에서 인기 있는 노래를 모은 메들리곡인 "모음곡「니코니코동화」" 같은 여러 작품들이 이러한 과정을 거쳐서 탄생되고 재생산되었다.

27) 니코니코 시장은 아마존의 Affiliate Program을 매쉬업한 서비스다. 현재는 드완고의 휴대전화 관련 콘텐츠(착신음이나 벨소리 같은)도 사용자가 등록할 수 있도록 되어 있다.

28) 니코니코 동화—니코니코 시장, 전파상 분가 풀가동중, http://mei99.egloos.com/3323466

화 사용자가 2007년 서비스를 시작한지 약 반 년 동안 니코니코 시장에서의 상품 판매액을 분석한 동영상[29]에 따르면 상위 30위까지의 상품만 약 1억 8,616만 엔어치가 팔렸다는 것을 미루어볼 때 이는 훌륭한 수익원이 되고 있음을 짐작할 수 있다.

7.2.3 사례 3: 위성지도 사진으로 보완하기

파노라미오는 스페인에서 아벨라(Joaquín Cuenca Abela)와 아길라(Eduardo Manchón Aguilar)가 2005년 공동창업한 사진공유 커뮤니티 사이트다.[30] 이미 큰 돌풍을 일으킨 플리커(Fliker)에 비하면 영세한 사이트였던 이 사이트는 구글 어스에 삽입된[31] 2006년 12월부터 크게 성장하여[32] 2007년 3월 19일에 100만 장, 6월 7일에 200만 장, 10월 25일에는 500만 장의 사진이 등록된 대규모 사진 공유 사이트로 성장하였다. 이 사이트는 2007년 5월에 구글에 인수되어 주목을 끌었다.[33]

파노라미오가 플리커와 같은 여타 사진 공유 사이트와 구별되는 점은 사람들이 자신이 업로드한 사진을 "간단하게" 구글맵 API로 불러들인 지도 위에 표시해 놓을 수 있다는 점이다.[34] 파노라미오에서는 단지

29) ニコニコ市場 2007年總賣上高ランキングを作ってみた(니코니코시장 2007년 총매상고 랭킹을 만들어보았다. http://www.nicovideo.jp/watch/sm1904682)라는 영상이다. 30위 이하의 상품이나 휴대전화의 벨소리 같은 상품이 제외한 분석이며, 개인이 제작한 영상이므로 신뢰성은 높지 않으나 니코니코 시장의 성과를 엿볼 수 있게 해 준다.

30) Panoramio—Team, http://www.panoramio.com/team/

31) Opening my eyes to a whole new world, Official Google Blog, http://googleblog.blogspot.com/2006/12/opening-my-eyes-to-whole-new-world.html

32) One million geolocated photos at Panoramio, Panoramio's Blog, http://www.panoramio.com/blog/1-million-geolocated-photos-at-panoramio/

33) A picture's worth a thousand clicks, Official Google Blog, http://google-blog.blogspot.com/2007/05/pictures-worth-thousand-clicks.html

34) 사실 Flikr에서도 지오태그를 사용했으며(Geotagging-one day later, Flickr Blog, http://blog.flickr.net/en/2006/08/29/geotagging－one－day－later/), 하루 만에 1,234,384개의 태그가 등록될 정도로 좋은 반응을 얻었었다고 한다. 그러나 편의성이나 인터페이스가 어려웠었기에 비교적 잘 사용되지 않다가 2007년 11월 말 플레이스라는 새로운 기능을 오픈했다(플리커, 지오태그 더 활용해 지도 페이지 리뉴얼, ZDNet Korea, 2007년 10월 22일 기사, http://www.zdnet.co.kr/news/internet/entertainment/0,39031275,39162556,00.htm와 세계의 멋진 장소를 한 눈에 보

사진을 업로드한 후에, 지도에서 그 사진을 찍은 위치를 검색하여 알맞은 위치를 더블 클릭하는 것만으로 사진과 위치정보가 연결되며 곧바로 사진을 지도 위에 출력해 준다.[35)]

파노라미오를 사용함으로써 일차적으로는 자신이 가진 사진들을 지역별로 정리해서 찾아볼 수 있다. 한 걸음 더 나아가면, 자신이 사진을 찍은 장소의 주변에서 다른 사람들은 어떤 사진을 찍었는지 비교해 보고 나누어보며 서로 평가하고 의견을 교환하는 독특한 사진 공유의 장[36)]을 열어준다. 그뿐 아니라 지구 곳곳에 사는 아마추어 사진가들이 자신의 사진을 올리는 일에 참여한 덕분에, 파노라미오나 구글어스의[37)] 지도에서 찾은 세계의 여러 장소들—자신이 사는 마을부터 킬리만자로의 화산 분화구나 앙코르와트 유적, 구글 본사나 남극의 과학기지 주변 같은—을 여러 사람의 눈으로 자유롭게 탐험하고 생생하게 확인할 수 있다. 예를 들어 'La Tour Eiffel'이라는 검색어로 에펠탑 근처의 지도를 찾아보면 흔히 볼 수 있는 에펠탑의 전경이나 야경사진은 물론이고, 여러 각도에서 찍은 에펠탑의 사진, 에펠탑 위에서 바라본 풍경 사진이나 에펠탑의 상공에서 찍은 사진과 밑바닥에서 위로 올려다보며 찍은 사진과 같이 다양한 시각의 사진까지도 곧바로 살펴볼 수 있다. 그뿐 아니라 파노라미오에서는 홀로코스트 박물관과 구글이 다르푸르 지역의 학살 문제에 대한 정보제공을 위해 시도하는 다르푸르 프로젝트에서 추가적인 사진제공을 협찬하기도 했다.[38)] 개인의 작은 참여는 결과적으로 지도를 세계의 생생한 모습을 보여주는 도구로 거듭나게 한 협업을 이루어 낸 것이다.

이에 더해 사람들이 사진의 이름이나 태그를 등록한 정보를 바탕으

는 플레이스 오픈!, Flickr Blog, http://blog.flickr.net/ko/2007/11/21/20071120a-page-on-flickr-for-every-place-in-the-world/ 를 참조).

35) 구글맵에 초간단 사진 올리기 파노라미오(panoramio.com), 뽕다르의 현대생활백서 2.0, http://bzt-inside.tistory.com/40

36) 사진을 즐기는 훌륭한 방법, 파노라미오, 스마트플레이스, http://www.smart-place.kr/blog_post_170.aspx

37) 2006년 12월 구글어스에 표준 레이어로 등록된 이후에는 구글어스를 통해 위성 지도를 보는 동시에 구글어스가 선발한 파노라미오의 사진들을 볼 수 있게 되었다.

38) 홀로코스트 박물관, 다르푸르 프로젝트를 위해 구글과 손잡다, ZDNet Korea, http://www.zdnet.co.kr/news/internet/etc/0,39031281,39156802,00.htm

로 기존에 비해서 더욱 정확하고 풍부한 검색을 할 수 있도록 만들어 주기도 했다.[39] 예를 들어 구글맵에서 'big ben in london'이라는 제목으로 검색을 하면 Big Ben Fisheries라는 곳이 가장 먼저 검색되지만 User-created content를 검색하면 Big Ben의 위치에 표시된 파노라미오 사진이 가장 먼저 검색된다. 더 정확한 검색을 할 수 있을 뿐 아니라 사진을 통해 자신이 원하던 정보가 맞는지를 확인하는 것까지 가능해진 것이다.

파노라미오의 예와 같이 사용자의 참여를 지리 정보에 묶어내는 노력은 점차 다양해져 가고 있다. 구글의 경우에는 위키피디아의 설명을 구글어스에 출력시키는 레이어를 제공하며, 유튜브에서는 지오태그를 입력해 두면 그 동영상을 구글맵이나 구글 어스에서 검색하고 열람해 볼 수 있도록 하고 있다.[40] 그리고 지도 위에 사용자들이 영역을 설정하고 그 영역에 대한 설명을 만들어 가는 위키매피아나 주변의 풍경을 지도 위에서 유튜브 영상으로 볼 수 있는 Virtual Video Map과 같은 서비스도 이루어지고 있으며, 플리커 또한 기존에 등록된 사진들을 지역별로 볼 수 있도록 개량한 플리커 플레이스라는 서비스를 제공하고 있다. 이러한 사례들은 사람들의 자발적인 참여를 활용하여 기존의 지도가 새로운 가치와 가능성을 지닌 다른 무엇으로 탈바꿈하는 모습을 잘 보여준다.

7.3 사회적 위험으로서 네트워크 군대

네트워크 군대에 의한 가치 생산은 비교적 긴 시간 동안 지속적으로 이루어지는 반면, 이들이 파괴적인 활동을 할 때는 단시간에 참여자가 증폭되어 즉각적으로 행동이 결집된다. 네트워크 군대가 그렇게 단시간 내에

39) 구글맵에서 비디오, 사진 검색(Confessions of a search box), Web2.0과 인터넷지도, http://heomin61.tistory.com/105

40) 비디오를 구글어스에 올리는 방법, Web2.0과 인터넷지도, http://heomin61.tistory.com/208

파괴적인 공격과 응징이 가능하다는 사실은 이들이 사회적 위험을 만들어 낼 수 있음을 뜻한다. 최근 댓글 폭력과 사이버 명예훼손, 네카시즘[41)]등의 부작용이 지적되면서 이에 대한 사회 문화적인 자성과 그 대응방안으로서의 인터넷 실명제 도입의 득과 실을 포함하여, 포털 사이트의 폐해를 막기 위한 다양한 방안이 논의되고 있다. 따라서 뒤에서 논의될 네트워크 군대의 사회적 위험성을 줄이기 위한 방안을 도출하기 위해서 이들의 증폭과정에 대한 자세한 사례분석이 필요하다.

7.3.1 사 례[42)]

네트워크 군대의 위용이 잘 드러난 한 사례로, 2002년 9월 26일 이화여대 총학생회의 '양심에 따른 병역거부 지지를 위한 기자회견' 직후 네트워크 군대의 공격을 들 수 있다. 당시 네트워크 군대의 공격은 서버를 물리적으로 마비시켰을 뿐만 아니라, 많은 학생들에게 수치심을 갖게 하는 등 큰 피해를 가져왔다. 이외에도 재외동포법, 일명 홍준표 법안의 부결[43)]에 대한 네티즌의 비난이 쏟아진 사건이나, '사이버 인민재판', '네카시즘', '디지털 주홍글씨'라는 말을 만들어 낸 '개똥녀 사건'과 같은 사건에서 그 위험성을 확인할 수 있다.

해외의 사례로는 웨이간드 전쟁무기(Weigand Combat Firearms)라는 회사가 델(Dell)에 컴퓨터를 주문하는 과정에서 발생한 사건을 들 수 있다. 델 컴퓨터 주문 시스템은 Firearm이라는 단어를 자동 필터링하여 웨이간드라는 회사의 주문을 취소하였다. 이에 웨이간드 회사는 총기관련 사이트에 델의 행태를 고발하였고 총기관련 단체 및 동호회 회원이 집

41) 네티즌과 매카시즘(McCarthyism)의 합성어로서 인터넷에서 어떤 사건이나 대상에 대하여 무차별적인 비방을 유포하여 여론을 선동하는 일을 말한다.

42) 본 절에서 소개된 사례는 김용학, 2005, "인터넷 시대의 사회적 위험," 「21세기 한국 메가트렌드 시리즈」, 정보통신정책연구원에서 일부 수정 후 따왔다.

43) 재외동포법은 병역을 기피하여 국적을 바꾼 재외동포에게 불이익을 주는 법안으로서 지난 2005년 홍준표 의원에 의하여 발의되었으나 국회에서 부결되었다. 그런데 반대표를 던진 의원의 명단이 공개되면서 각 정당의 홈페이지 등 인터넷을 통해 시민들의 비난이 쏟아지는 반면 홍준표 의원에게는 격려의 글이 쇄도하는 등 사회적으로 큰 파장을 빚었다.

단적으로 들고 일어나 델을 공격하였다(Cortese, 2003). 델은 사과와 함께 주문한 컴퓨터를 무상으로 공급하고야 사태를 진정시킬 수 있었다. 자파티스타[44] 운동가들도 네트워크 군대를 동원하여 자신들의 목적을 이루려고 했다. 1994년 1월 이들은 자신들이 왜 북미무역협약(NAFTA)과 같은 무역정책에 반대하는지를 알렸다. 남부 멕시코에서 무장 항거가 발발한 지 수 시간 내에 전 세계에 흩어진 지지자들이 온라인에 모여들어 네트워크 군대를 형성하고 항거의 원인을 알리면서 멕시코 정부의 잔인한 진압을 비난하였다. 그 결과 자파티스타는 멕시코 정부에게 협상 압력을 가할 수 있었고 자유무역이 원주민에게 어떤 해악을 끼치는지를 세계에 알릴 수 있었다.

그런데 이와 같은 네트워크 군대의 활동에 대한 대부분의 연구는 분석적이기보다는 개별적 현상을 묘사하는 시론적 수준에 머물고 있다. 특히 사회적 위험을 야기할 수 있는, 복잡계로서의 인터넷 특성을 통합적으로 연구한 시도는 극히 미미하다. 과거 아날로그 시대엔 존재하지 조차 않았던 인터넷상의 사회 연결망 구조가 어떻게 반미 시위와 노무현 대통령 탄핵 반대 등의 촛불집회, 월드컵 때의 붉은 악마, 개똥녀와 같은 사건이 일어나는 데 영향을 미쳤는지, 또 이러한 현상이 어떤 사회적 특징을 갖고 있는지 등에 관한 연구는 아직 본격적으로 이루어지지 않았다.

네트워크 군대가 갖는 사회적 위험은 그 영향이 미치는 범위에 따라서 크게 개인적 차원과 국가적 차원으로 구분될 수 있다. 개인적 차원의 경우는 사소한 응징의 차원에서 블로그나 댓글, 커뮤니티에 올린 글이나 자료가 네트워크 증폭기를 거치면서 상상하지 못했던 결과로 이어지는 경우이다. 다음의 사례는 이런 예를 극명하게 보여준다.

> 대기업에 근무하며 야간대학을 다니던 김모(30) 씨. 1년여 간 사귀던 여자친구와 헤어진 뒤 주위 사람으로부터 "네가 그 녀석이냐?"는 이야기를 들었다. "네가 유명인이 됐다"는 친구의 전화를 받고 인터넷을 검색한 그는 크게 놀랐다. 남자친구에게 버림받은 여성이 자살했다는 소식과 함

44) 자파티스타 민족해방군(the Zapatista Army of National Liberation)은 1993년 결성된 멕시코의 무장단체이다.

> 께 자신의 주민등록번호와 휴대전화번호, 사진이 게시돼 있었다. 한때 포털사이트에 김씨의 이름은 인기 검색어 1위에 올랐다. 근무하는 회사 홈페이지에는 김씨를 해임하지 않으면 제품 불매운동을 벌이겠다는 '네티즌 운동'이 벌어졌다. 5월 중순 그는 사표를 내야 했다.

이와 같은 예는 서울대 도서관 폭행사건(철사마)이나 모 연예인의 음주뺑소니 사건(빵사마)에서도 극명하게 드러난다. 여자친구 앞에서 도서관에서 좀 조용히 하라는 지적을 받은 한 학생이 상대방의 얼굴을 수 차례 폭행한 이른바 철사마 사건은(가해자의 이름인 ㅇㅇ철에서 따옴) 가해학생 자신뿐 아니라 그 여자친구까지 얼굴과 이름, 소속학과 등이 공개되어 결국 휴학을 하기에 이르렀다. 연예인 음주 뺑소니 사건은 맨 처음 단순 접촉사고로 경찰에서 단순 사고조사만 받고 마무리되는 듯했으나, 해당 연예인의 친구 블로그에 그날 술자리를 가졌다는 정보가 네티즌들에 의해 포착되면서 일파만파로 커진 사건이다. 결국 경찰은 이 사건을 음주뺑소니 사건으로 재조사하기에 이르렀고, 해당 연예인은 사과 기자회견을 갖고 출연하기로 되었던 프로그램에서 하차하는 수모를 겪었다. 이처럼 네트워크 군대에 참여한 사람들은 개인의 경제적 이익에 따라서 움직이는 것이 아니라, 많은 경우 그들이 '지켜야 할 가치'와 '싸워야 할 이유'가 있기에 움직이므로 개인의 차원에서 대응하기란 거의 불가능하다.

국가적 차원에서 발생할 수 있는 사회적 위험의 예는 네트워크 군대가 싸우는 가치가 정치적·이념적 이슈이거나 충돌하는 계층간 이해의 문제에 해당할 경우에 생긴다. 대표적인 예로 노사모를 들 수 있다. 노무현 대통령이 2000년 총선에서 지역갈등 극복을 명분으로 부산에서 출마하여 낙선하자, 이를 안타깝게 여긴 네티즌들이 자발적으로 모여서 만든 인터넷 팬클럽에서 시작한 노사모는 2002년 대선에서 노무현 대통령의 당선에 결정적인 역할을 한 것으로 평가되었다. 소위 386세대의 문화와 가치를 표방하며, 실제로 이들 세대가 주축이 된 노사모는 경선과정에서부터 파란을 일으키는 핵심이 되었으며, 계속해서 대통령 선거운동의 과정에서 촛불집회, 지지글 퍼 나르기와 이메일 보내기 등, 활발한 온라인 선거운동을 펼쳐 대선의 결과에 큰 영향을 주었다. 그러나 이들의 승리는 온라인에 익숙하지 않은 5 · 60대 장년층에게 상대적 박탈감과 고립감, 위기의식을 불러일으킴으로써 세대갈등을 심화시켜 결과적으로 사회의 통합을 저해한 측면도 있다.

실패한 국가정책의 사례로 평가되는 동강 댐 문제도 또 다른 좋은 사례이다. 이 문제는 사회갈등이라는 관점에서 보면 개발이라는 성장위주의 패러다임과 생태계 보전이라는 새로운 패러다임이 충돌한 것이겠지만, 그 갈등의 과정을 살펴보면 이해관계를 둘러싼 지역주민 간의, 그리고 주민과 정부, 환경단체 간의 갈등으로 사안에 대한 객관적 고려가 이루어지지 못했다. 결국 이로 인해 홍수방지, 물 부족 해소, 생태계의 파괴 가능성, 댐의 안정성 등 각 쟁점사항에 대한 사실관계가 명확하게 밝혀지지 않은 상태에서 논쟁의 본질을 놓치게 되었다. 결국 네트워크 군대의 전술에 의해 동원된 지지를 배경으로 한 환경단체들의 입장이 강하게 반영되면서 여론을 의식한 정치적 해결로 마무리되었다. 네트워크 군대가 논의의 초기단계에서부터 공익을 내걸고 논쟁을 주도하는 과정에서 직접적인 이해당사자인 수몰지역 주민의 목소리는 거의 배제되어 충분한 논의조차 이루어지지 못했던 것이다(삼성경제연구소, 2001). 이와 같은 여론몰이식의 급진적인 동원은 정책실패뿐만 아니라 주민들의 경제적 · 정신적 피해를 낳을 수 있는 사회적 위험의 사례라고 볼 수 있다.

7.3.2 증폭과정

헌터에 따르면 모든 것이 공개된다 하더라도 그것을 전부 알 수는 없다(Hunter, 2002). 더구나 시간이 지날수록 개인이 알고 있는 정보의 비율은 감소하며, 사람들은 자신이 보고 싶은 것만을 본다. 이로 인해 정보의 폭주 속에서 정보를 정리 · 정돈해서 전달해 주는 '멘텟(Mentat)'[45]이 매우 중요한 역할을 한다(Hunter, 2002). 현재 이 멘텟에 해당하는 것이 포

45) 멘텟(mentat)이란, 프랭크 허버트의 공상과학 소설 '모래행성(Dune Universe)'에 나오는 '생각하는 기계'로, 방대한 데이터를 논리적으로 처리하고 압축하여 인간에게 전달하는 역할을 한다.

털이다. 현재 약 80%의 네티즌이 포털에서 뉴스를 얻을 만큼 포털의 영향력은 지대하다. 포털은 네트워크 군대들의 활동무대이며 '정보 퍼 나르기'를 할 뿐만 아니라 스스로 정의한 적에 대해서 직접 공격에 나서기도 한다. 개똥녀 사건을 통하여 네트워크 군대의 위력의 증폭과정을 살펴보자.

'개똥녀'는 2005년 6월 6일 서울 지하철에서 애완견의 변을 치우지 않고 그냥 내린 한 여성에게 네티즌들이 붙인 이름이다. 이 사건이 일어난 지하철 현장에 있던 누군가가 자신이 소유한 핸드폰 카메라로 이 여성의 사진과 함께 한 노부부가 애완견의 변을 대신 치우는 사진을 찍어 두 사진을 유명한 포털 사이트 게시판에 올렸다. 이 사진은 아무런 모자이크 처리 없이 얼굴을 알아볼 수 있게 게시되었고 등장 여성은 많은 네티즌들에게 비난의 대상이 되었다. 이후 많은 네티즌들이 이 여성을 매장시키기 위해 사진을 다른 게시판 및 개인 블로그에 올려서 더 많은 사람에게 알려 망신을 주어야 한다는 댓글을 달았고, 실제로 무차별적 '펌' 및 '낚시질'을 통해서 이를 확산시켰다. 곧, '개똥녀'는 유명 포털 사이트에서 인기검색어 순위 1위로 올라갔으며 인터넷 뉴스뿐만 아니라 공중파 TV, 라디오 등을 통해 이 문제의 심각성이 대두되기 시작하였다. 이에 그치지 않고 네티즌들은 사진에 나타난 실제 얼굴을 토대로 그 사람의 인적 사항을 찾아내어 공개하였고, 신문 및 대중매체에까지 이야기가 전파를 타게 되어 개똥녀의 비도덕성, 초상권 침해, 확인되지 않은 사실의 무차별적 폭로와 같은 여러 주제로 많은 논란을 불러일으켰다. 결국 서울시 지하철공사는 '개똥녀' 사건과 관련, 애완동물을 데리고 전동차를 타지 말 것 등의 내용이 포함된 '지하철 10대 에티켓'을 발표하기에 이르렀다. 네트워크 군대가 개인의 비도덕성에 대해서 무차별적 공격과 심판을 한 이 사건은 미국 "워싱턴 포스트"지에까지 이야기가 실리면서 전 세계적으로 이슈화되었으며 급기야 위키피디아에까지 오르기에 이른 것이다.

일명 '7악마' 사건도 개똥녀 못지않게 사회적 파장을 남긴 네트워크 군대에 의해서 만들어진 사건이다. 2005년 5월 31일 자살한 인천 ㅅ 고등학교 2학년에 재학중이던 유 양은 유서에 친구들에 대한 원망과 저주가

그림 7-1 애완견이 배설한 변을 외면한 '개똥녀'와 오물을 치우는 승객들

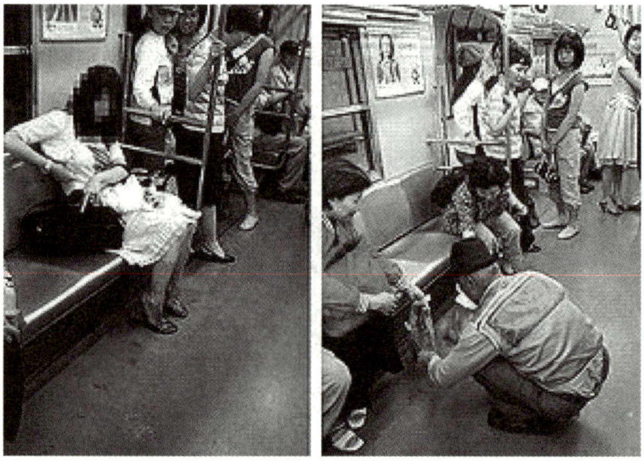

〈"개똥녀 사건" 전파 과정〉

지하철에서 핸드폰 카메라로 촬영

⇩

포털 사이트 "웃긴대학"에 원본 사진이 올라감

⇩

퍼가기(낚시질)를 통해 확산—네이버, 다음, 야후, 엠파스 등의 게시판에 오름
이들 포털 사이트의 게시물은 내부 블로그를 통해 손쉽게 퍼갈 수 있어 급속히 확산

⇩

이튿날, 우연히 개똥녀를 보고 찍은 사진이 유포, 그녀가 내린 역 등의 정보로 추정하여 소속 학교, 그녀의 싸이월드 홈피 등이 사실 확인 없이 유포(그녀가 모대학 2학년 휴학생이라는 신상정보와 이름까지 거론되었으나 해당 대학에서는 그런 학생이 없다는 입장을 밝힘)

⇩

하루 만에 네이버 등 포털 사이트 검색 순위 1위로 뜨면서 대중 매체(TV, 라디오) 등에서 이 문제를 다루기 시작,
'Dog poop girl'로 워싱턴포스트지에 소개됨.
예) 2008. 02. 19일 현재 네이버뉴스 검색에 726건, 야후뉴스 검색에 83건

넘치는 글을 남겼다. 유서에는 5월 28일 친구 ㄱ 양의 집에 놀러 갔다가 무심코 친구 옷장을 뒤적이게 되었는데, 마침 거기에 있던 가방이 없어지는 바람에 가방 도둑으로 오명을 쓰게 되었고, 이를 벗으려고 이날 저녁 빌라 4층 옥상에서 뛰어내렸다. 그녀는 유서에 '죽어서 복수한다…. 죽어도 복수한다… 나 죽어도 그렇게 말하나 보자! 살고 싶은데. 커서 애두 낳고 싶은데. 그년들… 가만 안 둬' 등 섬뜩한 글을 남겼다. 유 양은 가방을 잃어버린 친구 ㄱ 양뿐만 아니라 다른 친구들도 자신을 도둑으로 모는 바람에 큰 상처를 받았다고 한다.

유 양의 사연을 억울하게 여기던 사촌 친척이 6월 10일 인터넷 싸이월드 홈페이지에 유서를 스캔해 올렸고 이를 본 네티즌들은 격분했다. 유 양의 이름으로 등록된 이 홈페이지는 하루 최소 3백 명 이상이 글을 남기는 유명 사이트가 되었다. 사건은 여기에서 끝난 것이 아니다. 네트워크 군대가 생성되어 유 양을 범죄자로 몰아간 친구들을 공격하기 시작했기 때문이다. 그날 유 양을 범인으로 몬 ㅅ 고등학교 친구 7명에게 '7공주'라는 별명이 붙었고 혹독한 비난이 쏟아졌다. '7공주' 전원의 이름이 공개된 것은 물론이고, 누군가에 의해 그들의 얼굴이 실린 사진도 첨부되어 모두 인터넷에 떠돌게 되었다. 이들에게는 "평생 저주 속에서 살아라(서○○)" "살인자라는 꼬리표를 붙입시다(조○○)"라고 비난하는 등 격한 인신공격이 올라왔다.

사건이 발생한 인천의 ㅅ 고등학교는 관련된 7명을 모두 6월 11일부터 등교정지 처분했다고 밝혔다. 학교측은 그 학생들이 등교하여 또 다른 학생에게 상처를 주어 비극이 일어나는 것을 방지하고자 취한 조치라고 의의를 밝혔다. 이들 가운데에는 정신과 치료가 필요한 학생도 있다고 하며 교육청 관계자까지도 이 학생들이 다시 ㅅ 고등학교로 돌아가기 힘들 것이라고 밝혀, 7명의 학생은 정상적인 생활을 할 수 없는 상황이 되었다.

보다 최근에는 특정 연예인에 관련된 괴소문이 인터넷에 대량 유포되면서 관련 연예인들에게 커다란 상처를 입혔다. 가수 N씨가 2007년 세종문화회관에 예정했던 공연을 돌연 취소했다는 기사가 보도된 후, 숱한 소문이 인터넷에 확산되기 시작했다. N씨가 일본 야쿠자의 연인을 건드

〈7악마 사건 전파 과정〉

유 양의 친척이 유 양의 미니홈피에 유서를 스캔해 올림

⇩

네티즌들이 이 이야기에 격분

⇩

퍼가기(낚시질 통해 확산)—싸이월드 내의 개인 홈피에서의 퍼가기를 시작으로 유명 포털 사이트 게시판, 블로그 등으로 확산

⇩

유 양의 개인 홈페이지는 하루 3백 명 이상이 방문하는 유명 사이트화

⇩

포털 사이트 검색순위에 올라감으로써 일반 뉴스 등에 기사화

⇩

학교에도 알려져 관련 7명 학생 등교정지 처분

렸는데 그 연인이 K라는 영화 배우이며, 야쿠자는 복수로 N씨의 성기를 잘랐다는 악성 루머가 나돌았다. 섹스, 조직폭력배, 폭력 등이 절묘하게 배합된 이 작자 미상의 추리 소설이 꼬리를 물고 확산되자, N씨는 기자회견을 열어 근거 없는 소문이라고 해명하기에 이른다. 특히 그는 소문의 피해자가 된 두 명의 K씨의 명예를 회복해 줄 것을 강하게 주문하기에 이른다.

위에서 살펴본 세 가지 사건은 언제라도 재발될 수 있는 인터넷 시대의 사회적 위험의 예이다. 근거 없는 소문이 인격을 살해하며, 범죄라고 하기에도 어려운 사소한 비행에 핵폭탄급의 사회적 린치가 가해진 위 사건들은 모두 네트워크의 증폭과정에서 비롯된 것이다. 한편 사회적으로 위험을 낳는 동일한 사건도 경우에 따라서는 다양한 순기능을 갖기도 한다.

다음 절에서는 이러한 순기능의 측면을 요약적으로 살펴본다.

7.4 네트워크 군대의 순기능

네트워크 군대가 보이는 행태와 그 현상을 모두 반사회적 행위나 위험으로 분류할 수는 없다. 왜냐하면 우발적으로 일어나 다수 네티즌이 참여하게 되는 유연한 조직화의 사례에서 공공부문의 조직이나 언론이 미쳐 포착하지 못하는 사회적 문제를 서로 알리고 대처하는 사회적 순기능이 상당부분 존재하기 때문이다. 때때로 이러한 경향은 사각지대에 대한 훌륭한 시민감시로 작동할 수 있다. 그러한 내용을 요약 · 정리해 보면 아래와 같이 나누어 볼 수 있다.

7.4.1 약자 보호

네트워크 군대의 활동이 반사회적이지 않고 대다수 국민이나 네티즌이 공감할 수 있는 방향과 내용으로 움직일 때, 이는 국가나 시민단체가 세부적으로 챙기지 못한 사각지대에 대한 훌륭한 시민감시로 작동할 수 있다. 예컨대 육군훈련소 인분 사건[46]이나 대구 어린이집에서 발생한 아동학대 사건 등에서 확인되듯이 인터넷 군대는 여론을 통해 약자에게 힘을 실어주는 신문고 역할을 하기도 한다.

7.4.2 묻혀버릴 수 있는 사건을 알리는 역할

기존의 매스미디어가 수용하여 발신할 수 있는 정보의 한계를 지니고, 국회 등 민생을 돌보는 기관 등이 시의적절하게 포착하여 대처하지 못하는 억울한 개인의 사건을 매우 강력하고 빠르게 많은 사람들에게 확산시킬 수 있는 역할을 한다. 서귀포 부실 도시락 사건[47]이나 대구 신생

46) 2005년 1월, 논산 육군훈련소에서 중대장이 청소상태가 불량한 좌변기를 확인하고 중대 소속 훈련병 192명을 집합시켜 인분을 손으로 찍어 입에 넣도록 명령한 사건이다.

47) 제주도에서 결식아동들에게 부실하기 짝이 없는 도시락이 제공된 사실이 2005년 1월

아 학대사건[48] 등의 예에서 이를 확인할 수 있다.

7.4.3 권력에 대한 견제

언론 권력이 의도된 왜곡을 하거나 혹은 의도하지 않았어도 오보를 내는 등 문제를 야기시키는 경우 이에 대한 현장의 사실을 인터넷에 제보하거나 하소연하여 네티즌들이 즉각적·자발적으로 결성되는 네트워크 군대의 사례가 많다. 예를 들어 수경사 미담보도[49]에 대해 네티즌의 비난이 쏟아지자 이에 못 이긴 거대 방송사들이 사과문 발표하는 등의 사례를 찾아볼 수 있다.

7.4.4 사회도덕과 관습에 대한 인식 제고

개똥녀 사건은 지하철이라는 공공장소에서 젊은이가 노인들에게 예의는 고사하고 몰상식한 행동을 한 것에 대해 정도가 지나친 비난이 가해진 사건이다. 이를 다수 네티즌들이 급속하게 성토하게 된 배경은 비윤리적 행위가 목격되고 그 증거가 되는 사진이 유포되었기 때문이다. 네트워크 군대가 표출한 윤리적 분노감은 사회 구성원 모두에게 교육적 효과를 갖기도 한다.

8일 제주 서귀포의 시민단체에서 서귀포시 홈페이지에 올랐다. 도시락 구성물은 빵 한 조각에 메추리 알 몇 개와 맛살 서너 점 등이 고작이었다. 이 사진은 주요 뉴스와 신문기사로 바로 기사화되었으며 서귀포시 홈페이지는 이에 대한 댓글과 항의글을 쓰기 위해 들어온 네티즌들로 마비 현상이 일어나기도 하였다.

48) 대구시내 모 어린이집 원장이 부모의 위탁을 받아 보호하고 있던 초등학생 자매를 심하게 폭행한 사실이 관련 사진과 함께 2005년 4월 11일 대구시 교육청 홈페이지와 포털사이트 등을 통해 알려지면서 네티즌들의 비난이 쏟아졌다. 대구지역 네티즌 '복부글래머'는 11일 네이트닷컴 게시판에 '어린이집 원장에게 맞은 아이의 비참한 몰골'이라는 제목의 글과 함께 폭행당해 머리와 얼굴에 멍이 든 한 어린이의 머리와 얼굴 사진 3장을 올렸다. 이 네티즌은 어린이집 원장을 수사해 달라고 대구서부경찰서에 신고했으며 경찰은 12일 문제의 어린이집 원장 P(46) 씨를 상해 혐의로 입건했다.

49) 수경사(서울시 은평구) 승려들은 버려진 아기 10여 명을 절에 데려다 키운 미담 사례의 주인공으로 지상파 방송 및 주요 일간지에 소개된 바 있다. 그러나 뒤늦게 승려들이 아동학대를 자행해 온 사실이 밝혀지면서 언론에서는 사과문을 발표하고 정정보도를 싣게 되었다.

이와 같은 순기능이 있기는 하지만, 급속한 조직화 과정을 통하여 다수의 참여자가 증폭되는 과정에서 이들은 순기능보다 훨씬 커다란 잠재적 위험성을 갖고 있다. 위에서 살펴본 몇몇 사례는 빙산의 일각일 뿐이다. 참가자가 소수에 불과할 뿐이라도 선전선동에 강하거나 특정 이해관계에 얽혀 집단이기주의를 표출하고자 하는 경우에도 네트워크 군대는 급격하게 나타났다가 사라지며 수습 자체가 불가능한 일을 벌이기도 한다.

이 절에서 우리는 네트워크 군대가 어떻게 일거에 한 개인의 프라이버시와 안정을 무너뜨리고, 나아가 집단적 차원에서 국가와 사회의 통합을 저해하는 사회위험으로 작용하게 되는지 사례를 통해 살펴보았다. 그리고 이를 통하여 우리 사회가 직면한 새로운 위험에 대처하기 위한 방안을 모색해야 한다는 필요성을 제기했다.

다음 장에서 우리는 네트워크 과학(science of network)의 최근 연구결과를 활용하여 인터넷에서 네트워크 군대를 조망한다. 우리는 이들의 활동이 사회적인 위험으로 발전되는 과정을 네트워크에서 발생하는 상전이 현상으로 보고 그 메커니즘을 규명할 것이다.

제 3 부　네트워크와 상전이

네트워크 군대의 파괴적인 활동이 상전이(phase transition)를 일으키게 되면 사회적인 위험을 낳을 수 있다. 8장 및 그 이후의 장에서는 인터넷에서 의사소통의 사회 연결망이 사회적 위험으로 이어질 수 있는 구조적인 조건을 갖추고 있는지 분석하는 것을 일차 목표로 삼는다. 먼저 우리는 복잡계의 특성이 무엇인지를 검토한 다음 상전이를 설명하는 여러 종류의 이론을 소개한다. 특히 개혁의 확산이나 동조화가 일어나는 과정을 설명하려는 모델에 초점을 맞출 것이다. 끝으로 네트워크에서 상전이가 발생하려면 어떤 조건을 갖추어야 하는지를 복잡계 네트워크 이론을 중심으로 살펴본다.

마지막 장에서는 인터넷의 사회적 관계망이 상전이가 발생할 수 있는 조건을 갖추고 있는지를 경험적으로 분석한다. 우리는 자연과학자들이 하듯이 '인터넷'의 물리적인 네트워크 구조를 분석하려는 것이 아니라, 인터넷 사용자들 사이의 의사소통 관계망이라는 사회적 네트워크의 구조가 사회적 위험을 낳을 수 있는 '복잡계' 네트워크의 구조를 가지는지를 알아보려 한다. 비교적 최근에 발달한 네트워크 과학은 상전이가 발생할 수 있는 네트워크 구조에 대한 연구를 집중적으로 수행하고 있다. 기존의 연구에서 밝혀진 바에 따르면, 네트워크가 얼마나 좁은 세상인지, 또 얼마나 척도 없는 네트워크인지 등에 따라서 상전이가 쉽게 발생할 가능성이 있다고 한다. 우리는 가장 좁은 의미의 의사소통의 네트워크인 절친한 사람 사이의 사회관계망의 구조가 좁은 세상이며, 또 허브가 존재하여 갑작스러운 확산을 가능하게 하는 구조를 가진다는 점을 보일 것이다. 만일 특정한 정보가 검증을 받을 시간적 여유도 갖지 않은 채 급속히 전 사회에 파급된다면 이는 사회적 위험으로까지 나아갈 수 있다는 점을 경고하려는 것이다.

복잡계에서 발생하는 위험은 그 특성상 전통적인 사고와 방법으로 위험이 발생하는 상황에 대한 규칙성을 찾아내기가 대단히 어렵기 때문에 미래에 대한 예측도 어렵다. 또한 같은 조건의 실험을 반복해도 반드시 같은 결과를 얻는다고 장담할 수도 없다. 그러나 일단 위험이 가시화되면 그 파장의 규모와 파급 속도는 매우 크다는 특징이 있다. 따라서 인터넷이 갖는 근본적인 특징과 구조를 이해하면서 사회적 위험을 이론·경험적으로 규명하는 작업은 그 자체로 우리 사회에서 일어나는 사건과 현상을 보다 잘 이해할 수 있게 해 주며, 동시에 복잡성의 시대에 발생할 수 있는 커다란 위험성을 줄이기 위한 대안을 도출하는 데에 도움을 줄 수 있을 것이다.

제 8 장
복잡계와 인터넷 상전이[1)]

기상 예측이나 생태계 현상에 대한 연구에서 발전된 복잡성의 과학은 현대사회를 이해하는 데에까지 유효하게 활용되기 시작했다. 최근까지 과학적 분석의 기반은 정형화된 모델링에 근거한 선형적인 관계들에 대한 것이 대부분이었다. 하지만, 신과학은 구과학(old science)의 방법론적 한계 때문에 버려졌거나 무시되었던 많은 경험 세계의 현상들이 비정형적이고 비선형적이라는 점을 속속 밝히고 있다. 흔히 "북경의 나비 날개 짓이 일으킨 바람이 뉴욕의 태풍으로 나타날 수 있다"는 비유에서 나온 나비효과라는 말이 이러한 비선형성을 뜻한다.

역사적으로 생물학적 생태계 못지않게 인간 문명사회의 복잡성도 크게 증가했다. 네트워크 사회가 진행됨에 따라 관계의 수뿐 아니라 집단과 조직의 중층적 구조도 복잡해졌으며 연결망의 근본적 구조가 질적 · 양적 면에서 급속히 변화하고 있는 것이 현실이다. 특히 인터넷과 같은 전자 네트워크가 시공간의 물리적 한계를 뛰어넘으면서 인간들 사이의 사회적 연결망의 복잡성을 증폭시키고 있다. 갑자기 닥치는 외환위기, 주가폭락, 전염병의 급속한 확산, 특정한 상품이 갑자기 시장을 장악하는 현상 등이 모두 네트워크와 관련되어 있다는 사실이 복잡계 이론에 의해서 밝혀지고 있다(윤영수 and 채승병, 2005). 다른 측면에서 바라보면, 네트워크 혁명은 과거에 비해 우리에게 여러 가지 유용함과 편리함을 가져다주었지만 예측하지 못했던, 그리고 통제 불가능한 새롭고 다양한 현상들을 만들어 내면서 사회적 위험을 야기하고 있는 것 또한 사실이다. 인터넷상에서 개인적 수준의 작은 움직임들이 어느 순간 거대한 기류를 불러일으키는

---

1) 이 장의 초고를 준비하는 데 도움을 준 최영일에게 감사한다. 8장과 9장의 일부는 정보통신정책연구원에 제출한 보고서 「인터넷 접속시대의 사회적 위험」을 수정 · 보완한 것이다.

현상은 혼돈이론의 '나비효과'의 모습과 너무나 닮아 있다. 이러한 현상은 '인터넷 상전이'라고 부르기에 부족함이 없다.

이 장에서는 이때까지는 사회과학 문헌에서 잘 다루어지지 않은 '네트워크 군대(network army)'와 '상전이(phase transition)'의 관계에 주목하려고 한다. 네트워크 군대의 발생과정과 그들의 활동에 의해 인터넷에서의 특정 정보가 급속히 확산되는 과정을 '상전이'의 관점에서 조망하려는 것이다. 네트워크 군대는 의도적이든 아니든 인터넷 내의 현상들을 계획하거나 주도하게 되는 정치 · 경제 · 사회 · 문화적 '의지'를 가진 배후조종집단 혹은 행위 주체가 초기 시나리오를 설정하고 실행하는 경우가 종종 있다는 특징이 있다. 네트워크 군대의 활동과 인터넷 상전이는 복합적으로 맞물려 나타나기도 하는데, 두 가지가 동시에 발생할 때 그 효과와 위험성이 극단적으로 증폭될 수 있는 여지가 커진다. 따라서 이 두 개념을 연결시키면서 활용하면 인터넷이라는 복잡계 연결망의 구조적 특징은 사회적 위험을 발생시킬 가능성이 농후하다는 점을 보여줄 수 있다. 네트워크 군대와 같은 집단은 '인터넷 상전이'가 발현되기를 기대하면서 계획을 세우고 행동을 시도하게 될 것이다. 이 양자간 관계가 선후적 관계이든, 표면과 이면의 관계이든, 혹은 비선형적으로 인과적 분류가 어려운 경로의존적 복합 관계이든 이 두 가지에 대한 병행적 연구가 갖는 의의는 클 것이다.

특정한 지점에서 개인, 혹은 소수로부터 비롯된 어떤 정보가 복잡계 네트워크 내에서 어떠한 경로를 따라 어떠한 메커니즘으로 퍼져나가는가에 따라 사적 정보로 남거나 혹은 소규모의 집단만이 공유하는 데 그치기도 하고, 때로는 아무도 의도하지 않고 예측할 수 없었음에도 불구하고 엄청난 사회적 반향을 불러일으키는 현상으로 증폭되기도 한다. 이러한 거대 현상이 특정집단의 의도와 목적에 따라 인터넷상에서 '집단동원'을 일으키는 경우도 있다. 하지만 네트워크 군대에 참여하는 사람들조차 복잡계 속에서 의도한 결과를 확신할 수 없다. 그 현상이 임계집단(critical mass)을 넘어 상전이를 낳을 수 있을지는 아무도 모르기 때문이다.

사회 연결망 안에서 일어나는 상전이에 대한 연구는 네트워크의 복잡성이 지속적으로 증가하는 현대사회, 특히 정보사회 속에서 일견 갑자기 도래하는 것처럼 보이는 다양한 위험들을 이해하는 데 기여할 수 있다. 이 장은 복잡계의 특성과 상전이라는 현상을 소개하고, 사회문제로 증폭될 가능성이 높은 위험성이 네트워크 안에서 발생하는 메커니즘을 분석한다.

8.1 복잡계의 특성

앞 절에서 언급한 바와 같이, 네트워크 내에서 다양한 참여자가 다양한 유형의 연결을 이루어 상호작용이 활발히 이루어지는 경우 정형화된 방정식으로 계산 불가능한 현상들이 이루어지는 단계로 접어들게 되는데 이러한 시스템을 일컬어 '복잡계'라고 한다. 그리고 이보다 더 넓은 예측 불가능의 지대를 '혼돈영역'이라고 부른다. '복잡계'의 경우 선형적 영역에서와는 다른 현상들이 나타나지만 복잡성 과학의 이론이 발달함에 따라 특정한 패턴을 발견할 수 있다는 점에서 복잡계 영역은 선형적 영역과 혼돈영역의 중간지대로 이해할 수 있다. 복잡성 과학에서는 복잡계의 특성을 다음과 같은 요소들로 이론화한다.

8.1.1 초기 조건에 대한 민감성

이는 기상학자 로렌츠에 의해 '나비효과'로 많이 알려진 개념이다. 이는 복잡한 환경으로 구성된 위상공간에서 증폭과 상쇄의 피드백이 뒤섞여, 시간적으로 초기의 사소한 차이들이 이후 상당히 큰 변화의 초기조건으로 작용하게 됨을 의미한다. 즉, 과정 초기의 미세한 변동이 과정의 끝에서 거대한 변화를 일으키는 상황으로 발전할 수 있음을 뜻하는 것이다.

복잡계 현상에서의 초기 조건에 대한 민감성을 보여주기 위하여 가장 간단한 복잡계 모델을 통하여 선형모델과 비교하여 보기로 하자. 특정한 크기의 풀밭에 사는 토끼의 수를 예측하기 위하여 우리는 선형모델

($y=a+bt$로서 t년 이후의 토끼 수가 y)이나 성장모델($y=e^{bt}$)을 주로 사용하여 왔다. 이러한 모델에 의하면 t년 이후의 토끼 수는 확정된 값으로 예측된다. 예를 들어 성장률 $r=1.1$이라면 다음 해의 인구는 $N_{t+1}=rN_t$ 라고 예측하는 것이다.

그러나 여기에 수용능력(carrying capacity)이라는 간단한 개념을 도입하면 모델은 즉시 복잡계로 접어든다. 즉, 토끼 수가 일정한 수 이상으로 자라나면 풀밭의 자원이 충분치 않기 때문에 토끼의 성장률은 감소할 수밖에 없다. 수용능력 때문에 토끼 수가 감소하면 풀이 남기 때문에 토끼 수는 다시 늘어나기 시작한다. 성장률이 마치 요요처럼 늘었다 줄었다 할 때 t년 이후의 토끼 수를 예측하기는 거의 불가능하다. 구체적으로 풀밭이 수용할 수 있는 최대 토끼 수 $K=100$, 현재 토끼 수 $N_t=20$이라고 가정하고, r은 매개변수, x는 최대 가능 토끼 수에 대한 현재 토끼 수의 비율이라고 한다면 현재의 x_t는 0.2이고 항상 $0 \leq x_t \leq 1$라는 조건이 성립한다. 그리고 남은 수용능력은 $(1-x_t)$가 된다. x_t값이 작으면 성장률은 r값에 접근하고 x_t가 1에 접근하면 성장률이 0에 접근하는 변동 성장률 모델을 설정할 수 있다. 이 경우 성장률은 $r(1-x_t)$가 되고, 성장 공식은 $x_{t+1}=r(1-x_t)x_t$가 된다. 다시 말하면 성장률 자체가 풀밭의 최대 수용능

그림 8-1 변동 성장률 모델을 활용한 토끼 수 예측

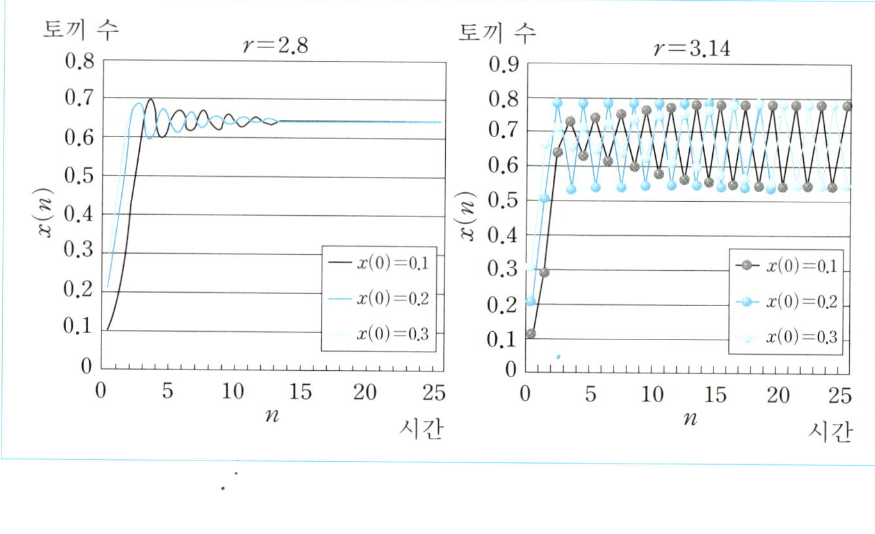

그림 8-2 r값에 따른 토끼 수 예측

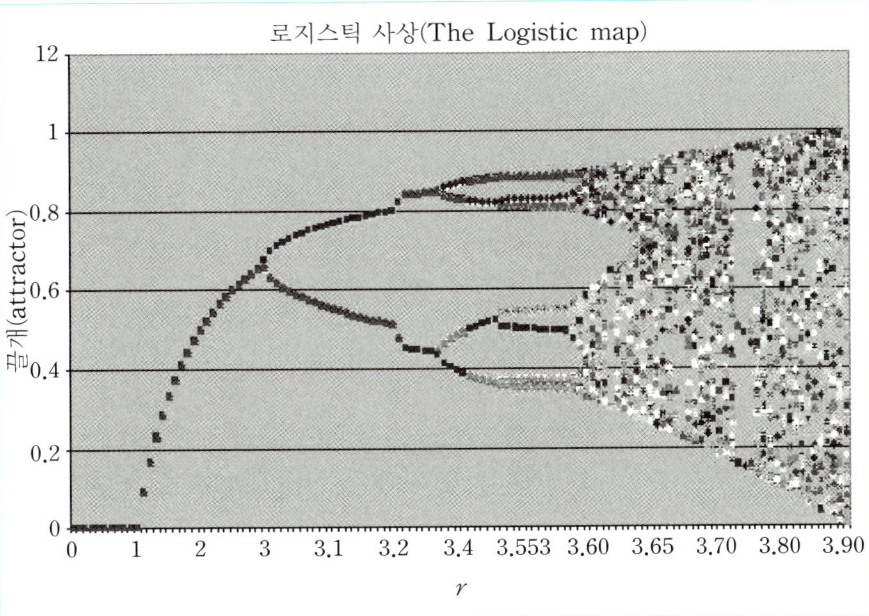

력에 대한 토끼 수를 반영하면서 변하는 것이다.

〈그림 8-1〉은 이 모델을 이용하여 각각 r=2.8, r=3.14로 설정하고 첫 세대의 토끼 수를 세 개의 값으로 출발하여 n시간이 경과한 다음의 토끼 수를 예측한 것이다. 전자의 경우는 0.65라는 값으로 수렴하지만, 후자의 경우는 어느 값에서 출발했는가에 따라 두 개의 값 사이를 왔다갔다 하면서 진동하고 있다(Moore, 2004).

이 간단한 모델의 시뮬레이션 결과를 요약한 것이 〈그림 8-2〉이다. r값이 3에 이르기까지는 첫 해의 토끼 수(초기값)에 관계없이 일정한 값으로 수렴한다. 복잡계에서는 이 값을 끌개라고 부른다. 그러나 r이 3.14에 이르면 초기값에 따라 두 개의 값 사이를 진동하고 r이 3.45에 이르면 초기값에 따라 4개의 값 사이에서 진동한다. 그러나 3.6 정도에 이르면 초기값에 따라 어디로 수렴될지를 알 수 없는 혼돈의 영역으로 접어든다.

이처럼 간단한 모델을 통하여 우리는 r값이 주어졌을 때, 예측된 토끼의 수는 초기값의 조그만 차이에 의해서 엄청나게 큰 결과의 차이가 남을 알 수 있다. 복잡계가 갖고 있는 예측 불가능성과 초기값의 민감성이라는 개념을 보여주는 것이다.

8.1.2 상호의존성과 경로의존성

일반적으로 과학적 인과관계 모델은 소수의 독립변수와 종속변수를 설정하고, 그 영향과 관계, 경로에 대한 분석으로 관계성의 유형과 정도를 밝히는 경우가 많다. 하지만 변수 자체가 많아지는 것만으로도 분석이 복잡해지지만, 변수의 독립성과 종속성이 분명치 않고 상호 피드백을 하는 관계로 얽히게 되면 이에 대한 선형적 분석이 불가능해진다. 또한 시간적 흐름에서 초기 독립변수의 영향보다 어떤 사건 바로 직전 환경의 복잡한 영향이 지속적으로 다음 사건의 궤적에 변화를 일으킬 때 이를 '경로의존적'이라고 본다. 이 경우 기존 모델로 인과적 과정을 분석하는 것이 어렵게 된다. 개디스는 경로의존성을 간략히 '동작과정의 초기에 일어난 사소한 사건이 궁극에 가서는 거대한 차이를 불러올 수 있는 성질'이라고 정의했다(Gaddis, 2002).

고속도로 공사를 하기 위하여 산을 절개했을 때 드러나는 지층은 오랜 시간 동안 끊임없이 작용한 지층 간의 압력과 무게의 상호작용의 역사를 드러낸다. 개디스는 지질학이 현재 관찰된 복잡한 지층구조로부터 과거의 상호작용을 추론하듯이, 이러한 복잡한 과정에 대한 추론을 인간의 역사에도 적용할 수 있다고 주장한다.

> "만약 시간과 공간이 역사가 일어나는 영역을 제공한다면, '구조'와 '과정'은 메커니즘을 제공해 준다. 왜냐하면, 현재까지 남아있는 구조를 통해 과거에 일어났기 때문에 접근이 불가능했던 과정들을 재구성할 수 있기 때문이다. 사회학자 존 골드소프는 "역사적인 사실이란 유물로부터의 추론이다"라고 말했다. 이것은 뼈와 배설물, 도구와 무기, 위대한 사상과 예술작품, 또는 문헌고에 저장되어 있는 문서들을 포함하지만, 정작 그것들을 낳은 것은 과정이다(Gaddis, 2002)."

다시 말하면, 복잡계의 경로의존성이라는 개념은 사회과학의 영역에서도 그대로 적용될 수 있다는 것이다.

8.1.3 자기유사성

프랙탈이란 수학자 만델브로트가 발견한 것으로 부분이 전체의 모습을 담고 있는 기하학적 구조를 일컫는다. 자연적으로 나타나는 많은 형태가 이러한 모습을 띄는데 특정한 식물을 점점 작은 조각으로 쪼개어도 유사한 모양을 유지하며 혈관, 전기방전, 도로의 균열, 갈라진 하천 바닥, 나뭇잎, 해안선 등에서 닮은 '패턴'이 나타나는 것이 그 예다. 이렇게 관찰범위의 규모와 관계없이 같은 패턴을 유지하려는 성질을 '자기유사성'이라고 부른다.

서로 다른 프랙탈을 비교하기 위하여 프랙탈 차원을 사용하는데, 이는 $V=L^D$로 정의된다. 즉, 길이를 L배 늘였을 때, 그 기하학의 면적(혹은 부피) V가 늘어나는 정도를 수식으로 표현한 것이다. 예를 들면, 프랙

그림 8-3 자연에서 발견할 수 있는 프랙탈의 전형적인 예[2)]

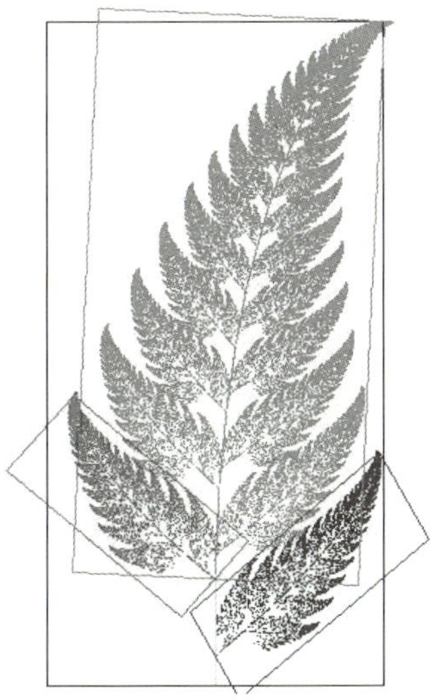

2) http://en.wikipedia.org/wiki/Self_similarity

그림 8-4 프랙탈의 자기유사성과 프랙탈 차원: 서핀스키 삼각형(Sierpiński triangle)[3]

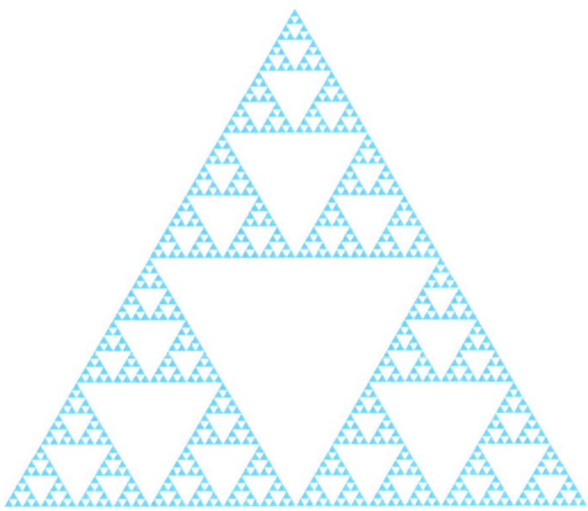

탈의 가장 기본적인 형태를 보여주는 〈그림 8-4〉에서 하나의 큰 삼각형을 포함한 사각형의 세로 변의 길이를 두 배 늘리면 같은 삼각형 3개가 큰 사각형에 포함된다. 즉, $D=\log_2 3=1.58496$이 되므로 이를 프랙탈이 1.58차원을 갖는다고 한다.

8.1.4 자기조직화

물리학에서 가장 보편타당한 '절대법칙'이 있다면 그것은 열역학 제2법칙일 것이라고 인정되어 왔다. 이는 모든 물질과 현상의 방향은 엔트로피 증가의 방향이며 궁극적으로 '열 죽음'으로 나아간다는 법칙이다.

그런데 생명체 진화의 과정에서 복잡성이 증가하면서도 일정한 질서가 나타나거나, 무정부 상태의 사회 속에서도 협력이 생겨나고 발전되는 것과 같이 엔트로피가 낮아지는 예외적인 현상이 일어나기도 한다. 노벨상 수상자인 프리고진(Prigogine and Stengers, 1984)은 부분적으로 엔트로피가 감소하는 현상으로부터 자기조직화라는 개념을 이끌어 냈다. 두 종류의 색깔이 있는 공기를 밀폐된 공간에 섞으면 처음에는 무작위적으로 섞이다가 나중에는 일정한 패턴을 보이는 경우가 있는데, 이 패턴 자

3) http://en.wikipedia.org/wiki/Sierpinski_triangle

그림 8-5 끓는 물의 대류에서 생긴 자기조직화 현상(Benard cell)

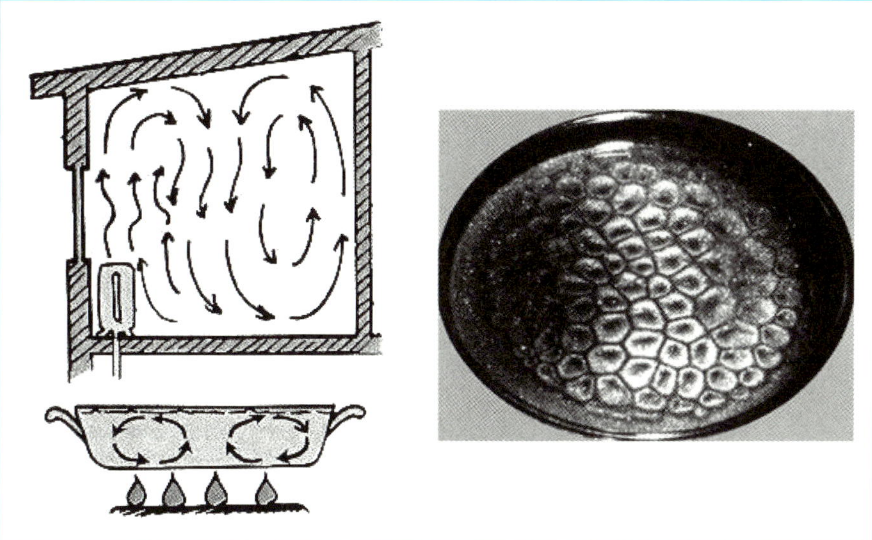

체가 부분적으로는 엔트로피가 낮아진 현상이라는 것이다. 〈그림 8-5〉에서 보듯이 끓는 물의 경우도 100℃ 근처의 비평형 상태에 이르면 미시적인 동요가 일어나더라도, 무질서하게 흐트러져 있는 주위로부터 에너지를 흡수하여 무질서 상태를 감소시켜 거시적으로 안정한 구조를 출현시킨다.[4] 처음 발견한 프랑스의 물리학자 이름을 따 베나르 세포(Bernard Cell)라고 불리우는 이 구조는 분자들의 대류 운동에 의해 규칙적인 자기조직화의 성격을 갖는다. 이렇듯 특정한 패턴이나 유형, 질서를 가지고 한 유기체나 시스템의 복잡성이 증가하는 것을 '자기조직화'라고 말한다. 자연 세계에서 발견되는 프랙탈도 자기조직화의 한 부분이다.

끝으로 임계성과 상전이는 복잡계의 가장 큰 특징이기 때문에 다음의 한 절을 할당하여 상세히 소개하려고 한다.

4) http://en.wikipedia.org/wiki/Benard_cell

8.2 상전이란

임계성을 갖는 물질이나 시스템은 고유한 임계값에 도달하면 한 상태에서 다른 상태로 급작스러운 전이가 일어나는 현상을 보이게 된다. 가장 흔히 쓰이는 예로, 물은 0°에서 액체에서 고체인 얼음으로 급전환하고, 100°에서 증기로 형태가 변화하는데, 이와 같은 현상을 가리켜 '상전이'라 부른다. 이러한 상전이 현상은 점진적 변화, 혹은 양적 변화라기보다는 급진적 변화이며 특히 질적 변화를 수반하는 경우가 많다. 물의 경우 질적으로 전혀 다른 성질을 나타냄과 동시에 분자구조 역시 새로운 형태로 변모한다.

주로 자연과학에서 다루어져 온 물리 · 화학적 상전이는 이제 사회현상에서도 적용되어 유사한 현상을 포착하게 되었다. 초기에는 상전이라는 개념이 단지 은유적으로 사용되었다. 변증법을 주장하는 마르크스주의자는 점진적 · 양적인 변화가 궁극적으로는 질적인 변화를 가져온다는 양질변환이 상전이라고 본다(Marx, 1906). 그러나 복잡계 이론이 발전하면서, 사람들이 속한 사회 네트워크의 구조를 통해서 상전이가 발생하는 과정을 설명하기 시작했다. 그렇지만 아직은 금융시장이 급격히 몰락하거나 갑자기 영화가 뜨는 것과 같이 사회현상에서 실제로 상전이가 발생하는 구체적인 과정을 설명하는 데까지 이르지는 못했고, 단지 컴퓨터 시뮬레이션 등을 통해서 그 메커니즘을 보여줄 뿐이다(Watts, 2003b).

본 연구에서는 '인터넷 상전이'를 특정한 정보가 인터넷이라는 네트워크를 통해 급속히 확산되는 현상으로 정의한다. 이러한 확산의 과정에서는 특정한 임계점만 지나면 정보가 포화상태로 확산되기까지 걸리는 시간이 매우 짧다는 특징이 있다. 이러한 현상은 네트워크 군대의 '조직화'나 '동원'의 결과로 나타나는 경우도 있지만 상전이가 더 폭넓은 개념이라고 볼 수 있다. 인터넷 상전이는 의도된 행위의 연쇄적 현상으로서가 아니라 아무런 계획과 의도 없이 나타나는 현상까지 포함하기 때문인데,

이러한 경우 불확실성이 더 크고 사회적 위험이 발생할 여지가 높다.

8.2.1 에버렛 로저스의 '개혁 확산 모델'

에버렛 로저스의 '개혁의 확산'에 대한 연구는 1960년대부터 진행되었다(Rogers, 1962). 초기에 이 연구는 농촌사회학의 범주에서 정부가 수확량이 높은 신품종의 씨앗을 보급하고자 할 때 농부들이 왜 예상 외로 도입을 주저하는가를 분석하기 시작하였다. 이 '신품종 씨앗'에 대한 연구가 나중에는 다양한 유형의 '개혁'으로 적용하여 확장된 것이다. 로저스가 2003년 다섯 번째 개정판을 내기까지 40여 년간 '확산 모델'이 다루는 '개혁'의 내용은 너무나 다양해져서 인터넷의 확산, 9·11 테러와 관련된 테러리스트 네트워크에까지 포괄되고 있다(Rogers, 1995). 그가 복잡계 현상이나 '상전이'를 직접 다루지는 않았지만 앞에서 언급한 '전염 연구'의 시간과 분포의 연관성에 대한 유효한 개념 틀을 제공하고 있으므로 이를 정리하여 적용해 보고자 한다.

로저스는 하나의 새로운 개념이나 상품이 확산되는 데 '시간' 변수의 중요성을 강조하면서 '개혁결정기간'을 설정하였다. 이는 확산이 결정과정을 거칠 때 소요되는 시간의 길이를 말한다. 채택자의 범주는 시간적으로 좀더 정교하게 나뉘어지며 (1) 개혁자, (2) 조기 채택자, (3) 조기 대다수, (4) 후기 대다수, (5) 낙후자(Laggard)로 구분된다. 개혁자는 새로운 아이디어나 뉴스에 대해 능동적으로 정보를 추구하는 사람들이다. 이들은 다른 사람들에 비해 미디어에 노출되는 정도가 높고, 대인 간 네트워크도 일반적 범위에 비해 상대적으로 높다. 이 새로운 상품이 확산되기 위해서는 일종의 '문지방(chasm or threshold)'을 넘어야 한다. 이것을 넘어서면 조기 대다수자가 채택하게 되지만, 그렇지 않은 경우 확산은 실패하고 만다.

문지방을 임계치라고 볼 수 있는 경우는 오직 특정한 경우에 한한다. 즉, '개혁이 사회체계의 구성원들에 의해 채택되는 데 걸리는 상대적인 신속성'의 정도에 따라 문지방을 '임계치'라고 이해할 수 있는 것이다. 그

그림 8-6 로저스의 혁신 전파 모델

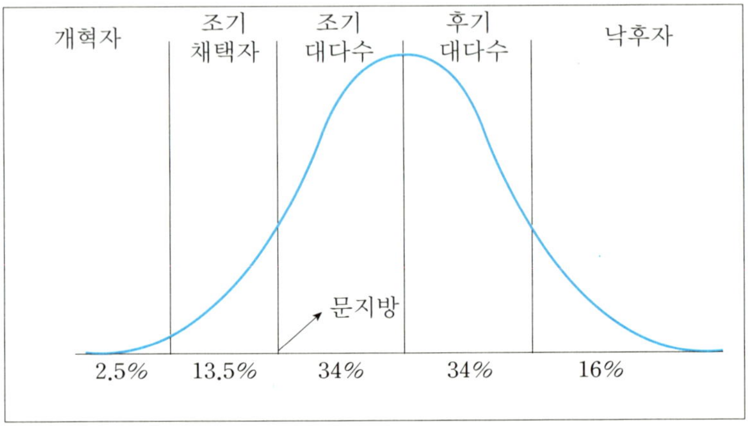

의 모델에서 또 다른 중요한 점은 혁신이 전체 사회에 의해서 받아들여지는 과정에 대한 것이다. 즉, 그의 모델이 주장하는 바는, 혁신을 받아들이는 정도가 정규분포를 그린다면 이러한 분포의 누적효과(cumulative

그림 8-7 혁신성의 분포와 그 누적효과

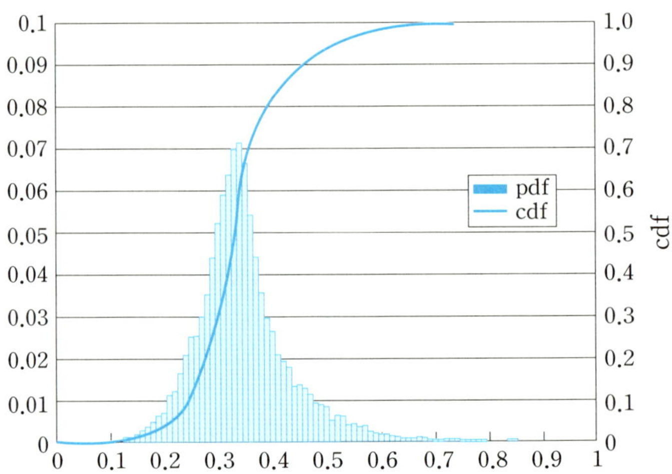

distribution function: cdf)는 〈그림 8-7〉과 같이 S자 형태의 곡선을 그린다는 것이다. 이 S자 곡선은 TV나 인터넷의 전파 등에서 이미 검증된 형태이다.

로저스의 모델은 현재도 신제품의 마케팅에 널리 이용되기도 하지만 인터넷에서 정보전달의 경로와 확산범위, 확산속도의 분석에도 활용될 수 있는 범용적인 모델이다. 다만, 이 모델의 최대 단점은 혁신의 수용 여부에 대한 개인 성향의 분포만 고려했지 이들이 영향을 주고 받는 네트워크는 완전히 무시했다는 점이다.

8.2.2 동료 영향 모델

전염이 네트워크를 통해 이루어지는 예는 흔히 발견할 수 있는데, 에이즈가 확산되는 성관계망, 혹은 사스가 전파되는 항공노선 네트워크의 경우가 이에 속한다. 혁신의 전파에 이러한 연결망 구조의 효과를 들여오기 시작한 것은 동료 전염 모델(peer influence model)이다. 예를 들어, 청소년 비행 같이 특정한 의견이나 이데올로기의 확산이 연결망을 통해 전염되는 과정을 모델화한 것이다(Friedkin, 2006). 이 모델의 기본적인 생각은 친구가 마약을 복용하게 되면 본인의 마약복용 확률이 증가한다는 것이다.

동료 영향 모델의 가장 단순한 수식은 $Y_{t+1}=WY_t$로서 W는 상호작용의 $(n \times n)$ 연결망 행렬이고 Y는 행위 특성으로, $t+1$ 시점의 행위는 t 시점의 행위 특성이 W에 의해 전염될 것으로 예측한다. 이 의미는 어느 한 사람이 상호작용하는 대상 중에 행위 특성 Y를 갖는 사람이 많이 분포되어 있을수록 $(t+1)$ 시점에서 이 사람에게 그 행위 특성이 전염될 확률이 높다는 것이다. 즉, 기존의 전염, 또는 확산에 대한 연구는 개별 속성의 분포를 파악하여 전염경로를 유추하는 데에서 멈추지만 연결망 분석은 보다 구체적인 확산경로 및 효과를 분석할 수 있다는 장점이 있다.

그 과정을 보여주는 세련화된 모델은 다음과 같다. Y는 X라는 변수들의 선형조합으로 예측된 태도나 가치관이라고 하자. 이 가치관이 어떻게 네트워크를 통하여 전파되는지를 보여주는 공식이 우측 공식이다.

$$Y^{(1)} = XB \qquad Y^{(1)} = \alpha W Y^{(T-1)} + (1-\alpha) Y^{(1)}$$

$Y^{(1)} = N \times M$ 행렬로, N명의 행위자가 M개 이슈에 대해 갖고 있는 태도

$X = N \times K$ 행렬로 Y에 영향을 미치는 개인들의 속성 변수

$B = K \times M$ 행렬로 X와 Y를 연결짓는 계수

α = 개인간의 영향력을 설정하는 계수

$W = N \times N$ 행렬로 개인간의 네트워크 구조

예를 들어, 〈그림 8-8〉과 같은 네트워크 구조를 살펴보자. 이 네트워크는 두 개의 집단으로 나뉘어져 있고, 집단 내의 연결은 매우 강하고 집단 간의 연결은 약하다는 특징이 있다. X와 Y에 대한 사람들의 초기 태도(x_0와 y_0)가 〈그림 8-8〉의 왼쪽과 같이 분포되어 있을 때, 네트워크를 통해 개인간 영향을 주고받는다면 시간이 흐른 다음에 그들의 태도는 어떻게 변할 것인가? 〈그림 8-8〉의 오른쪽 시뮬레이션 결과는 네트워크를 통해 개인적인 의견이 서로 전달되면서 7단위의 시간이 지난 후($X7$)에는, 두 개의 구분되는 의견으로 두 집단이 각기 수렴하게 된다는 것을 보여준다.

이는 마치 처음에는 콜라를 자유롭게 선택하여 마시다가 네트워크로 연결된 사람들 간에 같은 콜라를 선호하게 되는 현상에 비유할 수 있다. 시뮬레이션 과정이나 자세한 수식은 생략했지만, 이 과정이 직관적으로

그림 8-8 네트워크 구조의 사례

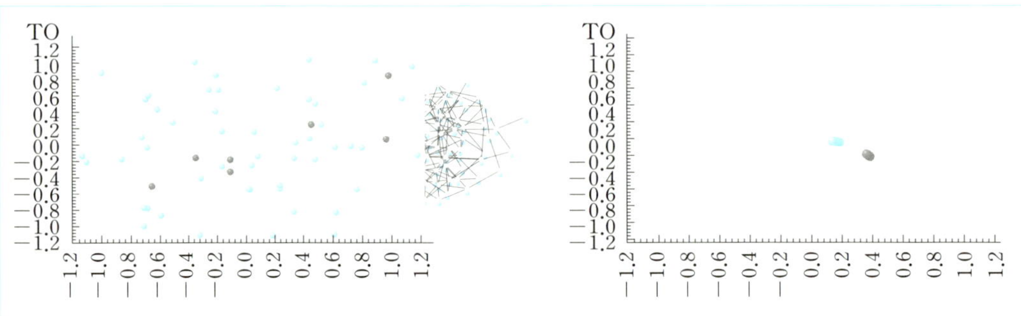

그림 8-9 **선호하는 콜라의 군집화**(동료 영향 모델)

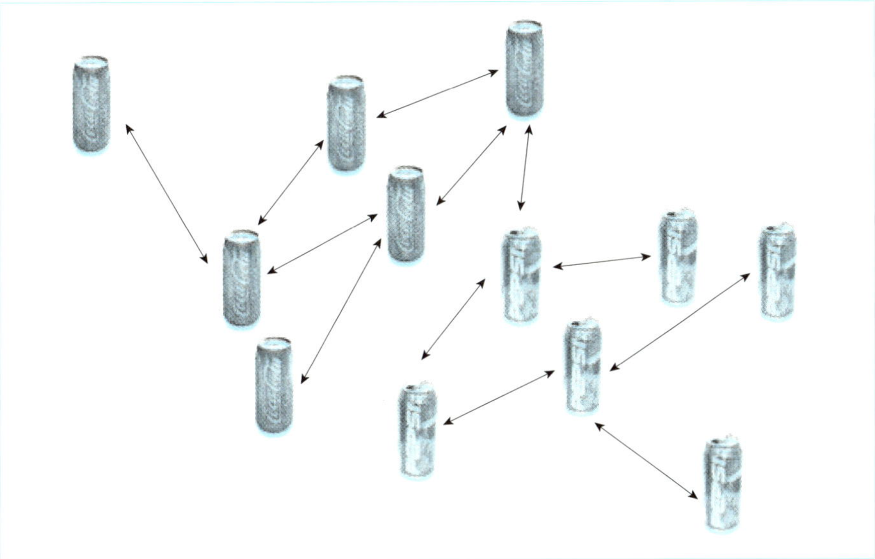

보여주는 것은 집단 간의 견해가 서로 섞여 있더라도 네트워크를 통해서 영향력을 주고받으면, 각 집단이 고유의 견해를 갖게 된다는 것이다. 상전이가 존재하는 네트워크의 구조하에서는 매우 짧은 시간 내에 확산경로에 의해 정보가 전달될 뿐만 아니라, 의견의 수렴과정이 존재한다는 것을 시사하는 것이다. 즉, '상전이'의 경우에는 t_0와 t_n 간의 짧은 시간간격 동안 정보확산과 견해수렴이 발생하게 되며, 특정 정보와 의견이 며칠 만에 수많은 네티즌에게 확산되는 인터넷 상전이의 과정을 모델화할 수 있음을 시사한다.

8.2.3 '동조'에 의한 상전이

자연과학적 현상을 사회적 문제와 연결시키는 복잡계와 네트워크 연구에서 '동조'를 '상전이'와 유사한 경우로 보는 견해도 등장했다. 이는 일군의 수학자, 물리학자, 생물학자들이 학제적으로 동일한 현상에 연구의 초점을 맞춘 결과이다. 응용수학자인 스트로가츠는 수많은 반딧불이

그림 8-10 동조화 모델

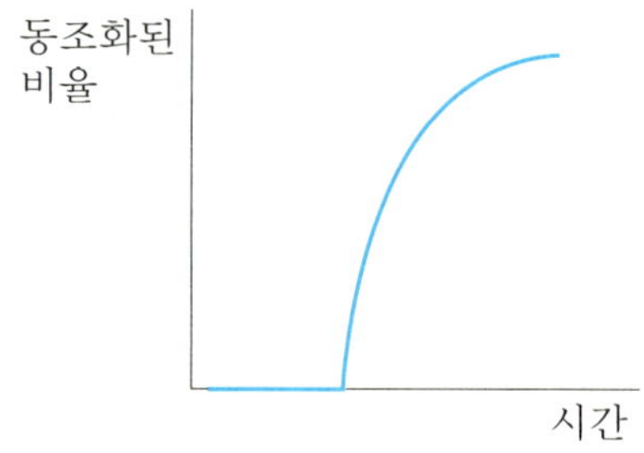

가 거의 동시에 빛을 점멸하여 장관을 만들어 내는 현상을 대표적인 '동조'라고 설명한다(Strogatz, 2003). 강당에 모인 청중들이 무작위로 박수를 치다가 갑자기 리듬에 맞춰 모두 한 박자로 박수를 치는 현상(Neda et al., 2000)이나, 옆에 놓인 여러 개의 회중시계의 추가 함께 주기를 맞추어 흔들리는 현상(Bak, 1996), 혹은 옆으로 흔들리는 다리 위에서 넘어지지 않기 위해 발을 함께 딛는 경우[5](Strogatz et al., 2005)가 동조의 좋은 예이다. 특정집단에서 동질성의 단계를 점진적으로 높여갈 때 어느 '임계치'까지는 동조가 거의 나타나지 않다가 갑자기 일부 진동자가 자발적으로 주파수를 맞추면서 상호 '동조'하는 것이다. 동조 모델은 개별 진동자들의 동화능력이 지나치게 폭넓게 분산되어 있으면 '상전이'가 나타날 수 없다고 본다. 즉, 개별 진동자들이 비슷해야 임계값이 존재하며 상전이가 발현될 수 있다는 것이다.

동조화 모델이 앞에서 다룬 개혁 확산 모델과 다른 점은 시간에 따라 퍼져나가는 모양이다. 개혁 확산 모델에서는 확산의 속도가 처음에는 아주 서서히 진행되다가, 조금 지나서 갑자기 확산된 후 포화상태 근처에서는 서서히 진행되는 S자 곡선을 그린다면, 동조화 모델에서는 네트워크의 작용 때문에 어느 한 순간 갑작스럽게 동조가 생겨난다.

5) 지난 2000년 런던에서는 밀레니움이라는 보행전용 다리가 개통 3일 만에 못쓰게 되어 급히 폐쇄된 일이 있었다. 그 원인을 분석한 결과, 행인들의 발걸음이 동조화되었기 때문에 다리에 충격이 가해졌다는 사실이 밝혀졌다. 개별 행인의 발걸음은 다리를 옆으로 흔들리게 하는 움직임을 만드는 데 다수 행인들의 발걸음이 동조화되면서 그 진동이 공명의 과정을 거쳐서 더욱 큰 진폭을 만들어 낸 것이다.

앞에서 검토한 동료 전염 모델이 "이슬비에 옷 젖는다"라는 표현처럼 시간이 지나면서 반복적으로 영향을 주고 받음에 따라 자신의 견해나 특정한 행동을 확률을 조금씩 변화시키는 모델이라면 동조 모델(synchronize model)은 '주변 네트워크에 연결된 사람들 중에 몇 퍼센트나 특정한 행동을 하는가'에 의해서 자신의 행동을 갑자기 바꾼다고 개념화한 모델이다. 예를 들어, 어떤 사람은 친구들 중에 1/3 이상이 MP3 플레이어를 사면 자신도 사기로 결정하고, 어떤 사람은 친구들의 1/4만 MP3를 구매하면 자신도 구매하기로 결정한다고 가정하자. 이러한 경우 각각의 사람들이 구매를 결정하는 문지방 값이 다르게 분포되어 있다고 할지라도, 퍼져 나가는 비율이 시스템의 임계값을 넘어서면 어떤 한 사람이 추가적인 구매를 하는 순간 갑자기 대부분의 사람들이 그 물건을 구매하게 되는 현상이 생긴다(Watts, 2003b).

이것은 왜 백인 마을이 갑자기 흑인 마을로 변하는지를 설명하는 쉘링의 자동세포(cellular automata) 모델과 흡사하다(Schelling, 2006). 만일 모든 백인들이 자신의 집 주위에 사는 사람들 가운데 1/4 이상이 흑인이 되면 자신은 다른 마을로 이사 간다고 정하면, 어느 순간 한 명의 흑인 이주자의 연쇄적 파급효과에 의해서 전체 마을이 갑자기 흑인 마을로 변한다는 것이다. 이 모델이 흥미로운 점은 개인들의 의도보다 훨씬 더 심한 인종적 분리가 집합적 차원에서 일어난다는 점이다. 예를 들어, 모든 개인이 타인종 비율이 1/2될 때까지 참을 수 있다면 이 마을에서 같은 인종끼리 사는 비율은 90%에 육박하게 된다. 개인 행위의 의도하지 않은 결과, 혹은 의도보다 훨씬 더 심한 결과가 생겨나는 것이다.

쉘링 모델이 균일한 네트워크 구조를 가정했다면(누구나 자신의 집 주위에 8명의 이웃이 있다는 가정), 동조 모델은 다른 형태의 네트워크 구조를 임의로 부과할 수 있고, 또 개인마다 다른 문지방 값을 부여할 수 있으며, 더 나아가 먼 전달자(예를 들면, 어떤 반딧불이의 반짝임은 다른 것들보다 밝아서 더 큰 파급효과를 낸다)의 역할을 모델화할 수 있다는 점에서 진일보한 모델이라고 볼 수 있다.

8.2.4 인터넷 상전이

인터넷에서의 상전이는 동조화 현상으로 볼 수 있는 귀뚜라미 울음소리와 유사하다. 서로 다른 진동 주기로 울면서 커다란 소음을 만들던 귀뚜라미 무리가 어느 순간 진동수를 맞추어 마치 '합창'을 하듯이 동일한 주파수의 거대한 하모니를 이룬다. 마찬가지로 정보의 바다인 인터넷에는 온갖 개별적인 정보들이 복잡하게 뒤얽혀 있지만 어느 순간 하나의 정보가 매우 급속히 네트워크 내에 확산되며, 자발적으로 형성된 집단이 모두 같은 정보의 시그널을 발산하는 패턴이 발현된다. 이것이 인터넷에서의 '상전이'에 대한 적절한 비유이다.

정보확산의 상전이를 만들어 내는 데 영향을 미치는 첫 번째 조건은 무엇보다도 네트워크의 구조 자체이다. 연결망 이론에서 볼 때 '무작위적 네트워크'가 아닌 '척도 없는 네트워크', 즉 '좁은 세상'이 필요조건이 된다. 게다가 인터넷상에서 상호작용하는 사회 네트워크의 구조는 인위적으로 설계된 것이 아니며 고착된 구조를 지니지도 않기 때문에, 진화하는 생태계와 마찬가지로 유동적이고 변화무쌍하며 시간의 흐름에 따라 복잡성이 증가한다. 따라서 정보확산의 속도, 정보전달의 경로는 네트워크 인프라의 구조적 이해를 전제하고 진행되어야 한다.

두 번째로 정보전달에 참여하는 사람의 수가 임계치(critical mass, (Granovetter, 1978))를 넘어야 뜨는 현상이 생긴다는 것이다. 즉, 특정 정보를 접하고, 그 정보를 다시 퍼뜨리는 데 참여하고, 나아가 정보가 유포하는 메시지가 유도하는 행위에까지 참여하는 사람들의 수가 임계치를 넘어야 한다는 것이다. 세 번째 조건은 두 번째 조건과 관련이 있는데, 정보전달의 경로가 국지적 수준에 그치는 것이 아니라 네트워크 내 '허브(hub)'의 역할을 하는 특정한 지점을 경유하는 데 달려있다. 특정 정보가 처음 발신된 사이트나 게시판에서 여기저기 다른 게시판이나 사이트로 해당 정보를 옮기는 것을 '펌'이라고 한다. 네티즌들의 신조어인 '퍼뮤니케이션[6]'은 이러한 상전이의 수단이다. 온라인 마케팅에서는 이러한 '퍼

6) 퍼나르는 행위를 가리키는 '펌'이라는 한글과 '커뮤니케이션' 영어 단어의 합성어를 '퍼

뮤니케이션'을 이용하여 상전이를 상업적 목적으로 활용하는 '바이러스 마케팅'에 대해 활발한 연구가 진행되고 있다.

8.3 네트워크와 복잡계

네트워크와 복잡계 현상은 밀접한 관계를 맺고 있다. 네트워크에서 발생하는 복잡계 현상은 네트워크 자체의 역동성(dynamics of the network)과 네트워크 위에서 일어나는 역동성(dynamics on the network)으로 나누어 생각해 볼 수 있다. 전자는 네트워크의 성장과 관련된 것이다. 예를 들어서, 수많은 노드들이 연결선을 조금씩 늘려가다 보면, 매우 짧은 순간에 모두가 하나의 구성집단으로 통합되는 상전이를 일으키기도 한다. 또는 한 연결선만 증가시켜도 갑자기 그 네트워크에 존재했던 교통체증이 갑자기 사라지는 상전이 현상을 보이기도 한다. 즉, 네트워크는 구조적 특징이 갑자기 변하는 상전이 현상을 보이는 복잡계라는 것이다.

반면, 네트워크 위에서 일어나는 역동성은, 주어진 네트워크의 구조가 변하지 않는 상태에서 노드들의 행동이 갑자기 변하는 것을 의미한다. 수십 명 정도의 규모로 시작한 작은 응원이 갑자기 수백만 명으로 불어나 시청 앞에 모여드는가 하면, 퍼지지 않을 것 같던 독감이 갑자기 전 세계를 공포로 몰아넣기도 하고, 또 혁명적 이데올로기가 갑자기 퍼져서 혁명이 발생하는 등이 이러한 종류의 복잡계 현상이다. 수많은 주식 투자자들이 주식을 매매하는 상호작용하던 중에 갑자기 투매현상이 일어나서 주식시장이 붕괴되는 것도 네트워크 위에서 발생하는 상전이 현상이다. 이런 현상을 예측하기란 무척 어려운데, 그 이유는 모두 앞에서 언급한 초기값에 대한 민감성이나 임계값을 사전에 알기가 어렵다는 점 등과 직접적인 관련이 있다.

아직 네트워크의 상전이 현상을 설명하기 위하여 임계값을 알아 낸

뮤니케이션'이라고 하며 이것은 인터넷에서의 정보확산의 큰 특징이기도 하다.

다거나, 혹은 어떤 구조가 상전이를 발생시키는지에 대한 이론은 존재하지 않으며, 복잡계의 특수성 때문에 앞으로도 그런 이론은 발전하지 않을지도 모른다. 그러나 네트워크의 종류에 따라서 상전이 발생확률이 다르다는 점에 대해서는 밝혀진 바가 있다. 예를 들어서 소수의 허브가 나타나는 '척도 없는 네트워크'는 '무작위 네트워크'에 비하여 소문의 확산의 속도와 폭이 더 빠르다는 것이다. 이를 쉽게 보여줄 수 있는 방법이 시뮬레이션이다. 〈그림 8-11〉은 행위자 기반 모형(Agent Based Modeling:

그림 8-11 넷로고 시뮬레이션을 통해 본 거대 구성집단 형성과정

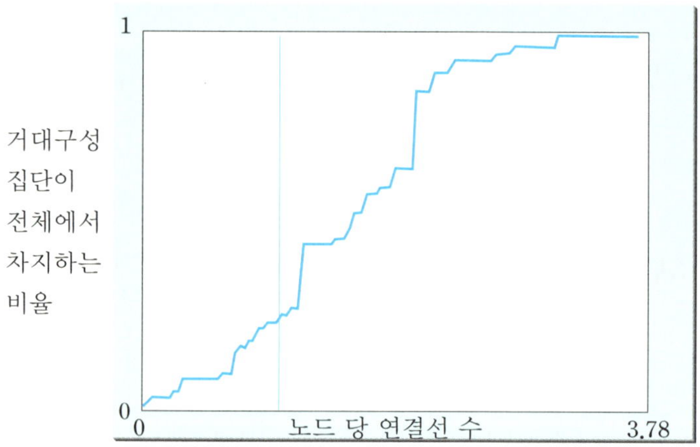

그림 8-12 연결선의 증가에 따른 거대 구성집단의 성장

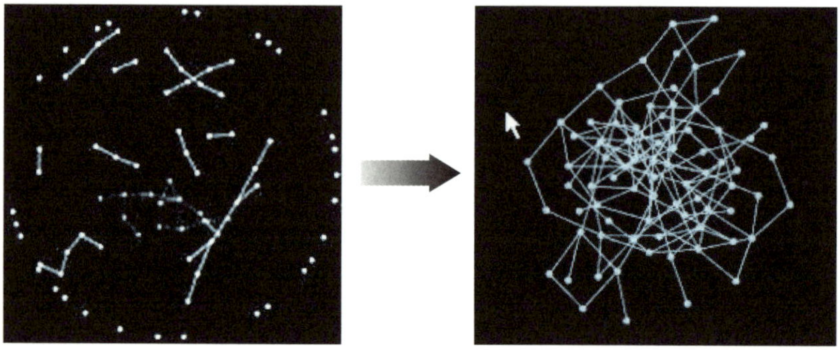

ABM) 시뮬레이션 프로그램인 넷로고(NetLogo)[7]의 Giant Component 모델을 통해서, 80개의 노드로 이루어진 네트워크에서 각 노드의 평균 링크가 늘어남에 따라서 어떻게 거대 구성집단(Giant Component)[8]으로 통합되어 가는지를 재현한 것이다. 가로축은 개별 노드의 평균 연결선 수이고, 세로축은 전체 네트워크에서 가장 큰 구성집단이 차지하는 비율이다.

네트워크에서 개별 노드가 연결선의 개수를 증가시키도록 설정하면, 무작위 네트워크에서조차도 모든 노드들이 연결되어 구성집단으로 통합되어 가는 것을 알 수 있다. 노드당 링크의 수가 평균 3개 정도만 되어도, 네트워크의 대부분 노드들은 하나의 구성집단으로 통합된다.

만약에 구성집단의 성장이 무작위적으로 이루어지는 것이 아니라, 선호적으로 연결된다는 가정을 해 본다면(preferential attachment), 구성집단으로 통합되어 가는 속도는 더욱 빠르게 증가한다. 이를 확인하기 위하여 네트워크 분석 프로그램인 NetMiner를 통하여 노드와 링크를 각각 60개와 165개[9]로 통제한 '무작위 네트워크'와 '척도 없는 네트워크'를 만들고 각각의 그래프를 얻었다. 〈그림 8-13〉은 네트워크에서 링크 수가 많은 노드를 중앙으로 위치시키고, 링크 수가 적은 노드를 주변으로 위치시켜 동심원 형태로 표현한 것이다.

소수의 노드가 많은 링크를 독점하고 있는 척도 없는 네트워크가 무작위 네트워크에 비하여 소수가 다수의 링크를 소유하고 있는 허브를 많이 만들어 낸 것을 알 수 있다. 무작위 네트워크에서 링크의 수를 증가시키면 몇몇 노드들이 좀더 많은 링크를 가질 확률이 존재하기 때문에 허브가 나타나기는 하지만, 소수가 링크를 독점하는 '척도 없는 네트워크'에 비하면 허브의 존재가 미미하다.

이러한 연결구조의 차이는 정보확산의 속도에 영향을 미친다. 시뮬

7) 복잡계 현상을 행위자 기반 모델(Agent Based Modeling)로 시뮬레이션 해 주는 노스웨스턴 대학의 윌렌스키(Wilenski) 교수가 개발하여 무료로 보급하는 프로그램이다. http://ccl.northwestern.edu/netlogo/

8) 구성집단(component)은 임의로 선택된 결점에서 출발하여 직접, 혹은 몇 단계를 거쳐 간접적으로 연결된 경로를 따라 연결된 모든 구성원 집단을 말한다. 즉, 임의의 두 노드가 서로 도달할 수만 있으면 하나의 구성집단에 속하게 되는 것이다.

9) 링크 수의 통제를 통해 구한 것이다.

그림 8-13 시뮬레이션을 통한 무작위 네트워크(좌)와 척도 없는 네트워크(우) 시뮬레이션 비교(노드 60개, 링크 165개)

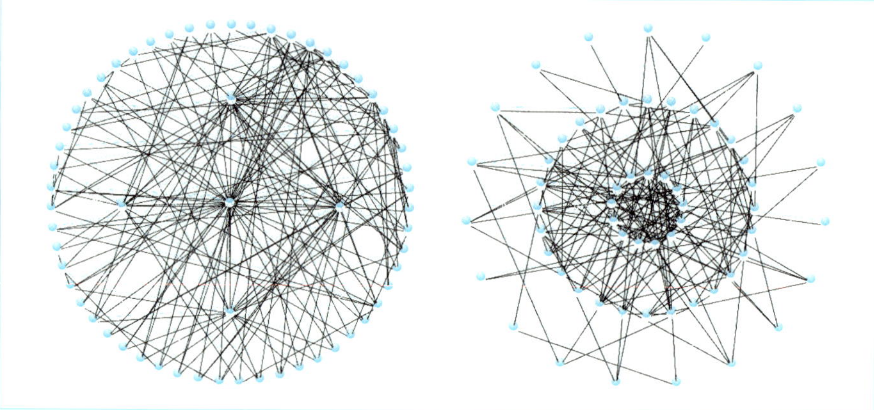

레이션 자료를 분석하면 165개의 노드들이 '무작위 네트워크'에서는 평균적으로 2.58단계 만에 연결되는 반면에, '척도 없는 네트워크'에서는 2.25단계 만에 연결된다. 즉, 이미 에르되스가 밝혔듯이(Erdös and Rényi, 1959) 무작위 네트워크도 좁은 세상이기는 마찬가지이다. 그렇지만 선호적 연결에 의해 구성된 척도 없는 네트워크에서 노드들이 더 짧게 연결된 것을 알 수 있다. 노드들이 더 짧게 연결된다는 것은, 더 빠른 시간에 전체 네트워크에 정보가 확산될 수 있음을 보여준다. 소수의 허브의 존재가 네트워크를 보다 좁은 세상으로 만들어 주는 것이다(Barabasi, 2001). 뿐만 아니라 이러한 허브를 경유하는 정보는 짧은 시간에 더 많은 수신처에 도달하게 된다. 이러한 특성에 기반하여 결국 복잡계 네트워크는 상전이라는 현상을 낳는 산실이 된다.

제 9 장

복잡계 네트워크로서의 인터넷 구조[1)]

전 미국인이 지켜보는 가운데 최초의 민간 우주비행사를 태우고 발사된 지 수 분 만에 공중 폭발한 챌린저호 사건을 연구한 찰스 페로우(Perrow, 1999)는 '정상적 재난(normal accident)'이라는 역설적인 개념을 주장했다. 이는 특정 시스템이 매우 많은 하위 노드들이 복잡하게 결합되어, 그 시스템의 복잡성이 고도로 높아진다면, 각 하위 노드들은 설계상 공학적으로 인정된 표준오차범위 내의 허용치를 준수했을지라도 허용오차 내의 작은 오류들의 예상치 못했던 복합적 결합에 의해서 느닷없이 시스템 전체를 무너뜨리는 엄청난 재난이 발생할 수 있다는 개념이었다.

페로우의 주장은 복잡계와 상전이에 대해 시사하는 바가 크다. 허용된 오차라는 점에서는 '정상적(normal)'이지만 통제할 수 없는 복잡성에 의해 예측 불가능한 '재난(accident)'으로 이어질 수 있다는 점에서 이는 매우 위험한 시스템 오류일 수 있다는 것이다. 사실상 통제할 수 있다면 그것은 '복잡성'이라고 부르지 않아도 될 것이기에, 복잡계라는 용어 자체가 이미 예측 불가능성과 불확정성을 내포하고 있다. 과학적 엄밀성이 높은 공학기술에서도 이러한 복잡성의 위험이 나타나는 경우가 많다면 하물며 예측 불가능성이 더욱 높은 인간심리가 뒤얽혀 작동하는 인터넷과 같은 인간사회는 어떠할 것인가? 여기에는 IT 기술 시스템의 복잡성에 더하여 사람들의 심리적 동기와 일탈행동, 의도하지 않은 사소한 분쟁과 갈등, 상호작용에 의해서 불시에 촉발되는 감정적 격발, 이해관계의 상충과 충돌 등 '표준화'할 수 없는 불확실성이 훨씬 많이 존재하고 있다. 더욱 큰 문제는 그 참여 노드의 수가 방대하며 관계 자체가 다양성을 지

1) 이 장의 일부분은 (김용학 · 박세웅 · 전소영, 2006, "온라인 사회 연결망의 구조분석: 싸이월드 일촌 연결망을 중심으로," 「정보화정책」, 13: 167-185)에서 수정 후 따왔다.

니고 있다는 점에 있다. 일상적 영역에서 공중도덕을 무시하거나 사회적으로 '무례하게' 여겨지는 일을 하는 정도의 작은 사건이 인터넷을 통해 급속히 유포되어 상전이적 정보확산에 이르면 당사자 개인은 불특정 다수로부터 거의 테러수준에 달하는 비난을 받게 된다. '디지털 주홍글씨'로 불러도 무방할 정도의 '사회적 죽음', 즉 프라이버시의 붕괴를 겪게 되는 것이다.

인터넷망의 구조는 복잡하게 연결된 네트워크임은 잘 알려져 있다 (Barabâsi, 2002). 그러나 그러한 하드웨어의 기반 위에 맺어지는 사회 연결망의 구조에 대한 연구는 매우 드물다. 우리는 활발성과 역동성 측면에서 세계적으로 앞선 사례인 인터넷 커뮤니티 '싸이월드'의 사회 연결망 구조가 상전이를 일으킬 수 있는 필요조건을 갖추고 있는지를 분석해 볼 것이다. 상전이가 나타나는 네트워크는 특수한 조건을 만족시켜야 한다. 소수의 노드들이 대다수의 연결관계를 독점하는 전형적인 '척도 없는 네트워크' 구조를 갖고, 또 끼리끼리 모이는 성향인 군집화 정도는 매우 높지만 동시에 좁은 세상을 이루는 경우에 상전이가 발생한다는 것이다. 우리는 싸이월드가 그러한 구조를 갖추고 있는지 분석하려 한다.

온라인 네트워크 중에서도 싸이월드가 본 연구에 적합한 이유는 크게 세 가지로 요약할 수 있다. 인터넷상에서 정보의 확산은 포털 사이트를 중심으로 불특정 다수 간에 이루어지기도 하고, 커뮤니티 사이트에서 비교적 자주 만나는 사람들을 통해 이루어지기도 한다. 그러나 싸이월드의 일촌관계는 두 회원간의 이자적인 합의하에 설정되는 친분관계로서 친밀감의 표시이자 빈번한 상호작용의 관계망이다. 즉, 불특정 다수 사이에도 정보확산과 상전이가 발생하겠지만, 가장 제한된 조건을 만족시키는 절친한 일촌 사이의 구조가 상전이가 발생시킬 수 있다면, 다른 종류의 네트워크까지 이러한 함의를 확대 적용하는 것은 비교적 간단한 문제일 것이다. 둘째, 사례의 수가 크다. 싸이월드는 2004년 9월 현재 전국 각지의 1,340만여 명에 달하는 활동적인 회원을 확보하고 있기 때문에 우리나라 사람들의 온라인 사회 연결망을 분석하기에는 최적의 사례이다. 셋째, 여타 사회 네트워크 사이트와 비교하여 자료의 정확성이 높다. 싸이월드는 회원 가입시 주민등록번호를 입력하도록 되어 있기 때문에 이러한 규제가 없는 미국의 프렌스터(friendster.com)나 마이스페이스(myspace.com) 등의 온라인 네트워크 사이트와는 비교할 수 없을 정도로 정확하고 신뢰할 수 있는 자료를 확보하고 있다.

9.1 싸이월드의 일촌관계 분석

9.1.1 일반 현황

본 연구에서 사용한 자료는 2004년 9월 현재의 싸이월드 일촌 네트워크 데이터이다. 싸이월드 일촌 서비스는 한 회원이 다른 회원과 쌍방의 동의하에 맺는 방향성 없는(symmetrical) 관계이다. 회원들은 자신의 미니홈피에 올리는 사진과 글 등에 대하여 일촌관계를 맺은 회원들만이 접근할 수 있도록 설정할 수 있다. 따라서 일촌기능은 일촌 상대방과의 친밀성을 표현하는 상징이자 개인적인 정보의 공개수준을 설정하는 수단이기도 하다.

해당시점에 싸이월드 네트워크에 참여하고 있는 전체 회원 수는 1,340만 명에 이른다. 전체 회원 중 일촌관계를 하나 이상 맺고 있는 경우는 60%가 넘는 807만 명에 이르고 있다.

일촌 사용자 807만여 명의 평균 일촌 수는 23.26명이고 최소 일촌 수는 1명, 최대 일촌 수는 100,924명이다. 수만 명 이상의 일촌을 가진 경우는 법인 회원이나 오프라인 모임의 대표와 같이 단체의 성격을 띤 회원

표 9-1 싸이월드 전체 회원 수 및 일촌 사용 회원 수(2004년 9월 기준)

전체 회원	일촌 사용 회원	비 율
13,400,000명	8,070,000명	60.02%

그림 9-1 일촌 수 분포의 로그-로그 플롯

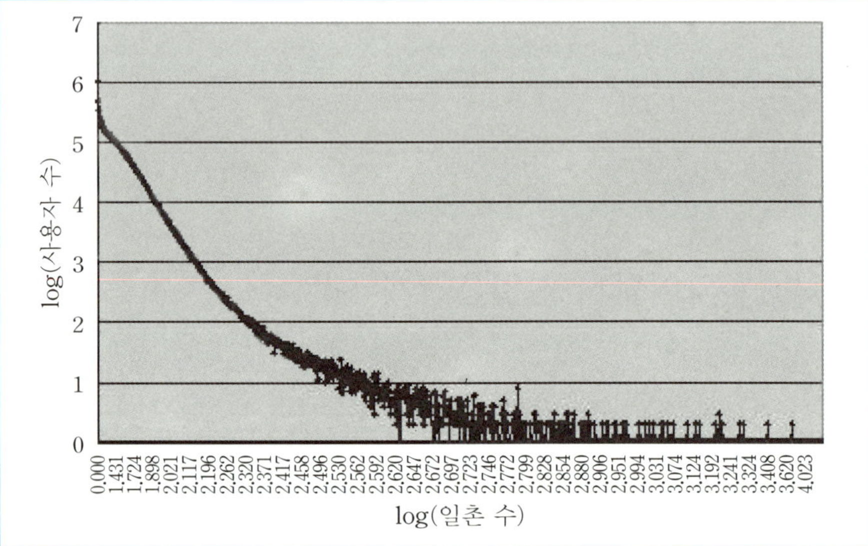

혹은 대중에게 잘 알려진 연예인들이다. 반면 대다수의 싸이월드 회원들은 이보다 훨씬 적은 수의 일촌을 가지고 있다. 100명 이하 일촌 수를 가진 회원은 일촌 사용자 전체의 98%를 차지하며, 50명 이하의 일촌 수를 가진 회원이 일촌 사용자 전체의 87% 가량 된다. 이렇게 볼 때 대부분의 회원들은 오프라인에서 알고 지내는 지인의 수보다 적은 수의 지인들과 선택적으로 일촌을 형성하고 있다고 볼 수 있다.

〈그림 9-1〉은 일촌 수가 멱함수 분포를 갖는지를 시각적으로 확인하기 위하여 관찰값과 빈도에 모두 로그를 씌워 그린(log-log) 플롯인데, 이는 대략 선형분포를 갖는 것으로 보인다. 또한 다음의 〈그림 9-2〉를 통해 일촌 수의 분포를 좀더 자세히 살펴보면, 20명 이하의 일촌 수를 가지는 회원이 전체의 58%를 차지하고 있으며 20-50명 사이가 29%, 50-100명 사이가 11%, 그리고 100명 이상의 일촌을 보유하고 있는 경우가 2%임을 알 수 있다. 이 분포를 보고 60%에 가까운 다수의 경우 일촌 수가 그리 많지 않다는 사실을 확인할 수 있다. 그러나 싸이월드에서 일촌 관계망을 통한 정보확산 효과가 그리 크지 않을 것이라고 단정짓는 것은 큰

그림 9-2 싸이월드 회원의 일촌 수 분포도

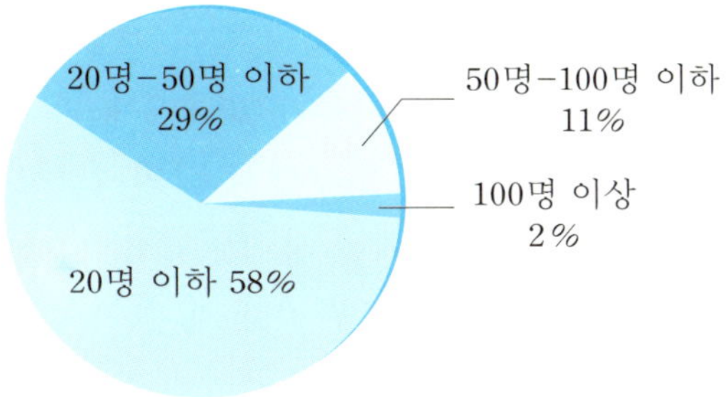

오류가 될 것이다. 척도 없는 네트워크에서 상전이를 일으키는 데 매우 중요한 역할을 하는 것은 급격한 확산의 길목에 서 있는 소수의 '허브', 즉 다수의 관계를 보유한 극소수의 노드이기 때문이다. 이 일촌 수의 차이와 노드의 위치에 따라 정보확산의 경로는 국지적 혹은 포괄적으로 달리 나타나게 된다.

싸이월드 사용자의 특성을 분석한 결과 여성이 53%, 남성이 47%로 여성이 일촌 네트워크에서 다수를 차지하는 것으로 나타났다. 이는 국내의 인터넷 이용 실태 조사에서 여성들이 남성들보다 온라인상에서 표현적 의사소통에 더 치중하는 경향과 관련이 있는 것으로 보인다. 싸이월드의 일촌 서비스가 도구적 의사소통보다는 자신의 정서적 만족감을 충족시킬 수 있는 친구관계나 친척관계 등 일차적 관계를 개발하고 유지하기 위한 표현적(expressive) 의사소통의 수단으로 주로 활용된다는 점이 표본에서 여성의 비율이 보다 높게 나타나는 것과 관련이 있는 것으로 보인다.

연령별로는 20대 65%, 30대 20%, 10대가 12%를 차지하여 대부분의 일촌 서비스 이용자가 10대에서 30대의 청년층에 집중되어 있음을 알 수 있다. 특기할 점은 전체 인터넷 사용 인구 중 20대의 비율이 23.6%에 불과함에도 불구하고(한국인터넷진흥원, 2004) 표본에서는 20대가 65%에 이른다는 것이다. 싸이월드 이용자 중 20대의 비율이 이렇듯 높은 것은 젊은 세대가 블로그나 미니홈피와 같은 일인 커뮤니케이션 매체 이용을 주도하고 있음을 보여주는 기존의 통계 결과들과 조응한다. 그럼에도 불구하고 싸이월드에서 20대가 차지하는 비중은 비정상적으로 높은데, 이에 대하여 두 가지 해석이 가능하다. 첫째는, 표현적 의사소통에 대한 관심과 시간적 여유가 20대에게 가장 많다는 것이다. 배영(2005)의 일인 미디어 사이트 연구에서는 인맥형성을 목적으로 하며 도구적 의사소통이 주로 이루어지는 사이트의 경우 사회에 진출한지 얼마 되지 않은 30대 초반 연령대가 주된 이용자 층인 것으로 나타났다. 이 같은 결과는 일인 미디어 사이트의 활용목적에 따라 주된 이용자 연령대가 다를 수 있음을 보여주며, 표현적 · 정서적 의사소통이 많이 이루어지는 싸이월드에서 왜 20대 비율이 높은지를 보여준다. 둘째는, 연결망 외부성의 효용이 20대에게 가장 크다는 해석이다. 싸이월드는 초기부터 20대 이용자들을 중심으로 발전하였다. 이러한 초기조건으로 인해 싸이월드에 가입함으로써 많은 친구들과 교류하며 얻을 수 있는 효용이 가장 큰 연령 집단은 다름 아닌 20대였을 것이다. 그들에게 있어 싸이월드의 가치는 20대 연결망의 크기와 함께 증가하여 다른 연령대보다 높은 가입률을 낳게 되었을 것이다.

연령에 따른 유유상종 경향을 대수선형모델을 이용해 분석해 보면 성별 유유상종에 비해 보다 분명하다. uniform inheritance 모델에 의해 추정된 대각선 상위 효과는 2.002로서 같은 연령간 연결 빈도가 타연

그림 9-3 사용자의 성, 연령, 지역 분포

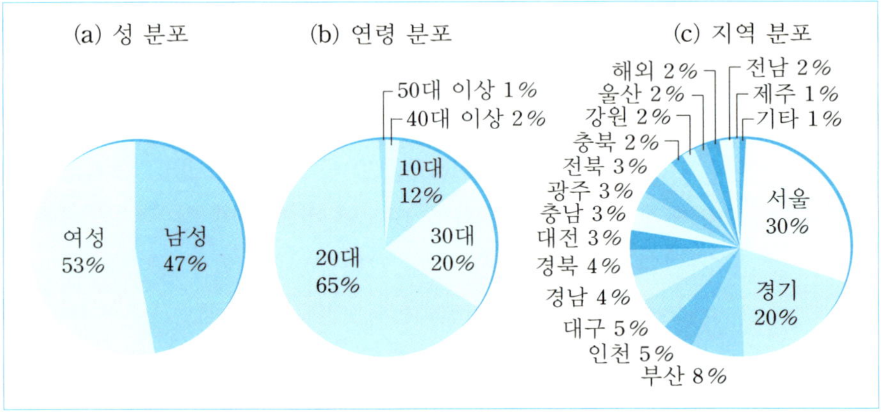

령 간의 연결 빈도에 비하여 7.4배 가량 (exp(μii)=7.404) 높은 것으로 나타났다. 이 모델은 모든 대각선 위에 놓인 집단이 끼리끼리 모이는 성향이 일정하다고 가정하고 추정한 모델이다. 〈표 9-2〉는 각 연령대의 유유상종 효과를 살펴보기 위하여 로그리니어(loglinear) 추정치들 중에서 같은 연령간의 연결만을 정리한 것이다. quasi-perfect 모델은 행과 열의 주변효과(marginal effect)를 통제했을 때 각 집단이 끼리끼리 모이는 정도가 다르다고 가정하고 각각의 정도를 추정한 것이다. 이 분석 결과 60대(exp(μ77))와 10대(exp(μ22))의 대각선 상위 효과가 각각 3.745와 3.518로 가장 크게 나타났다. 60대 간에 연결되는 비율이 연령대가 다른 연령들 간의 연결 비율에 비하여 평균 42.3배 높은 것이다. 마찬가지로 10대 간의 연결 비율이 평균적으로 33.7배 높다. 가장 유유상종 효과가 작게 나타난 연령대는 9세 미만과 20대였다. 이 연령대에서 다른 연령들과 연결되는 데 비해 같은 연령끼리 연결되는 비율은 각각 평균적으로 1.99배, 2.23배밖에 높지 않은 것으로 나타났다. 이로써 우리는 10대와 60대가 자

표 9-2 **연령 유유상종의 대각선 상호작용효과 계수 추정치**

	Uniform Inheritance (A)	exp(A)	Quasi-Perfect(B)	exp(B)
9세 미만			0.689***	1.99
10대			3.518***	33.72
20대			0.803***	2.23
30대	2.00***	7.404	2.426***	11.31
40대			2.574***	13.12
50대			2.716***	15.12
60대			3.745***	42.31
Deviance	61581.89		10208.10	
residual d.f	35		29	

***: $p<.001$

기와 비슷한 연령대와 일촌을 맺으며, 20대는 오히려 다른 연령집단에 대해서 열려 있다는 점을 알 수 있다.

지역적으로는 서울(30%), 경기(20%) 지역의 회원이 전체 표본의

표 9-3 지역 유유상종의 대각선 상호작용효과 계수 추정치

	Uniform Inheritance(A)	exp(A)	Quasi-Perfect(B)	exp(B)
서 울			1.20***	3.33
경 기			1.44***	4.23
부 산			3.87***	47.95
인 천			3.01***	20.36
대 구			4.00***	54.40
경 남	2.61***	13.61	3.78***	43.88
경 북			3.45***	31.48
울 산			4.52***	91.88
대 전			3.95***	52.04
충 남			3.43***	30.89
충 북			4.14***	63.08
강 원			3.90***	49.26
전 남			3.98***	53.30
전 북			4.31***	74.16
광 주			4.39***	80.87
제 주			5.65***	285.50
해 외			2.43***	11.39
Deviance	748896.87		281444.81	
residual d.f	255		239	

***: $p<.001$

50%를 차지하였다. 전국적인 인터넷 사용 인구의 지역적 분포에서 서울과 경기가 각각 22%를 차지하는 것과 비교하면, 표본에서 서울 지역의 비율은 높은 반면 경기 지역의 비율은 약간 낮다. 그 외 부산, 인천, 대구 등 기타 대도시들의 표본비율은 인터넷 사용 인구의 지역적 분포와 대체로 일치한다.

지역적 유유상종은 앞서 논의한 연령별 유유상종에 비하여 그 효과가 더 뚜렷하게 나타난다. uniform-inheritance 모델을 적용했을 때 대각선 상위효과는 2.61배(exp(μii)=13.61)로 나타났다. 일촌으로 연결되는 빈도가 대각선상에 있을 확률이 대각선 밖에 있을 확률에 비하여 13배 가량 높은 것이다. Quasi-perfect 모델을 통해 어느 지역에서 유유상종 경향이 더 강한지를 확인해 본 결과 가장 두드러지는 지역은 제주도(5.65)와 울산(4.52)으로 드러났다. 반면 출신지역 구성이 다양한 서울과 경기 지역에서는 상호작용 효과가 각각 1.20과 1.44로 약하게 나타났다.

종합적으로 볼 때 성별, 연령, 지역은 사람들이 일촌을 맺을 수 있는 가능성을 상당정도 제한하고 있다. 특히 성별, 연령, 지역 가운데 지역에 따른 유유상종이 가장 강한 것으로 나타났고 성별에 따른 유유상종이 비교적 약하게 나타났다. 그러나 우리의 분석은 어느 특정 지역이나 특정 연령 집단이 자기들끼리 응집하는 경향이 강함에도 불구하고, 서로 이질적인 성격의 집단들과 교차하고 있다는 점에 주목한다. 즉, 어느 구석에서 발생한 정보나 사건도 전국적으로 확대될 수 있는 조건을 갖추고 있다는 점을 발견한 것이다.

9.1.2 네트워크 구조

다시 정리하자면, 정보확산의 상전이가 일어날 수 있는 조건은 척도 없는 네트워크에서 다수의 연결선을 보유하고 있는 허브의 역할에 의해서 만들어지기도 하지만, 더 중요한 것은 이 네트워크가 얼마나 좁은 세상을 그리는가에 달려 있다. 좁은 세상 정도를 측정하기 위하여 우리는 최근에 통계 물리학에서 발전된 추정기법을 사용한다. 이 방법은 거대한 규모의 연결망 구조를 파악할 때 연결망 표집을 통해서 구조를 추론하는 것이다. 그라노베터(Granovetter, 1976)는 자아중심 연결망에서의 연결선 분포를 통해 전체 네트워크의 평균적인 연결선 분포를 추론할 수 있는 방법을 제안한 바 있으며, 이와 함께 전체 연결망의 밀도를 추정하는 방법들 또한 연구된 바 있다(Erickson, Nosanchuk and Lee, 1981). 그 이후 뉴먼과 그의 동료들은 표집을 통해 자아중심 연결망에서 2단계 떨어진 노드 수를 추정하는 방법을 개발하는 등 연결망 표집으로 전체 구조를 추론하는 통계적 샘플링 방법의 유용성을 확장하는 데 기여하였다(Newman, Strogatz and Watts, 2001). 그러나 개별 노드들의 연결선 분포와 같은 연결망의 미시적 정보를 통해 연결망 전체의 거시적인 속성을 추론하는 데에는 여전히 어려움이 따른다.

가령 전체 연결망에 있어서 거대 컴포넌트의 생성기점 및 생성조건, 거대 컴포넌트의 크기, 특성, 경로거리 등과 같은 연결망의 거시적인 속성을 추론하려고 하면 네트워크의 범위가 한 노드로부터 단계적으로 확장될수록 통계치의 표준오차가 지수 함수적으로 증가하는 문제가 발생한다(Grannis, 2004; Newman, Strogatz and Watts, 2001). 그럼에도 불구하고 그래니스는 전이(transitivity)나 클러스터링(clustering)을 고려한 표집과 통계적 추정을 통하여 오차를 상당 부분 줄일 수 있다고 보고, 지역적(local) 정보를 통해 전체 네트워크의 속성을 추정한 뉴먼의 모형을 보완한 모형을 제안하였다(Grannis, 2004).

이 모형에서는 먼저 자아중심 연결망에서 중심 노드(i)를 상정한 후 그와 연결된 이웃의 수(f_{1i})를 계산한다. 그 다음에는 이 이웃들과 연결된 모든 노드들을 합산(f_{2i})하는데, 이때 중심 노드와 그 중심 노드와 직접 관계를 맺는 이웃들은 합산에서 제외되며 중심 노드의 이웃들이 공통적으로 연결을 맺고 있는 이웃들은 한 번만 계산에 포함된다. f_{2i}를 (f_{1i})로 나누면 중심 노드의 네트워크에 새로운 노드들이 더해지는 증가율(gi)이 된다.

$$g_i = f_{2i}/f_{1i} \ (f_{1i} > 0\text{일 때})$$
$$= 0 \ (f_{1i} = 0\text{일 때}) \qquad (1)$$

네트워크에서 무작위로 추출한 각 노드들의 f_{1i}, f_{2i}, g_i 값들의 평균을 각각 F_1, F_2, G라 했을 때 평균 증가율 G가 1보다 크거나 같으면 전체 네트워크에서 모든 노드들이 연결된 거대한 컴포넌트가 출현하게 된다. G가 1보다 크다면 중심 노드로부터 매 단계 떨어질 때마다 그 전단계에 비하여 더 높은 비율로 새로운 노드들이 추가되며 컴포넌트는 이론적으로 계속 확장한다. 반대로 G가 1보다 작다면 중심 노드로부터 매 단계 떨어질 때마다 그 전 단계에 비하여 낮은 비율로 새로운 노드들이 추가된다. 이 과정이 일정 단계 수를 거치면 더 이상 새로운 노드들이 추가되지 않으며 컴포넌트는 더 이상 커지지 않는다.

F와 G의 값을 알고 $G>1$일 경우 임의의 중심 노드로부터 m단계 떨어진 이웃의 수 $h(m)$은 다음과 같다.

$$h(m)=FG^{m-1} \tag{2}$$

m단계에서의 이웃의 수가 위와 같다면 중심 노드로부터 l단계까지 네트워크가 확장될 때 중심 노드를 제외한 총 노드 수는 다음과 같다.

$$\sum_{m=1}^{l} h(m)=F(1-G^{l})/(1-G) \tag{3}$$

특성경로거리는 임의의 한 노드에서 컴포넌트 내에 있는 다른 임의의 노드에 도달하기까지의 평균적인 최소 단계 수이다. 따라서 임의의 한 중심 노드로부터 이 평균 단계 수 내에서 도달 가능한 모든 노드의 수는 거대 컴포넌트의 총 노드 수에서 중심 노드를 뺀 수$(N-1)$와 일치해야 한다. 달리 말하면 $\sum h(m)$의 최대값은 $(N-1)$이고 이 값에 도달했을 때의 l이 특성경로거리가 되는 것이다. 그러므로 전체 네트워크 중에서 거대한 컴포넌트가 N개의 노드로 구성되어 있다고 할 때,

$$N-1=F(1-G^{l})/(1-G) \tag{4}$$

이다. 수식 (4)에서와 같이 좌변과 우변이 일치할 때의 단계 수 l이 곧 특성경로거리가 되는 것이다. l은 g의 지수이므로, 로그연산으로 l을 구하면 다음과 같다.

$$l = (ln[(N-1)(G-1)+F] - ln(F))/ln(G) \qquad (5)$$

즉, l은 평균 일촌 수, 평균 증가율, 거대 컴포넌트의 규모(노드수)에 의해 결정되며 l이 작을수록 거대 컴포넌트는 좁은 세상이 되는 것이다. 그래니스는 이와 같은 샘플링 및 추정기법을 영화 배우들의 준연결망(Watts and Strogatz, 1998b), 그리고 노트르담 대학교의 인트라넷 하이퍼링크 연결망(Barabasi and Albert, 1999) 등 모수를 알 수 있는 네트워크들에서 표본 수를 변화시키며 적용하였다. 그 결과 30개의 노드만을 표집하더라도 통계치가 모수에 상당히 가깝게 나타났고, 안정적인 추정이 가능할 정도의 작은 표준오차를 보였다.

이 연구에서 샘플 규모는 각각 10, 30, 100, 1,000개로 하였으며 각 샘플 규모별로 1,000번씩 반복 추출하였다. 〈표 9-4〉는 노트르담 대학교 인트라넷 연결망이다. 표본규모를 100으로 설정했을 때 노트르담 대학교 인트라넷의 표준오차는 0.434 정도로 매우 정확한 추정치를 계산해 내고 있음을 알 수 있다.

이 모형을 따라, 본 연구는 〈그림 9-4〉와 같이 싸이월드에서 일촌 관계를 맺은 전체 회원 807만여 명을 모집단으로 하여 100명 단위의 무작위 표집을 1,000번 한 자료를 구성하였다. 이 자료에는 표집에 포함된 10만 사례 각각의 일촌 수(f_1), 일촌의 일촌 중 f_1에 포함되지 않는 새롭게 추가된 일촌 수(f_2)가 조사되었다. 이렇게 구성된 자료에서 각 100명 단위 표본에 속한 사례들의 일촌 수(f_1)와 평균 증가율(g)을 바탕으로 표본 평

표 9-4 노트르담 대학교 인트라넷 연결망

Sample	F	G	CPL	err CPL
10	4.654	15.784	8.398	0.2657
30	4.569	14.681	6.463	0.6348
100	4.562	12.188	5.872	0.4344
1,000	4.540	11.140	5.680	0.7318
Entire	4.535	10.692	5.678	

출처: http://www.sscnet.ucla.edu/soc/faculty/grannis/Marschak.ppt

그림 9-4 특성경로거리 추정 흐름도

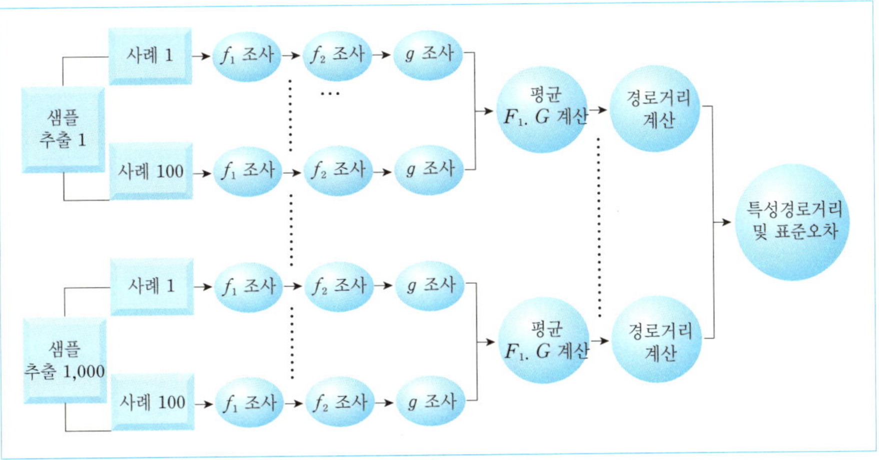

균 일촌 수(F_1)와 일촌의 일촌 수(F_2)를 바탕으로 평균 일촌 증가율(G)을 계산하였고 수식 (5)에 따라 특성경로거리(Characteristic Path Length)를 구하였다. 이 과정을 1,000회 반복한 후 1,000개의 F_1, F_2, G, CPL과 각각의 평균, 그리고 그 표준오차를 구하였다. 특성경로거리 계산에 사용된 위의 정보 외에 성별, 연령, 지역에 따른 유유상종 효과를 분석하기 위하여 이 표본 10만 명의 성별, 연령, 출신지역과 그들의 일촌의 성별, 연령, 출신지역에 대한 정보도 추가로 수집하였다.

쉽게 정리하면, 싸이월드 회원들에 대해 100명의 샘플링을 1,000회 실시하여 네트워크 내 평균적 거리, 즉 전체 회원 중 임의의 두 노드를 뽑았을 때 몇 단계를 거쳐서 도착하게 되는가를 분석한 것이다. 계산 결과가 〈표 9-5〉에 제시되었다.

표 9-5 1,000회 평균 F, G, CPL, 표준오차

	F	G	CPL	err CPL
최 소	15.670	30.428	3.253	0.038
최 대	52.320	293.876	4.791	0.399
평 균	23.245	50.255	4.327	0.142

그림 9-5 100명 샘플을 1,000회 추출하여 실시한 f_1, f_2값의 분포

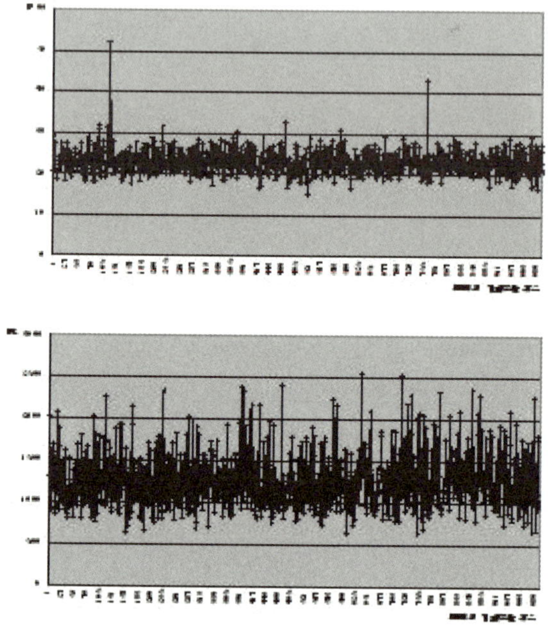

〈표 9-5〉와 같이 100명씩 1,000회 표집한 결과 평균 일촌 수(F)는 모집단의 평균(μ=23.26)과 일치하는 23.25명으로 나타났으며 일촌 증가율(G)은 50.26이었다. 우리가 관심을 갖고 있는 질문, 즉 일촌 망에서 몇 단계만에 807만 명이 모두 연결되는가? 라는 질문에 대한 답은 **4.3단계만이라는** 것이다.[2)] 실로 매우 좁은 세상인 것이다.

온라인 사회적 연결망의 특성경로거리를 분석한 연구 중에서 정하웅 연구팀(Ahn and Jeong, 2005)의 일촌평 연결망 연구에서는 특성경로거리를 7.1로 추정하였고 배영의 국내 인맥 서비스 사이트에 대한 종단적 연구(배영, 2005)에서는 특성경로거리가 6이었다. 이 연구들의 연구대상이 온라인 개인 미디어를 매개로 구성된 사회적 연결망이라는 점에서 본 연

2) 1,000개 표본의 특성경로거리는 4.327인 것으로 나타났으며 특성경로거리의 표준오차는 평균 0.142였다. 따라서 특성경로거리는 95% 신뢰수준(±2 표준오차)에서 4.043에서 4.610 사이에 있을 것으로 추론할 수 있다.

구와 같지만, 각각 연결의 성격이나 연결의 규칙이 다르다. 예를 들어, 일촌평 연결망은 방향성 있는 연결망이다. 따라서 다른 조건들이 동일하더라도 방향성이 없는 본 연구의 일촌 연결망에 비하여 일촌평 연결망의 특성경로거리가 길 것이다. 배영의 연구에 사용된 사회적 연결망은 그 용도와 목적이 싸이월드의 일촌 연결망과 차이가 있다. 전자는 사용자들의 도구적 동기가 지배적인 반면 싸이월드는 표현적 동기가 더욱 강한 것이다. 싸이월드 페이지 뷰의 80%가 개인의 일상을 알 수 있게 해 주는 사진첩에 있다는 사실이 싸이월드 이용자들의 강한 표현적 동기를 방증한다.

우리의 또 다른 발견은 네트워크가 특정한 노드로부터 1단계 확장될 때마다 평균적으로 그 전 단계의 50배가 넘는 새로운 노드가 추가된다는 것이다. 이와 같은 증가율이 단계적으로 적용되면 1단계인 F_1에서는 23명, 2단계에서는 1,168명, 3단계에서는 58,707명, 4단계에서는 2,950,308명의 새로운 일촌이 더해지는 것이다(〈그림 9-6〉 참조).

싸이월드에서 어떤 특정한 사람으로부터 출발하여 그의 일촌의 일촌, 그리고 그의 일촌 이렇게 단계 수를 늘려가면, 일촌망에 포함되는 사

그림 9-6 일촌 단계별 연결된 노드 수의 증가 추이

람의 숫자가 급증한다는 것을 보여준다. 이상에서 발견한 것을 그림으로 요약하면 〈그림 9-6〉과 같다.

결론적으로 싸이월드 일촌 연결망에서 한 개인은 평균 20여 명의 사람들과만 연결을 갖고 있지만, 척도 없는 네트워크의 특성상 다수의 연결선을 점유한 소수의 사람들의 역할에 의해서 일촌의 일촌을 거쳐서 엄청난 속도로 자라난다. 이러한 인프라 구조에서 거짓 정보가 확산될 경우, "나훈아 괴소문"과 같은 인신공격성 정보가 근거도 없이 퍼질 수 있고, 따라서 사회적 위험을 발생시킬 조건을 충분히 갖추고 있는 것이다.

9.2 싸이월드 일촌의 사회적 관계

앞 절에서 우리는 시뮬레이션을 통해서 싸이월드에서의 일촌 관계망은 G값이 1이 넘는 '척도 없는 네트워크'이며 좁은 세상이라는 사실을 발견했다. 사실 G값이 1보다 훨씬 큰 값을 보인다는 것은 이 네트워크가 상전이가 일어날 수 있는 하나의 구성집단으로 통합되어 있다는 것을 의미하기도 한다. 다시 이야기하면, 싸이월드에서는 절친한 관계를 통해서 정보가 빠르게 확산될 수 있는 구조적 특징을 갖고 있다는 점을 확인한 것이다.

우리가 그 다음으로 확인하려는 것은 이 네트워크가 사회적 변수들에 의하여 분절되어 있는가 하는 점이다. 일촌관계를 통해서 소문이 전국적으로 확산되거나 10대들의 특정 행위가 대형 언론들에 의하여 포착될 수 있으려면, 싸이월드에서 미시적인 정보확산을 담당하는 일촌 관계망이 전 연령대에 걸쳐서 연결되어 있어야 한다. 아래에서는 실제 데이터를 통해 일촌 관계망의 각 사회적 변수의 연결관계를 살펴봄으로써 싸이월드의 정보확산 구조를 알아볼 것이다.

9.2.1 성별 연결망

일반적으로 일상 생활에서 알고 지내는 동성의 수가 이성의 수보다 많듯이 싸이월드의 일촌 관계망에서도 동성간에 일촌이 맺어질 가능성이 더 높다. 같은 성별끼리 일촌을 맺는 비율은 63.7%로 이성간에 일촌을 맺는 경우에 비하여 1.75배 가량 높다. 특히 여성들끼리의 일촌관계가 전체 일촌관계에서 가장 큰 비중을 차지하는 것을 볼 수 있다. 이는 성별간의 동질감이 일촌관계 맺기에도 영향을 미친다는 것을 보여준다. 하지만, 이성간에도 연결이 36.3%나 존재한다는 것은, 여성 혹은 남성에게 특정적이거나 제한적인 정보도 일촌 관계망을 통해서 성별의 구분 없이 확산이 이루어질 수 있음을 보여준다.

표 9-6 싸이월드의 성별 연결망

	남 성	여 성	합 계
남 성	569,201	419,470	988,671
여 성	421,564	906,031	1,327,595
합 계	990,765	1,325,501	2,316,266

9.2.2 연령별 연결망

싸이월드의 회원이 주로 10-30대에 분포하고 있기 때문에, 일촌관계도 이들을 중심으로 이루어진 것을 알 수 있다. 실제로 20대가 전체 네트워크에서 차지하는 비중이 높기 때문에, 대부분의 연령대에서 20대와의 연결이 가장 빈번하다. 하지만, 연령별 일촌망의 교차표에서 가장자리 분포의 효과를 통제하고 나면, 모든 연령대는 자기 연령대와 일촌관계를 맺는 비율이 높다. 즉, 〈표 9-7〉에서 대각선 위에 많은 수가 놓이게 되는 것이다. 단순한 분포만 살펴보아도 84.7%의 일촌이 같은 연령대 안에서 맺어지고 있다. 이를 통해 네트워크에서 연령의 동질성(homophily)이 관

표 9-7 싸이월드의 연령별 연결망

	9세 미만	10대	20대	30대	40대	50대	60대 이상	합계
9세미만	241	1,807	8,241	1,371	58	29	9	11,756
10대	1,221	272,194	76,753	4,268	1,743	318	78	356,575
20대	8,484	78,750	1,602,446	72,052	4,026	2,524	582	1,768,864
30대	1,363	4,606	72,211	78,564	1,370	379	196	158,689
40대	71	1,434	3,978	1,409	623	55	15	7,585
50대	40	231	2,486	441	108	155	25	3,486
60대 이상	5	13	477	154	12	19	24	704
합계	11,425	359,035	1,766,592	158,259	7,940	3,479	929	2,307,659

계를 맺게 한다는 것을 확인할 수 있다.

하지만, 위의 성별 연결망에서와 마찬가지로 연령 연결망에서도 동질성만이 관계 맺기의 원천은 아니다. 9세 미만의 아동들이나, 60대 이상의 노인들도 모든 세대와 연결이 되어 있다. 예를 들어, 분포의 효과를 통제하였을 때 30대에서 60대로의 일촌관계가 높게 나타난다. 이는 부모 혹은 친척 어른과의 연결로 여겨지며, 작은 수이기는 하지만 지방에 거주하는 부모님 혹은 친척간에 의사소통을 하는 수단으로 싸이월드가 이용되고 있을 가능성을 보여준다. 마찬가지로 9세 미만의 아동들의 연결망이나 60대 이상의 일촌 연결은 친척간의 연결 등을 통하여 다양한 세대와 일촌 연결을 맺고 있음을 유추할 수 있다. 이와 같이 연령대를 뛰어넘는 일촌 연결은 모든 세대를 빠짐없이 연결하고 있다. 일촌 연결망은 세대별로 높은 군집도를 보이지만, 세대간 가교 역할을 하는 이들을 통하여 전체 네트워크가 하나로 연결되어 정보의 손쉬운 확산을 가능하게 할 것이라고 추론할 수 있다.

9.2.3 지역간 연결망

광역시/도 단위로 지역간 연결망을 도출한 표는 가로 세로가 각각 18칸으로 제한된 지면에 제시하기 어렵다. 따라서 간단한 특성을 먼저 제시하고, 그래프를 통하여 연결의 특성을 살펴보고자 한다. 지역간 연결망 역시 동일 지역 내에서의 연결이 60%로 성별, 연령대별 연결망에 비하여 내부 연결 강도가 작다. 이는 인터넷 네트워크가 거리의 제약을 크게 감소시키기 때문이라고 생각할 수 있다. 해외 거주자들이 전남이나 제주 거주자들에 비하여 일촌관계에 많이 속해 있다는 사실을 통해서도 물리적 거리의 제약이 네트워크에 미치는 영향이 작아졌다는 것을 알 수 있다. 네트워크의 다른 속성과 마찬가지로 모든 지역은 동일 지역 내에 더욱 많은 일촌관계를 지니고 있고, 소수이지만 다른 모든 지역들과 연결이 이루어져 있어서 '지역'도 정보의 확산에 있어서 큰 장애가 아님을 확인할 수 있다.

지역간 연결망에서는 몇 가지 독특한 특성을 더 찾아낼 수 있다. 다음의 〈그림 9-7〉은 지역간 1촌 연결망에서, 한 지역의 거주자가 맺는 전체의 일촌관계 중에 5% 이상인 경우만 링크가 남도록 변형시킨 것이다. 이 그래프를 통해서 가장 잘 드러나는 것은 서울과 수도권의 중앙성이다. 서울은 모든 지역에서 5%의 연결 비중을 차지하고 있다. 경기도 역시 경남, 대구, 울산을 제외한 모든 지역과 5% 이상의 비중을 차지한 채 연결되어 있다. 둘째로, 인근 지역과의 연결이다. 대구-경북, 경남-부산-울산, 충남-대전, 광주-전남 등 광역시들은 인접한 지역과 5% 이상의 관계를 맺고 있다. 이렇게 5%를 기준으로 잘라낸 네트워크를 통해서 서울 수도권의 중심 경향과 인근 지역의 연결 경향을 파악할 수 있다. 물론 이는 이사를 통한 기존 네트워크의 확산과 서울 및 수도권의 인구 밀집 등으로 발생한 것이다.

우리는 일촌관계 맺기가 어떤 사회적 변수에 의해서 매개되는지를 알아보았다. 동질감이 사회 연결망에서의 연결 기제로서 작용한다는 것, 그리고 클러스터링을 매개하는 타집단과의 연결이 존재한다는 것을 발견

그림 9-7 싸이월드의 지역간 연결망

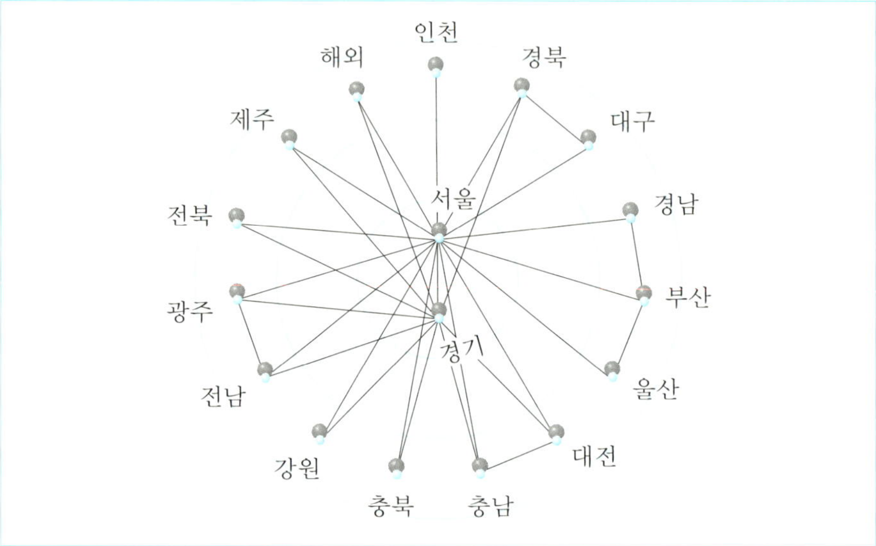

하였다. 이들을 통해서 싸이월드 일촌관계가 정보확산이 짧은 시간 내에 가능한 좁은 세상 구조를 지니고 있음을 확인하였다. 일촌의 분포가 지니는 이러한 구조에 기반하여 싸이월드에서 다양한 정보들이 개별 행위자들 사이에서 왕래하는 동시에, 전국적인 규모로 확산될 수 있음을 알 수 있다.

우리는 싸이월드 일촌망을 분석한 결과 매우 보수적인 기준에서의 관계망인 일촌망조차 상전이를 일으키기에 알맞은 조건을 갖추고 있음을 발견하였다. 여기에 다른 종류의 망까지 합쳐지면, 정보폭포(information cascade)가 발생할 가능성은 더욱 더 크다. 대중적으로 성공한 영화, 정치현실에 대한 비판적 풍자가 디지털 합성사진으로 만들어져 유포되는 정도, 그리고 '개벽이'나 '딸녀' 등이 인기검색어가 되었던 초기의 정보확산 현상은 흥미거리에 불과했지만 이제는 매우 미세한 초기조건의 민감성이 예측할 수 없는 다양한 돌발변수와 얽히면서 경로의존적으로 사회적 위험을 초래할 수 있게 된 것이다.

인터넷 상전이가 네트워크 군대와 연결될 경우 사회혼란과 위험이 촉발되는 수준이 테러리스트의 의도된 초기 목적보다도 훨씬 더 심각한 결과를 낳을 수 있다는 점도 간과되어서는 안 된다. 교사를 비난하기 위해 한 개인이 스스로 교사인 척 작성하여 인터넷상에 올린 허위정보 게시물이 급속히 확산되면서 교사들에 대한 전 국민적 반감을 불러일으켰던 사례에서 볼 수 있었듯이 사이버테러는 사소한 장난이라거나 사사로운 의도로 작게 시작된 것이라 하더라도 정보전달 경로상에서 특정집단들의 해석과 선입견 등이 연쇄적으로 개입되면서 복잡계 상전이의 특성인 경로의존적 '나비효과'를 발생시킬 수 있다. 이러한 네트워크 복잡성에 의해 현실적 위험이 급격히 드러나면서 이에 대한 적절한 대안이 필요하게 되었다. 그 대응과 조치, 나아가 예측과 예방책을 최대한 확보하기 위해, 본 연구에서는 학문적·현실적 가치를 기반으로 하는 지속적인 연구의 필요성을 강력하게 제기한다.

인터넷이라는 하나의 사회 연결망은 복잡계의 특성을 갖기 때문에 초기에는 매우 작아 보이던 사건이 몇 차례의 나선적 사이클을 거치면서 폭풍처럼 전국을 휩쓰는 이슈로 급부상하고, 파괴력을 발현시키기도 한다. 이는 인터넷이라는 네트워크가 '초기조건에의 민감성'과 '경로의존성'을 갖는다는 의미이다. 또한 네트워크 군대의 경우처럼 서로 아무 상관 없어 보이던 개별적 네티즌들이 하나의 정보나 사건에 대해 급격히 조직화되는 과정은 프랙탈 구조가 나타내는 '자기유사성' 및 '자기조직화' 현상과 닮아있다. 이러한 비선형적 과정은 변화의 주기와 진폭이 불확실하고 예측 불가능하기 때문에 위험하다. 규칙적일 것으로 예상되는 자연현상도 어떤 이유에서 '천재지변'이라는 대재앙으로 변하듯이 인간의 심리와 사회적 이해관계가 복잡하게 얽히고 네트워크 군대가 작동하는 복잡계 네트워크에서 사회적 위험은 기하급수적 증폭과정을 거칠 수 있는 것이다.

향후 진행되어야 할 다음 단계의 연구는 보다 구체적인 정보확산의 메커니즘, 즉 정보전달의 경로, 속도 및 정보확산의 증가율을 비교하고, 상전이의 임계점을 탐색하는 일일 것이다. 이는 현재까지의 연구에서 부딪치게 되는 한계로 '인터넷 상전이'의 다양한 사례에서 '임계점'을 찾아내는 것이 필요한 중요한 과제로 남는다. 이에 더하여, 상전이를 발생시키는 데 정보의 특정한 특성이 존재하는지 여부와 정보확산의 경로 차이를 나타내는 경유 지점의 연결관계 유형을 면밀히 분석해 보아야 할 것이다. 본 연구에서 밝힌 네트워크 군대 현상의 특성들과 '인터넷 상전이'의 구조에 대한 함의가 향후 이어져 나갈 복잡계의 심각한 사회적 위험에 대한 연구의 유용한 토대가 되기를 기대하며, 나아가 앞으로 정책연구에서는 이 같은 사회적 위험을 감소시키고 대응하기 위한 조건의 분석들이 이루어지기 바란다.

제10장
결 론

네트워크 사회라는 단어를 처음 쓴 사람은 1991년 「네트워크 사회」라는 저서를 쓴 덴마크의 반 다이크(van Dijk)이지만, 이 단어를 학계에 널리 퍼뜨린 사람은 카스텔이다. 2008년 초 현재 구글 스칼라(scholar.google.co.kr) 검색 엔진은 카스텔의 책 「네트워크 사회의 도래」가 5천 번 이상 인용되었음을 알려준다. 사회학의 최대의 고전 중의 하나인 막스 베버의 「경제와 사회」가 2천여 번, 칼 마르크스의 「자본론」 1권이 650회 인용되었으니, 네트워크 사회에 대한 최근 학계의 관심이 얼마나 큰지를 알 수 있다. 그러나 카스텔은 정작 자신의 그 방대한 세 권의 저술에서 네트워크 사회가 무엇인지 요약하여 명확하게 밝히지는 않았다. 오히려 버클리 대학의 동료 교수인 크레이슬러(Kreisler)와의 인터뷰에서[1] 그는 몇 줄로 요약하여 네트워크 사회의 근본적인 특징을 밝힌다. 네트워크 사회란 "핵심적인 사회구조와 행위들이 전자적으로 처리되는 정보 네트워크를 중심으로 조직화된 사회이다. 즉, 사회적 관계망으로서의 네트워크만을 의미하는 것이 아니다. 사회적 네트워크는 매우 오래된 형태의 사회조직이기 때문이다. 네트워크 사회의 핵심은 극소전자 기술을 사용하면서 정보를 처리하고 관리하는 사회관계망이다." 결국 그는 네트워크 사회를 사회관계망과 기술적 네트워크의 결합된 모습으로 그리고 있음을 알 수 있다.

사실 이 두 가지 결합이 지금 이 순간에도 진행되고 있는 사회변동을 가장 잘 잡아내고 있다고 볼 수 있다. 그러나 우리가 보기에 네트워크 사회는 사회 네트워크와 정보 네트워크의 결합 그 이상이다. 정보망과 인간관계망 그리고 조직망이 확산됨에 따라 사회조직의 원리로서의 네트워크

1) http://globetrotter.berkeley.edu/people/Castells/castells-con4.html

가 위계라는 조직원리를 무너뜨리고 있으며, 사회구성원들도 점점 더 네트워크의 관점에서 세상을 바라보게 되었다. 심지어 서점에서 책을 구입하는 경우조차도 여러 사람들의 구매 패턴에 의해서 생겨난 책 사이의 네트워크를 고려하면서 구매를 결정한다.

분명 네트워크의 확산은 기본적으로 데카르트의 인식론적 혁명이 야기한 "근대성 프로젝트"에 버금가는 새로운 문명사적 전환의 의미를 담고 있다. 데카르트의 '나는 생각한다. 고로 나는 존재한다'는 명제는 우주의 중심을 신으로부터 인간 자신에게로 옮겨 놓은 인식론적 대혁명이었다(칼리니코스, 1997). 세상의 모든 것에 대해서 회의(doubt)를 해 보아도, 회의를 하고 자기 자신은 더 이상 의심할 수 없는 존재라는 것을 깨달은 순간의 인식론적 혁명은 분명히 근대 과학이나 근대성의 발전에 획기적인 분기점이었다. 이 혁명으로 인해서, 내가 이 세상을 인식하고 통제할 수 있는 중심자가 된 것이다.

그러나 네트워크 사회가 발생시키는 인식론적 전환은 데카르트의 전환과는 정 반대의 방향으로 진행되는 것 같다. 인간이 우주의 중심자에서 주변자로 다시 밀려나고 있다. 그 이유는 인간이 통제할 수 있는 영역이 점차 축소되는 복잡계 안에서 살아가게 되었기 때문이다. 네트워크 사회의 통제 불가능성 또는 통제의 축소는 여러 곳에서 드러나기 시작했다. 각 나라의 경제가 전 세계적 차원에서 상호 침투하면서 국민 국가는 더 이상 예전처럼 자국의 경제적 운명을 통제할 능력을 상실하게 되었다. 비단 국가뿐만 아니라 기업들도 세계의 먼 시장에서 발생하는 경제적인 부침에 자신의 생존을 내 맡기게 되었다. 건실한 한국 기업도 미국의 비우량 담보대출(subprime mortgage loan) 위기에 파도에 흔들리는 나뭇잎처럼 되어 버린 것이다. 경제적인 네트워크가 거미줄처럼 얽히면서 기업이 예측하고 통제할 수 있는 환경의 폭 역시 줄어든 것이다.

그렇지만 네트워크가 확산됨에 따라 생겨난 위기와 더불어 기업들은 새로운 기회에 직면하고 있다. 소비자들이 네트워크에 연결됨에 따라, 이들이 기업에 가치를 만들어주는 현상들이 점차로 늘어가기 때문이다. 흔히 '위키노믹스'로 통칭되는 현상으로서, 인류가 이전에는 볼 수 없었던 방식으로 서로 협동을 하면서 가치를 생산하기 시작한 것이다. 이 책은 바로 그러한 현상에 주목하여 네트워크 사회의 어떤 특성 때문에 이러한 새로운 현상이 생겨났는지에 대한 궁금증으로부터 출발했다. 인간은 같은 인간일진데, 왜 이전보다 훨씬 더 대규모로 집단협동에 참여하며, 또 집단협동은 어떤 사회적 · 경제적 결과를 내는지를 알아보려는 시도로서 이 연구가 시작되었다. 그러나 우리는 책을 처음 집필하기 시작할 때보다도, 새로운 집단협동의 조짐들이 더 많이 진행되고 그리고 더 빠르게 확산된다는 사실을 피부로 느낄 수 있었다. 개방혁신(open innovation), 집단소싱(crowd sourcing), 혹은 집단지성이라는 신조어가 이제는 신문에서도 쉽게 발견할 수 있는 단어가 되었다. 새로운 현상에 대한 전문 서적들도 속속 발간되고 있다.

우리는 온라인 집단협동이 확산되는 근본 원인을 밝히려고 협동에 참여하는 이유와 동기에 대한 분석을 시도했다. 그 원인이 많이 있지만, 우리는 특히 네트워크가 낮춘 거래비용, 그리고 네트워크가 확산시키는 명성(reputation)이 중요한 요인이라고 본다. 온라인으로 도움을 주는 데 드는 비용이 획기적으로 낮아졌고, 남들에게 인정받고 싶어하는 기본적인 욕구가 네트워크에서 쉽게 이루어지기 때문이라는 것이다. 이 두 가지 요인 이외에 다른 한편으로는 개인들은 이웃에 대해서 봉사하고 헌신해야 한다는 사회적 규범이 온라인 협동을 활성화하는 요인이라고 볼 수 있다. 그러나 전통사회에서부터 갖고 이러한 규범이 네트워크 사회에서 더욱 활성화된 것처럼 보이는 이유는 이들의 행위가 네트워크를 타고 빠르게 전파될 수 있는 구조적인 조건을 갖추었기 때문이라고 해석할 수 있다. 즉 행위의 효과성이 빨리 관찰되며, 그에 따른 심리적 만족감도 증대되는 것이 좁은 의미의 개인이익을 추구하는 행위를 넘어서 공동체에 봉사하는 행위를 낳게 된다고 보는 것이다.

그러나 네트워크는 이처럼 좋은 면만 있는 것이 아니라는 것이 이 책에서 주장하는 네트워크 사회의 이중성, 즉 야누스이다. 한 부류의 집단이 가치를 창출하는 바로 그 순간에 다른 부류의 사람들은 네트워크 군대를 결성하여 다른 집단이나 개인들을 공격하는 데 몰두하는 것이다. 가치를 창출하는 집단협동과 달리 파괴적인 협동행위는 익명성에 기초하고 있으며, 또 그 진행속도가 매우 빠르다는 특징이 있다. 이러한 파괴행위는 복잡계 네트워크에서 상전이를 일으키면서 사회적인 위험에까지 이를 수 있다는 점을 우리는 네트워크 모델과 이론을 통하여 보여주었다. 맨 마지막 장에서는 경험적인 연구를 통하여 우리나라에서 가장 절친한 사람들 사이의 관계망인 싸이월드 일촌망도 상전이를 일으킬 수 있는 복잡계 네트워크의 구조를 갖추고 있다는 점을 분석했다.

우리는 네트워크 사회를 유토피아적 관점에서 바라보지도 않고, 그렇다고 디스토피아 관점에서 바라보지도 않았다. 미래 사회에서 집단협동이 공익을 위해서 도움이 될지 해가 될지는 우리의 선택에 달려있지, 인터넷 네트워크의 성격 자체에서 오는 현상은 아닌 것은 분명하다.

참고문헌

김상락, 2006, "문학작품 속에서의 복잡계 연결망: 〈토지〉를 중심으로," 문학동네 46.

김상진, 2008, "보상금 150억으로 후손 먹고살거리 만든다: '통 큰' 대도섬 사람들," in 중앙일보, 서울.

김용학, 1998, "정보사회의 성격:낙관론과 비관론의 대립," 나남출판사.

______, 2003, 사회 구조와 행위론, 서울: 나남출판.

______, 2004, 사회연결망 이론, 서울: 박영사.

______, 2008, "사랑과 결혼의 조건," Working Paper 사회발전 연구소.

김용학 · 박세웅 · 전소영, 2006, "온라인 사회 연결망의 구조분석: 싸이월드 일촌 연결망을 중심으로," 정보화정책 13:167-185.

김용학 · 윤정로 · 조혜선 · 김영진, 2007, "과학기술 공동연구의 연결망 구조: 좁은 세상과 위치효과," 한국사회학 41권:68-103.

김희삼 · 이삼호, 2007, "고등교육의 노동시장 성과와 서열구조 분석," KDI 정책연구시리즈 2007-08.

라인골드 하워드, 2003, 참여군중, 서울: 황금가지.

배영, 2005, "사이버 공간의 사회적 관계: 개인미디어를 이용한 관계의 형성과 유지를 중심으로," 한국사회학 39:55-82.

삼성경제연구소, 2001, 한국사회 갈등구조에 대한 이해.

웹스터 프랭크, 1997, 정보사회이론 서울: 사회비평사.

유석춘 외, 2003, 사회자본: 이론과 쟁점, 서울: 그린.

이인화, 2005, "작가 이인화의 '리니지' 게임론," pp. 451-470 in 신동아.

임희섭, 1999, 집합행동과 사회운동의 이론, 서울: 고려대학교 출판부.

윤영수 · 채승병, 2005, 복잡계 개론, 삼성경제연구소.

최정규, 2004, 이타적 인간의 출현, 서울: 뿌리와 이파리.

칼리니코스, 1997, 역사와 행위: 사회비평사.

한국인터넷진흥원, 2004, 2004년 하반기 정보화실태조사, 한국인터넷진흥원.

______, 2008, 2007 하반기 정보화실태조사 요약보고서.

Ahn, Y. Y, and H. Jeong, 2005, "Statistical Properties of Social Networks Based on Online Community 'Cyworld'," *Bull, Korean Phys, Soc* 23: 209.

Albert, R and H. Jeong, and A.-L. Barabasi, 1999, "The diameter of the World Wide Web," *Nature* 401 130-131.

Anderson, Chris, 2006, *The long tail: why the future of business is selling less of more*, New York: Hyperion.

Anthony, Scott D., Mark W. Johnson, and Joseph V. Sinfield, 2008, "Institutionalizing Innovation," *MIT Sloan Management Review* 49.

Arquilla, John, and David F. Ronfeldt, 2001, *Networks and netwars: the future of terror, crime, and militancy*, Santa Monica, CA: Rand.

Axelod, Robert, 1985, *The Evolution of Cooperation*, New York: Basic Books.

______, 1997, *The Complexity of Cooperation*, Princeton, N.J.: Princeton University Press.

Bak, P., 1996, *How nature works: the science of self-organized criticality*, New York, N.Y., USA: Copernicus.

Baker, Wayne, 1984, "The Social Structure of a National Securities Market," *American Journal of Sociology* 89: 775-811.

Barabâsi, Albert-Laszlâo, 2002, *Linked: the new science of net-*

works, Cambridge, Mass.: Perseus Pub.

Barabâsi, Albert-Laszlâo, and Reka Albert, 1999, "Emergence of Scaling in Random Networks," *Science* 286.

Barnett, G., 1999, The social structure of international communications. in H. Sawhney & G. Barnett(Eds.), Progress in communication science: vol. 15., Advances in telecommunications(pp.151-186), Stanford, CT: Ablex.

Barnett, G., J. Salisbury, C. Kim, and A. Langhorne, 1999, "Globalization and International Communication Networks: An Examination of Monetary, Telecommunications, and Trade Networks," *Journal of International Communication* 6:7-49.

Barry, Brian, 1978, *Sociologists, Economists and Democracy*, Chicago: University of Chicago Press.

Beniger, James R., 1986, *The Control Revolution:Technological and Economic Origins of the Information Society*, Cambridge, MA.: Harvard University Press.

Benkler, Yochai, 2002, "Coase' s Penguin or Linus and the Nature of the Firm," *Yale Law Journal* 112.

______, 2006, *The Wealth of Networks: How Social Production Transforms Markets and Freedom*, New Haven[Conn.]: Yale University Press.

Bentley, A., 1949, *The Process of Governance*, Evanston, Ill: Principia Press.

Bikhchandani, Sushil, David Hirshleifer and Ivo Welch, 1992, "A Theory of Fads, Fashion, Custom, and Cultural Change as Informational Cascades," *Journal of Political Economy* 100:992-1026.

Brabham, Daren C., 2008, "Crowdsourcing as a Model for Problem Solving: An Introduction and Cases," *The International Journal of Research into New Media Technologies* 14:75–90.

Braverman, Harry, 1975, *Labor and monopoly capital; the degradation of work in the twentieth century*, New York: Monthly Review Press.

Burt, Ronald, 1988, "The Stability of American Markets," *American Journal of Sociology* 94:356–395.

______, 1992, *Structural holes: the social structure of competition*, Cambridge, Mass: Harvard University Press.

______, 2004, "Structural Holes and Good Ideas," *American Journal of Sociology* 110:349–399.

Castells, Manuel, 2000, *The rise of the network society*, Oxford; Malden, Mass.: Blackwell Publishers.

______, 2001, *The Internet Galaxy*, Oxford, England: Oxford University Press.

______, 2004, *The power of identity*, Malden, Mass.: Blackwell Pub.

Chen, Chao C., Xiao-Ping Chen, and James R. Meindl, 1998, "How Can Cooperation Be Fostered? The Cultural Effects of Individualism-Collectivism," *The Academy of Management Review* 23:285–304.

Cohen, J., 1985, "Strategy or Identity: New Theoretical Paradigms and Contemporary Social Movement," *Social Research*.

Cole, Jeff, 2008, "Digital Future Report," *http://www.digitalcenter.org/pdf/*2008*-Digital-Future-Report-Final-Release.pdf*

Coleman, James, 1988, "Social Capital in the Creation of Human Capital," *American Journal of Sociology* 94:S95–S120.

______, 1990, *Foundation of Social Theory*, Cambridge, Mass.: The Belknap Press of Harvard University.

Cortese, Amy, 2003, "Network Armies: The Internet Age has spawned a new breed of corporate foe," *http://findarticles.com/p/articles/mi×m4070/is×2003×June/ai×*103192723.

Csikszentmihalyi, Mihaly, 1997, *Creativity: Flow and the Psychology of Discovery and Invention*, New York: Harper Perennial.

Dawkins, Richard, 1989[1976], *The Selfish Gene*, Oxford University Press.

DiMaggio, Paul, and Hugh Louch, 1998, "Socially Embedded Consumer Transaction: For What Kinds of Purchases Do People Most Often Use Networks?" *American Sociological Review* 63:619-637.

Durkheim, Emile, 1964, *The Rules of Sociological Method*, London: Collier-Macmillan.

______, 1984, *The Division of Labor in Society*, New York: The Free Press.

Ekeh, Peter P., 1974, *Social Exchange Theory: The Two Traditions*, Cambridge, Mass: Harvard University Press.

Elster, Jon, 1989, *The Cement of Society: a Study of Social Order*, Cambridge, England: Press Syndicate of the University of Cambridge.

Erdös, P., and A. Rényi, 1959, "On random graphs," *Publicationes Mathematicae* 6:290-297.

Erickson, Bonnie H., T. A. Nosanchuk, and Edward Lee, 1981, "Network Sampling in Practice Some Second Steps," *Social Networks* 3:127-136.

Etzioni, Amitai, 1975, *A comparative analysis of complex orga-*

nizations: on power, involvement, and their correlates, New York: Free Press.

Ewers, Justin, 2006, "Cyworld: Bigger Than YouTube?" in *U.S. News*.

Friedkin, Noah E., 2006, *A structural theory of social influence*, Cambridge; New York: Cambridge University Press.

Fukuyama, Francis, 1995, *Trust: The Social Virtues and the Creation of Prosperity*, New York: Free Press.

______, 1999, *The Great Disruption: Human Nature and the Reconstitution of Social Order*, New York: Free Press.

Gaddis, John Lewis, 2002, *The landscape of history: how historians map the past*, Oxford; New York: Oxford University Press.

Geertz, Clifford, 1978, "The Bazaar Economy: Information and Search in Peasant Marketing," *American Economic Review* 68:28–32.

Gerlach, Micheal L., and James R. Lincoln, 1992, "The Organization of Business Networks in the United States and Japan," in *Networks and Organizations*, edited by Nitin Nohria and Robert G. Eccles, Boston, Mass: Harvard Business School Press.

Ghosh, Rishab Aiyer, 1998, "Cooking Pot Markets: an Economic Model for the Trade in Free Goods and Services on the Internet," in *First Mondays*.

Giddens, Anthony, 1976, "Classical Social Theory and the Origins of Modern Sociology," *The American Journal of Sociology* 81:703–729.

Giles, J., and G. Brumfiel, 2005, "US bungled investigation into weapons research in Iraq," *Nature* 435:5–5.

Gladwell, Malcolm, 2002, *The Tipping Point: how little things can make a big difference*, Back Bay Books.

Gore, Al, 1994, "Remarks Prepared for Delivery by Vice President Al Gore," in *http://sunsite.unc.edu/icky/speech2. html*: Royce Hall, UCLA Los Angeles, California January 11.

Grannis, Rick, 2004, "Sampling the Structure of Large-Scale Social Networks," *Proceedings of the Sixth International Conference on Social Science Methodology: Recent Developments and Applications in Social Research Methodology Amsterdam*, the Netherlands:http://www.sscnet.ucla.edu/soc/faculty/grannis/RC33.doc.

Granovetter, Mark, 1974, *Getting a Job*, Cambridge, Mass: Harvard University Press.

______, 1976, "Network Sampling: Some First Steps," *American Journal of Sociology* 81:1287-1303.

______, 1978, "Threshold models of collective be-havior," *American Journal of Sociology* 83:1420-1443.

Grossman, J. W., 2002, "Patterns of Collaboration in Mathematical Research," *SIAM News*, 35.

Guare, John, 1990, *Six Degrees of Separation*, Vintage.

Gulati, R. and Singh, H., 1998, "The Architecture of Cooperation: Managing Coordination Costs and Appropriation Concerns in Strategic Alliances," *Administrative Science Quarterly* 43:781-814.

Gulli, Antonio, and Alessio Signorini, 2006, "The Indexable Web is more than 11.5 billion pages," *http://www.cs.uiowa.edu/~asignori/web-size/*.

Gunderson, Lance H., and C. S. Holling, 2002, *Panarchy: understanding transformations in human and natural systems*,

Washington, DC: Island Press.

Hamilton, William D., 1963, "The Evolution of Altruistic Behavior," *The American Naturalist* 98:354-356.

Hampton, Keith, and Barry Wellman, 2003, "Neighboring in Netville: How the Internet Supports Community and Social Capital in a Wired Suburb," *City and Community* 2:277-311.

Hardin, Garrett, 1968, "The Tragedy of the Commons," *Science* 162:1243-1248.

Hardin, Russell, 1982, *Collective action*, Baltimore: Published for Resources for the Future by the Johns Hopkins University Press.

Hargens, L., 2000, "Using the Literature: Reference Networks, Reference Contexts, and the Social Structure of Scholarship," *American Sociological Review* 65:846-65.

Hemetsberger, Andrea, 2002, "Fostering Cooperation on the Internet: Social Exchange Process in Innovative Virtual Consumer Communities," *Advances in Consumer Research* 29:354-356.

Himanen, Pekka, Linus Torvalds, and Manuel Castells, 2002, *The Hacker Ethic*, The Random House.

Hof, Robert D., 2005, "The Power of Us: Mass collaboration on the Internet is shaking up business JUNE 20," *Businessweek*.

Holland, John H., 1992, "Genetic Algorithms," *Scientific American* 267:66-72.

Hunter, 2002, *The World without Secret: Business, Crime and Privacy in the Age of Ubiquitous Computing*, John Wiley.

Iacobucci, Dawn, 1994, "Graphs and Matrices," in *Social Net-*

work Analysis: Methods and Applications, edited by Stanley Wasserman and Katherine Faust: Cambridge University Press.

Ibarra, H., 1992, "Homophily and Differential Returns-Sex-Differences in Network Structure and Access in an Advertising Firm," *Administrative Science Quarterly* 37: 422—447.

______, 1995, "Race, Opportunity, and Diversity of Social Circles in Managerial Networks," *Academy of Management Journal* 38:673-703.

Kochen, M., 1989, *The Small World*, New Jersey: Ablex Publishing Corporation.

Kollock, Peter, 1992, "The Possibility of Cooperation," *Contemporary Sociology* 21:672-676.

______, 1999, "The Economies of Online Cooperation: Gifts and Public Goods in Cyberspace," pp. 220-239 in *Communities in Cyberspace*, edited by M. A. Smith and P. Kollock. London: Routledge.

Kraak, M., 2003, "The Space-Time Cube Revisited from a Geovisualization Perspective," in *21st International Catastrophic Conference*, Durban, South Africa.

Krim, Jonathan, 2005, "Subway Fracas Escalates Into Test Of the Internet's Power to Shame," in *Washington Post*.

Laumann, Edward O., 1994, *The social organization of sexuality: sexual practices in the United States*, Chicago: University of Chicago Press.

Laumann, Edward O., and Yoosik Youm, 1999, "Race/ethnic group differences in the prevalence of sexually transmitted diseases in the United States: a Network Explanation," *Sexually Transmitted Diseases* 26:250-261.

Lazarsfeld, Paul, and Herbert Menzel, 1969, *On the relation between individual and collective properties*, New York: Holt, Rinehart and Winston, Inc.

Lee, Seungyoon, Peter Monge, Francois Bar, and Sorin Adam Matei, 2007, "The Emergence of Clusters in the Global Telecommunications Network," *Journal of Communication* 57:415-434.

Lerner, Josh, and Jean Tirole, 2002, "Some Simple Economics of Open Source," *The Journal of Industrial Economics* L: 197-234.

Levy, Pierre, 1997, *Collective Intelligence: Mankind's Emerging World in Cyberspace*, Basic Books.

Marx, Karl, 1906, *Capital: a critique of political economy*, Chicago: C.H. Kerr & Company.

______, 1963, *The 18th Brumaire of Louis Bonaparte*, New York: The International Publishers.

______, 1977, *Capital*, vol.1, New York: Vintage Books.

Mauss, Marcel, 1969[1935], *The Gift*, London: Routledge & Kegan Paul.

McLuhan, M. and Q. Fiore, 1967, *The medium is the massage*, New York, Random House.

McNurlin, Barbara C., and Ralph H. Sprague, 2006, *Information systems management in practice*, Upper Saddle River, N.J.: Pearson/Prentice Hall.

Merton, Robert King, 1968, *Social theory and social structure*, New York: Free Press.

Monge, P., and S. A. Matei, 2004, "The role of the global telecommunications network in bridging economic and political divides, 1989 to 1999," *Journal of Communication* 54:511-531.

Moody, J., 2004, "The Structure of a Social Science Collaboration Network: Disciplinary Cohesion from 1963 to 1999," *American Sociological Review* 69:213-238.

Moore, Lesa, 2004, "Chaos and the Logistic Map," *www.physics.mq.edu.au/~wardle/PHYS220/chaos.ppt*

Moreno, J. L., 1953, *Who shall survive? Foundations of sociometry, group psychotherapy and sociodrama*. Beacon, N.Y.: Beacon House.

Morris, M., 1997, "Sexual Networks and HIV," *AIDS* 11(Suppl A): S209-S216.

Neda, Z., E. Ravasz, Y. Brechet, T. Vicsek, and A. L. Barabasi, 2000, "The sound of many hands clapping-Tumultuous applause can transform itself into waves of synchronized clapping," *Nature* 403:849-850.

Newman, M. E. J., 2001a, "Scientific collaboration networks. I. Network construction and fundamental results," *Physical Review* E 6401:-.

______, 2001b, "The structure of scientific collaboration networks," *Proceedings of the National Academy of Sciences of the United States of America* 98:404-409.

______, 2003, "The structure and function of complex networks," *SIAM Review* 45:167-256.

Newman, M. E. J., S. H. Strogatz, and D. J. Watts, 2001, "Random graphs with arbitrary degree distributions and their applications," *Physical Review* E 6402:-.

Oberschall, A., and E. M. Leifer, 1986a, "Efficiency and Social Institutions: Uses and Misuses of Economic Reasioning in Sociology," *Annual Review of Socology* 12:233-253.

______, 1986b, "Efficiency and Social Institutions: Uses and Misuses of Economic Reasoning in Sociology," *Annual Review of Sociology* 12:233-53.

Olson, Mancur, 1965, *The Logic of Collective Action*, Cambridge: Harvard University Press.

Ostrom, Elinor, 1990, *Governing the Commons: the Evolutions of Institutions for Collective Action*, Cambridge and New York: Political Economy of Institutions and Decisions.

Padgett, John, 2001, "Organizational Genesis, Identity and Control: the Transformation of Banking in Renaissance Florence," in *Markets and Networks*: Russel Sage Foundation.

Padgett, John, and Christopher Ansell, 1993, "Robust Action and the Rise of the Medici, 1400-1434," *American Journal of Sociology* 98:1259-1319.

Perrow, Charles, 1992, *Small-Firm Networks*, Boston, MA: Harvard Business School Press.

______, 1999, *Normal accidents: living with high-risk technologies*, Princeton, N.J.: Princeton University Press.

Podolny, Joel M., Toby E. Stuart, and Michael T. Hannan, 1996a, "Networks, Knowledge, and Niches: Competition in the Worldwide Semiconductor Industry," *American Journal of Sociology* 102:659-89

Podolny, Joel M, and James N. Baron, 1997, "Resources and relationships: Social networks and mobility in the workplace," *American Sociological Review* 62:673.

Podolny, Joel M., Toby E. Stuart, and Michael T. Hannan, 1996b, "Networks, Knowledge, and Niches: Competition in the Worldwide Semiconductor Industry, 1984-1991," *The American Journal of Sociology* 102:659-689.

Polleta, Francesca, and James M. Japer, 2001, "Collective Identity and Social Movement," *Annual Review of Sociology* 27:283-305.

Portes, Alejandro, 1995, *The Economic Sociology of Immigration*, New York: Russell Sage.

Poundstone, William, 1992, *Prisoner's Dilemma*, New York: Doubleday.

Powell, W. W., 1998, "Learning from collaboration: Knowledge and networks in the biotechnology and pharmaceutical industries," *California Management Review* 40:228-+.

Powell, W. W., K. W. Koput, and L. SmithDoerr, 1996, "Interorganizational collaboration and the locus of innovation: Networks of learning in biotechnology," *Administrative Science Quarterly* 41:116-145.

Prigogine, I., and Isabelle Stengers, 1984, *Order out of chaos: man's new dialogue with nature*, Boulder, CO: New Science Library: Distributed by Random House.

Putnam, Robert D., 1995, "Bowling Alone, Revisited," *The Responsive Community*:18-33.

Ramakrishnan, Raghu, 2001, "Mass Collaboration and Data Mining," *Keynote Talk, KDD, San Francisco.*

Rawls, John, 2007, *Lectures on the History of Political Philisophy*, Cambridge, Mass: The Belknap Press of Harvard University Press.

Raymond, Eric S., 1998, "The Cathedral and the Bazaar," *Knowledge, Technology, and Policy* 12:23-49.

Rheingold, Howard, 2000[1993], *The Virtual Community*:

Homesteading on the Electronic Frontier, Cambridge, MA: the MIT Press.

______, 2003a. "From the Screen to the Streets," *In These Times*.

______, 2003b. *Smart Mobs: the Next Social Revolution*, Cambridge, MA: Basic Books.

Riolo, Rick L., 1992, "Survival of the Fittest Bits," *Scentific American* 267:114–116.

Rogers, Everett M., 1962, *Diffusion of innovations*, New York,: Free Press of Glencoe.

______, 1995, *Diffusion of innovations*, New York: Free Press.

Ronfeldt, David, and John Arquilla, 2001, "Network, Netwars and the Fight for the Future," *First Monday* 6.

Sahlins, Marshall D., 1963, "Poor Man, Rich Man, Big-Man, Chief: Political Types in Melanesia and Polynesia," *Comparative Studies in Society and History* 5:285–303.

Sandefur, Rebecca, and Edward O. Laumann, 1998, "A Paradigm for Social Capital," *Rationality and Society* 10:481–501.

Saxenian, AnnaLee, 1994, *Regional Advantage: Culture and Competition in Silicon Valley and Route* 128, Cambridge, Mass: Harvard University Press.

Schelling, Thomas C., 2006, *Micromotives and macrobehavior*, New York: Norton.

Schultz, T., 1961, "Investment in Human Capital," *American Economic Review* 51.

Shapiro, Carl, and Hal R. Varian, 1999, *Information rules: a strategic guide to the network economy*, Boston, Mass.: Harvard Business School Press.

Smith, K. G., S. J. Carroll, and S. J. Ashford, 1995, "Intra–

and Inter-organizational cooperation: Toward a research agenda," *Academy of Management Journal* 38:7—23.

Sproull, Lee, and Sara Kiesler, 1991, *Connections: new ways of working in the networked organization*, Cambridge, Mass.: MIT Press.

Stirrat, R. L., and H. Henkel, 1997, "The Development Gift: The Problem of Reciprocity in the NGO World," pp.66-80 in *The Role of NGOs: Charity and Empowerment*, edited by Jude L. Fernando and Alan W. Heston, Thousand Oaks: CA: Sage Publications.

Strogatz, S. H., D. M. Abrams, A. McRobie, B. Eckhardt, and E. Ott, 2005, "Crowd synchrony on the Millennium Bridge," *Nature* 438:43-44.

Strogatz, Steven H., 2003, *Sync: the emerging science of spontaneous order*, New York: Theia.

Tapscott, Don, and Anthony D. Williams, 2007, *Wikinomics: How Mass Collaboration Changes Everything*, Portfolio.

Taylor, Frederick Winslow, 1911, *The principles of scientific management*, New York, London: Harper & Brothers.

Toffler, Alvin, 1980, *The Third Wave*, New York: William Morrow and Company Inc.

______, 1991, *Powershift: knowledge, wealth, and violence at the edge of the 21st century*, New York: Bantam Books.

Toffler, Alvin, and Heidi Toffler, 2006, *Revolutionary Wealth*, Knopf.

Truman, D. B., 1958, *The Govenmental Process*, New York: Knopf.

Turkle, Sherry, 1995, *Life on the screen : identity in the age of the Internet*, New York: Simon & Schuster.

Uzzi, B., 1997, "Social structure and competition in interfirm networks: The paradox of embeddedness," *Administrative Science Quarterly* 42:35-67.

Waal, Frans De, 1993, *Chimpanzee Politics*, Harper Collins.

Watts, D. J., and S. H. Strogatz, 1998, "Collective dynamics of 'small-world' networks," *Nature* 393:440-442.

______, 1999, "Networks, dynamics, and the small-world phenomenon," *American Journal of Sociology* 105: 493.

Watts, Duncan, 2003a, "Chap 8. Thresholds, Cascades and Predictability," in *Six Degrees*, Princeton University Press.

______, 2003b, *Six degrees: the science of a connected age*, New York: Norton.

Weber, Max, 1949, *Methodology of the Social Sciences*, Glencoe, Ill.: Free Press.

Weber, Steven, 2004, *The Success of Open Source*, Harvard University Press.

Welch, Murphy Kevin M. and Finis, 2001, "Differentials in the 1990s: Is the Glass Half Full or Half Empty?" in *Bush School Series in the Economics of Public Policy*, edited by Finis Welch, Chicago University of Chicago Press.

Wellman, Barry, 2001, "Computer Networks As Social Networks," pp.2031 in *Science*, American Association for the Advancement of Science.

Wellman, Barry, and Milena Guilia, 1997, "Net Surfers Don't Ride Alone: Virtual Communities as Communities," in *Communities and Cyberspace*, edited by Mark Smith and Peter Kollock, New York: Routledge.

Wellman, Barry, and Milena Gulia, 1997, "Net Surfers Don't Ride Alone: Virtual Communities as Communities," in

Networks in the Global Village, edited by Barry Wellman. Boulder, CO: Westview.

Wilkinson, G. S., 1984, "Reciprocal Food Sharing in the Vampire Bat," *Nature* 308:181-184.

Williamson, Oliver E., 1975, *Markets and Hierarchies*, New York, U.S.A.: Free Press.

______, 1996, "Economic Organization: The Case for Candor," *Academy of Management Review* 21:48-57.

Wilson, Edward, 1978, *On Human Nature*, Harvard University Press.

Xavier, Laurent Comtesse, 2007, "Direct Economy: An essay for a better understanding of the future," *http://www.thinkstudio.com/text/directeconomy×en2.pdf*.

국문색인

ㅂ

ㅅ

ㅈ

ㅊ

ㅋ

영문색인

T

U

V

W

X

Y

Z

[공저자약력]

김용학
University of Chicago에서 박사학위 받음
American Journal of Sociology, *Rationality and Society*의
Associate Editor 역임
현재 연세대학교 사회학과 교수

저 서
「사회구조와 행위」
「비교사회학」
「사회 연결망 분석」 외 다수

하재경
연세대학교 사회학과 석사

네트워크 사회의 빛과 그늘

2009年 1月 15日 初版印刷
2009年 1月 25日 初版發行

共著者 김용학 · 하재경
發行人 安 鍾 萬
發行處 (株) 博 英 社
서울特別市 鍾路區 平洞 13-31番地
電話 (733)6771 FAX (736)4818
登錄 1959. 3. 11. 제300-1959-1호(倫)
www.pakyoungsa.co.kr e-mail: pys@pakyoungsa.co.kr

定 價 15,000원 ISBN 978-89-7189-597-9